GRöLS Verlage

„BÜCHER SIND WIE FALLSCHIRME. SIE NÜTZEN UNS NICHTS, WENN WIR SIE NICHT ÖFFNEN."

Gröls Verlag

Redaktionelle Hinweise und Impressum

Das vorliegende Werk wurde zugunsten der Authentizität sehr zurückhaltend bearbeitet. So wurden etwa ursprüngliche Rechtschreibfehler *nicht* systematisch behoben, denn kleine Unvollkommenheiten machen das Buch – wie im Übrigen den Menschen – erst authentisch. Mitunter wurden jedoch zum Beispiel Absätze behutsam neu getrennt, um den Lesefluss zu erleichtern.

Um die Texte zu rekonstruieren, werden antiquarische Bücher von Lesegeräten gescannt und dann durch eine Software lesbar gemacht. Der so entstandene Text wird von Menschen gegengelesen und korrigiert – hierbei treten auch Fehler auf. Wenn Sie ebenfalls antiquarische Texte einreichen möchten, finden Sie weitere Informationen auf www.groels.de

Viel Freude bei der Lektüre wünscht Ihnen das Team des Gröls-Verlags.

Adressen

Verleger: Sophia Gröls, Im Borngrund 26, 61440 Oberursel

Externer Dienstleister für Distribution & Herstellung: BoD, In de Tarpen 42, 22848 Norderstedt

Unsere „Edition | Werke der Weltliteratur“ hat den Anspruch, eine der größten und vollständigsten Sammlungen klassischer Literatur in deutscher Sprache zu sein. Nach und nach versammeln wir hier nicht nur die „üblichen Verdächtigen“ von Goethe bis Schiller, sondern auch Kleinode der vergangenen Jahrhunderte, die – zu Unrecht – drohen, in Vergessenheit zu geraten. Wir kultivieren und kuratieren damit einen der wertvollsten Bereiche der abendländischen Kultur. Kleine Auswahl:

Francis Bacon • Neues Organon • **Balzac** • Glanz und Elend der Kurtisanen • **Joachim H. Campe** • Robinson der Jüngere • **Dante Alighieri** • Die Göttliche Komödie • **Daniel Defoe** • Robinson Crusoe • **Charles Dickens** • Oliver Twist • **Denis Diderot** • Jacques der Fatalist • **Fjodor Dostojewski** • Schuld und Sühne • **Arthur Conan Doyle** • Der Hund von Baskerville • **Marie von Ebner-Eschenbach** • Das Gemeindekind • **Elisabeth von Österreich** • Das Poetische Tagebuch • **Friedrich Engels** • Die Lage der arbeitenden Klasse • **Ludwig Feuerbach** • Das Wesen des Christentums • **Johann G. Fichte** • Reden an die deutsche Nation • **Fitzgerald** • Zärtlich ist die Nacht • **Flaubert** • Madame Bovary • **Gorch Fock** • Seefahrt ist not! • **Theodor Fontane** • Effi Briest • **Robert Musil** • Über die Dummheit • **Edgar Wallace** • Der Frosch mit der Maske • **Jakob Wassermann** • Der Fall Maurizius • **Oscar Wilde** • Das Bildnis des Dorian Grey • **Émile Zola** • Germinal • **Stefan Zweig** • Schachnovelle • **Hugo von Hofmannsthal** • Der Tor und der Tod • **Anton Tschechow** • Ein Heiratsantrag • **Arthur Schnitzler** • Reigen • **Friedrich Schiller** • Kabale und Liebe • **Nicolo Machiavelli** • Der Fürst • **Gotthold E. Lessing** • Nathan der Weise • **Augustinus** • Die Bekenntnisse des heiligen Augustinus • **Marcus Aurelius** • Selbstbetrachtungen • **Charles Baudelaire** • Die Blumen des Bösen • **Harriett Stowe** • Onkel Toms Hütte • **Walter Benjamin** • Deutsche Menschen • **Hugo Bettauer** • Die Stadt ohne Juden • **Lewis Caroll** • *und viele mehr….*

Ludwig Ganghofer

Lebenslauf eines Optimisten

Buch der Kindheit

Diese Geschichte meiner frohen Kindheit widme ich meinen Kindern:

Lolo, Sophie und Gustl

Inhalt

Kapitel I

Ein entsetzlicher Spektakel mit Geklirr und Gerassel – grelles Licht – dann finstere Nacht, in der ich schreien mußte vor Angst.

Das ist die älteste unter den Erinnerungen an meine Kinderzeit in Kaufbeuren. Als ich vor vielen Jahren meiner Mutter einmal sagte, daß diese Erinnerung in mir wäre, mußte sie sich lange besinnen, bevor sie das Rätsel lösen konnte. Sie hatte mich, ein anderthalbjähriges Bübchen, an einem Winterabend auf den Boden der Wohnstube gesetzt und war in die Küche gegangen; da hörte sie diesen klirrenden Spektakel; und als sie dem Lärm erschrocken nachlief, fand sie eine finstere Stube, in der ich schrie, als wär' ich an einen Spieß gebohrt; sie machte Licht, und da saß ich zeternd auf dem Tisch, während die Stehlampe in Scherben auf dem Boden lag.

Diese Lampe bekam neue Gläser, und ihr eiserner Fuß wurde fest auf einen großen, mit Blei ausgegossenen Holzteller geschraubt. Nun konnte man sie mit dem besten Kinderwillen nicht mehr umwerfen. Und so hat diese Lampe in der Wohnstube meiner Eltern noch hellen Dienst getan, als ich nach 25 Jahren der dunklen Beschäftigung oblag: Philosophie zu studieren.

Eine zweite Erinnerung: ich friere schrecklich, obwohl die Sonne scheint; viele Menschen sind um mich her; ich laufe schnell und habe Schmerzen an den Sohlen; und die vielen Menschen laufen mir nach und lachen immer.

Da hatte meine Mutter mich als dreijährigen Jungen an einem Märzmorgen ins Bad gehoben. Sie wurde abgerufen, kam zurück – und fand die Badewanne leer. In der Wohnung war der nasse Ausreißer nicht zu finden. Meine Mutter rannte über die Treppe hinunter, guckte durch die Haustür auf den Kirchplatz hinaus – und da rief ihr eine Nachbarsfrau mit Lachen zu: „Frau Aktewar, uier Ludwigle isch buzelnacket über'n Marktplatz gloffe!“ Die Mutter jagte hinter mir her, vergnügte Leute wiesen ihr den Weg, und schließlich erwischte sie mich draußen vor der Stadt im Forstamte, in dessen Kanzlei mein Vater als Aktuar unter dem Forstmeister Thoma diente. – Aus dieser unsittlichen Begebenheit machte ein Kaufbeurer Gelegenheitsdichter eine Ballade, die mit den Versen begann:

„Frau Aktuar,
Ja isch denn wahr?“

Dieses Lied wurde nach der Melodie einer landläufigen Moritat gesungen.

Meine dritte Kindheitserinnerung: ich freue mich sehr über ein schönes, neues, weißes Kleidchen; immer höre ich schmetternde Musik; ich bin in einem großen Walde, und da sind noch tausend Menschen; zwischen anderen Kindern steh' ich vor einem dicken, langen Balken; ich schiebe diesen Balken; er bewegt sich, immer schneller – viel schneller, als ich mit meinen vierjährigen Beinchen laufen kann; ich hänge mit beiden Armen an dieses rasende Ungeheuer geklammert, und meine Füße fliegen in der Luft; ein grauenvoller Schreck überfällt mich; ich lasse den brausenden Drachen aus, schlage Purzelbäume durch eine linde Sache und sinke in eine schwarze fürchterliche Tiefe.

Damals wurde in Kaufbeuren das jährlich wiederkehrende ‘Tänzelfest’ gefeiert, ein Kindervergnügen, an dem sich auch alle Erwachsenen der Stadt zu beteiligen pflegten. Die schulpflichtigen Knaben waren soldatisch uniformiert, hatten Musik, Offiziere und Fahnenjunker. Ich erinnere mich noch deutlich an solch einen Junker, der auf dem Kirchplatz, inmitten eines schwarzen Ringes von Menschen, seine Kunststücke als Fahnenschwinger produzierte. In festlichem Zuge marschierte jung und alt nach einem kleinen, vor der Stadt gelegenen Wäldchen – nach dem ‘Tänzelhölzle’. Unter den mancherlei Belustigungen, die es hier für die Kinder gab, befand sich auch ein etwas primitiv konstruiertes Karussell. Ein Stern von langen Balken, an deren Enden die kleinen Kutschen und Pferdchen angeschmiedet waren, drehte sich horizontal um seine Achse. Ein paar Dutzend Jungen stellten sich vor die Balken hin und brachten diesen Göppel in Lauf. Die lustige Arbeit gefiel mir; ich wollte da mitmachen, lief meiner Mutter davon und half an einem Balken schieben. Es hatte am Morgen geregnet, und der Boden unter dem Balkensterne war in klebrigen Morast verwandelt. Erst glaubte ich zu schieben, dann wurde ich geschleift, verlor den Boden unter den Füßen, ließ den Balken aus, kollerte in meinem schönen, neuen weißen Kleidchen durch den schwarzen Schlamm – und viele Schuhe trampelten über mich weg, bis ich bewußtlos davongetragen wurde.

Noch eine andere Erinnerung reicht in mein viertes Lebensjahr zurück. Ich glaube, daß ich sie nicht übergehen darf. Denn sie hilft die Frage beantworten, in welchem Lebensalter die unbewußten Ahnungen des Blutes beginnen und die Kinderseele zum ersten Male berührt werden kann von jenem

Ewigkeitsgeheimnis, das zwischen Männchen und Weibchen seine unsichtbaren, aber sicher bindenden Fäden spinnt.

Meine Eltern waren mit einer Familie befreundet, in der zwei Töchter von achtzehn und neunzehn Jahren das Haus mit Frohsinn und Lachen füllten. Diese Mädchen waren meine zwei anderen Mütterchen. Namentlich die Jüngere von den beiden, das Theresle, verhätschelte mich über Gebühr. Ich war viel in diesem Hause. Und einmal blieb ich da über Nacht – ich weiß nicht, weshalb – vielleicht, weil sich daheim bei den Eltern etwas ereignete, wobei man die zweijährigen Augen meines Schwesterchens noch nicht scheute, aber schon meine vierjährigen, immer in Neugier spähenden Gucker. Ich vermute das, weil mir aus jener Zeit ein Wort im Gedächtnis blieb, das irgendjemand über mich sprach: „Das Lausbüeble spitzt überall hin, wo's vorbeischaue sollt!" Und damals wurde ja auch mein Brüderchen geboren, das Fritzele, das nach wenigen Monaten die Augen wieder schließen mußte, mit denen es die Welt noch gar nicht recht gesehen hatte.

Da sprechen nun die beiden Kontraste durcheinander: der Tod, der das Leben endet – und das Geheimnis, aus dem alles Leben quillt. Und zwischen diesen beiden Gegensätzen zittert ein erschrockenes Kinderseelchen.

Das Theresle behielt mich damals über Nacht und bescherte mir ein lindes Winkelchen in seinem Bett. Ich wurde wohl schon mit Anbruch des Abends in dieses große Nest gesteckt. Und als dann das Theresle schlafen ging, wurde ich wieder munter, tollte nach meiner Art, trieb allerlei Ungezogenheiten und warf die Kissen so unmanierlich durcheinander, daß meine achtzehnjährige Schlafkameradin unser Lager wieder in Ordnung bringen mußte. Sie legte das Federbett und die Kissen auf den Boden heraus, und während ich mir's auf dieser linden Unterlage gemütlich machte, strich das Theresle mit flinken Händen das Leintuch glatt. Und wollte beim Tisch, auf dem die Lampe brannte, etwas holen. Und stieg im Hemde über mich weg – und wie ein ahnungsloser Schläfer von Alpdrücken befallen wird, nur weil er auf dem Rücken liegt, so wurde ich da plötzlich von einem atembeklemmenden Schreck überfallen, so tief und wunderlich, daß er sich für Lebenszeit in meinem Erinnerungsvermögen festnistete.

Als mich das Mädel in das frischgemachte Bett hineinhob, blieb ich still und zitterte. Und niemals wieder ließ ich mich vom Theresle küssen oder hätscheln. Ich fing zu schreien an, wenn sie mich in die Arme nahm. Und seit damals blieb in mir durch ein Dutzend Jahre ein grober Widerwille gegen alles, was Mädchen hieß.

Warum dauerte gerade diese Erinnerung so fest und deutlich? Und vieles andere, das sich meinem Gedächtnis hätte einprägen müssen, ist erloschen in mir. Ich weiß nicht mehr, wie das auf mich wirkte, daß ich plötzlich ein Brüderchen hatte. Und weiß nicht, was ich empfand und dachte, als dieses Brüderchen über Nacht verschwunden war und nicht mehr kam. Ich erinnere mich nur dunkel an eine Zeit, in der die Mutter immer weinte und der Vater immer ein blasses Gesicht hatte. Und weiß noch, daß im Schlafzimmer meiner Eltern ein Gemälde hing, das ein bleiches, ruhig schlummerndes Kind auf weißen Kissen zeigte – und daß ich eines Tages fragte: „Warum kommt das Fritzele nicht herunter und spielt mit mir?“ Nach Jahren erfuhr ich, daß dieses Bild ein verstorbenes Brüderchen meiner Mutter darstellte, das auf dem Totenbett gemalt worden war.

Wie Vater und Mutter damals in Kaufbeuren aussahen, weiß ich nicht mehr zu sagen. Wenn ich mich an die Züge der Mutter in jener Zeit zu erinnern suche, seh' ich kein Gesicht, sondern höre ein leises Weinen und dann wieder ein helles Lachen, eine heiter singende Stimme, die durch alle Zimmer klingt, Trepp' auf und nieder. Und forsche ich in meinem Gedächtnis nach meiner kleinen Schwester Berta, die anderthalb Jahre nach mir geboren wurde, so seh' ich immer ein schwarzes Mohrengesicht mit einem roten Mäulchen, das fürchterlich schreit. Ich hatte das Kind, das in seinem Bettchen schlief – und dazu noch die Kissen, die Stühle, den Tisch und die Wände – reichlich und dick mit frisch eingesottener Heidelbeermarmelade bestrichen, die zum Auskühlen am offenen Fenster stand.

Noch manches andere, was außerhalb der Mauern meiner elterlichen Heimat spielte, ist mir in Erinnerung geblieben. Ich sehe den Fröbel'schen Kindergarten, sehe die vielen kleinen Gesichter und die jungen Bäume, die in regelmäßigen Reihen frisch gepflanzt waren und nicht berührt werden durften. Ich sehe den hohen Treppenschacht in einem alten Kaufmannshause – und in der Dämmerung kommt da von der Höhe etwas Schönes, Freudenreiches und wundersam Leuchtendes herunter: ein Körbchen, das mit Süßigkeiten angefüllt und von brennenden Wachslichtern umgeben ist. Ich sehe den Kohlweg, der zum Hause des Forstmeisters Franz Thoma hinaufführt, sehe den Hausflur, die Kanzlei zur Rechten, eine gute Stube zur Linken, und den gepflasterten Hof mit dem alten Brunnen. Ich sehe den Marktplatz; das Bild der Häuser ist verschwommen; aber scharf und deutlich ist da ein langer, mit grauen Bohlen zugedeckter Bachlauf; auf diesen Brettern ging ich mit Vorliebe spazieren und lag da noch lieber auf dem Bauche, um durch eine kleine vergitterte Öffnung hinunterzugucken in das dunkel vorüberschießende Wasser. Ich sehe die Honoratiorenstube im Gasthaus zum Hirschen, wo meine Eltern als Freunde der Wirtin viel verkehrten – sehe die zwei langen Tische mit den Fidibusbechern, den großen Kachelofen und das kleine, zur Küche führende Schubfenster, durch das die Hirschwirtin mit lachendem Gesicht hereinguckt, wenn sie mir ein Stück Kuchen oder sonst was Gutes zwischen die gestreckten Hände gibt – und da draußen in dem lärmvollen Raume ist immer ein duftender Qualm, und überall funkelt es von Kupfer und Messing.

Ich sehe das Schneegeglitzer und höre das Schellengerassel einer Schlittenpartie – und erinnere mich, daß mir auf der Heimfahrt grausam übel wurde. Ich sehe den großen Garten, das reiche Zimmer, den grünen Papagei und die alten freundlichen Gesichter der Schrader'schen Eheleute, die zehn Jahre später aus rätselhafter Ursache und auf schauerliche Weise ermordet wurden, ohne daß man den Täter entdecken konnte. Und deutlich ist mir der aufregungsvolle Tag im Gedächtnis geblieben, an dem ich mit meinem Schwesterchen photographiert wurde. Der Mann, der dieses Werk vollführte, hatte einen langen Knebelbart; er tauchte zwanzig Jahre später plötzlich aus meiner Erinnerung herauf, als ich in Wien eine allegorische Statue des Inn zu sehen bekam; ganz den gleichen Bart, wie dieser Tiroler Flußgott, hatte der Kaufbeurer Photograph, der neben einem schwarzverhüllten Kasten stand und immer sagte: „Passet auf, Kinderle, passet auf, da springt jetzt gleich e Füchsle raus, mit em rote Schwänzle!“ Mein Schwesterl bekam ein bißchen Angst, ich guckte mit gespannter Aufmerksamkeit in das Glasauge des geheimnisvollen Kastens, aber es kam kein Fuchs heraus. Manch ein Jährchen später erzählte mir meine Mutter, ich wäre nach dieser Enttäuschung auf den Photographen zugegangen und hätte in Zorn zu ihm gesagt: „Du bischt ein Lugeschüppel!“

Von einer Reise, die meine Mutter mit mir in ihre fränkische Heimat machte, nach Aschaffenburg, Frankfurt, Mainz und Wiesbaden, ist mir nur die unklare Erinnerung an zwei Abenteuer geblieben. In Wiesbaden brannte ich dem Kindermädchen durch, lief einem Bärentreiber nach und konnte erst spät am Abend mit Hilfe der Polizei wieder gefunden werden. Und auf der Rückreise saß mir im Eisenbahnwagen ein prachtvoll uniformierter Herr mit großem Barte gegenüber. Der machte Eindruck auf mich und weckte meine Neugier. Und weil ich wußte, daß der Bruder meiner Mutter Offizier war, fragte ich den Herrlichen: „Bischt du mein Onkel Wilhelm?“

„Nein.“

„Bischt du der Kaiser Napoleon?“

„Nein.“

„Dann bischt du ein Hanswurscht.“

Aber auch *diese* Hypothese war falsch. Denn der prachtvolle Mensch war ein Hotelportier.

Auch von einer Reise, die ich zu meinem Großvater Anton Ganghofer machen durfte, der als Forstmeister zu Ottobeuren lebte, ist mir kein Bild der Fahrt im Gedächtnis geblieben. Aber ich sehe noch das Forsthaus mit der Gaisblattlaube und der steinernen Freitreppe vor der Haustür, sehe die breiten, überwölbten Korridore, die großen Zimmer, und am deutlichsten den Fischweiher, in dem es Karpfen und Schleien gab, und aus dem in der Abendstille die schlangenförmigen Nebel herauskrochen in die Dämmerung. Ich sehe das lachende Faltengesicht des Großvaters mit den lustig zwinkernden Augen. Er steht in der Sonne unter der Haustür, hat die Hände in den Hosentaschen, sieht mich herzlich an und fragt:

„Ludwigle, magst ein Kreuzer?“

Ich zweifle: „Hascht du denn einen?“ Denn ich wußte, daß die Großmutter immer alles einsperrte und die Schlüssel abzog.

Der Großvater schüttelt mit den Händen die Hosensäcke, in denen ein lautes Klingen und Klirren ist. „Schau, so viel Geld hab ich!“

Dann darf ich mich strecken, darf dem Großvater in die Taschen greifen und finde in jeder einen einsamen Kreuzer. Was da so geklingelt hatte, das waren die Schlüssel der Aktenschränke.

Auch die Großmutter seh' ich, die wenig Zeit für mich hat und immer in dem großen Hause einer Arbeit nachläuft, nie beim Mittagessen sitzen bleibt, sondern zwischen Suppe und Fleisch, zwischen Fleisch und Mehlspeise immer was zu rennen und etwas Unaufschiebbares zu tun hat. Sie ist gut. Aber ihre Augen gucken immer ein bißchen mißtrauisch. Und am Abend, wenn ich in der Ecke des großen Zimmers in dem großen Fremdenbette liege und noch nicht schlafen mag, dann droht sie mir ungeduldig: „Gleich tu schlafe! Oder das

Sandmännle kommt zum Fenster herein und blast dir die Augen aus!" Weil sie mir niemals sagt, wie das Sandmännle aussieht, macht sie mich nicht ängstlich, nur neugierig. Und drum sitze ich lange Stunden wach und blinzle erwartungsvoll in das Zwielicht des Fensters, ob denn das Sandmännle nicht endlich einmal erscheinen will. Es ist nie gekommen. Deshalb sagte ich zur Großmutter einmal was Ähnliches wie zu dem Photographen, der mir ein Füchsle mit rotem Schwänzle versprochen hatte. Aber die Großmutter lachte nicht freundlich wie der Photograph, sondern gab mir eine feste Tachtel – den ersten schmerzenden Schlag, den mein junges Leben empfing. Dafür mußte ich die Großmutter noch um Verzeihung bitten. Es fiel mir schwer, diese Notwendigkeit zu begreifen.

Am Abend, wenn im Hause keine Arbeit mehr zu tun war und das Licht noch ein bißchen gespart werden konnte, weil der Großvater auf der Rehpirsche war, saß die Großmutter in der grauen Fensternische, sah wie eine Negerin aus und erzählte mir allerlei Geschichten. Ich erinnere mich an keine mehr. Ich höre nur die ruhige, kluge, ein wenig trockene Stimme, ohne zu verstehen, was sie spricht.

Aber gut besinne ich mich noch auf einen höchst bedeutungsvollen Lebensrat, den mir die Großmutter einmal gab, als ich mit ihr im Walde spazieren ging. Da war ein langer, gerader Sandweg zwischen grünen Wänden. Und neben diesem Wege hatte sich ein junges Bauernmädchen zu einer Stellung niedergehuschelt, die jeden Zweifel über ihre menschliche Notwendigkeit ausschloß. Und da sagte die Großmutter: „Ludwigle, druck d' Auge zu! Sonst wirscht du blind!" Ich zwickte die Lider fest zusammen, bis mir die Großmutter erlaubte: „So, jetzt kannst wieder schaue!"

Vor dem Blindwerden hatte ich seit dieser Waldstunde eine große Angst. Und noch manch ein Jährchen später – in dem Dorfe, wo der Vater Revierförster wurde – hab' ich immer gleich die Augen zugedrückt, wenn ich in die Gefahr kam, blind zu werden.

In dem strengen Winter, der um die Weihnachtszeit des Jahres 1859 das bayerische Hochland in ein Klein-Sibirien verwandelte, erhielt mein Vater seine Beförderung vom Forstamtsaktuar zum Revierförster und wurde aus dem freundlichen Städtchen Kaufbeuren nach dem Dorfe Welden im schwäbischen Holzwinkel versetzt.

Die letzte Erinnerung, die ich aus meiner Vaterstadt mitfortnahm, war der unfreundliche Anblick der ausgeräumten und kalten Zimmer. Überall an den Wänden, wo ein Bild gehangen hatte, war ein heller Fleck.

Durch 45 Jahre hab' ich meine Vaterstadt nicht mehr betreten. Ich sah sie nur manchmal vor dem Eisenbahnfenster vorüber gleiten, wenn ich auf einer Ferienfahrt und später auf einer Studienreise in die Allgäuer Berge an Kaufbeuren vorüberkam. Immer nahm ich mir vor: „Das nächstemal steigst du aus und gehst die Wege wieder, die du als Kind gegangen!“ Es kam aber nie dazu. Fuhr ich den Bergen entgegen, so hatte ich Sehnsucht nach meinem blauen Ziel; war ich auf der Heimreise, so hatte ich Sehnsucht nach den Meinen. Und so blieb mir keine Zeit, die Erinnerungen meiner ersten Kindheit in mir aufzufrischen.

Als ich den fünfzigsten Geburtstag zu ertragen bekam, sandte mir die Stadt Kaufbeuren einen Glückwunsch, den die Mitteilung begleitete, daß eine Gedenktafel an mein Geburtshaus käme. Ein Jahr später wurde diese Tafel enthüllt, und die Stadt lud mich zu einer herzlichen Feier ein. Meine Frau, meine Kinder und liebe Freunde begleiteten mich. Wir standen in milder Herbstsonne vor dem alten Hause, an dessen brüchiger Mauer eine große Kupfertafel mein Bild und meinen Namen zeigte. Das war Ehre und Freude für mich. Aber die tiefe, schwere Erschütterung, die mein fünfzigjähriges Leben durchzitterte, ging von dieser alten hochgegiebelten Mauer aus, von diesen acht schmalen, in zwei Stockwerken dicht aneinandergereihten Fenstern. Die Glasscheiben waren grau und hatten keine Vorhänge. Etwas Kaltes und Ödes guckte da droben durch acht müde, leblose Augen heraus. Die Wohnung stand gerade leer – so kalt und ausgeräumt wie in jener Stunde, in der ich sie als Kind an der Hand der Mutter verlassen hatte. Ich stieg die enge, steile Treppe hinauf – jeder Schritt wie ein Schmerz und doch wie eine frohe, zärtliche Erwartung. Nun das Zimmer, das die Wohnstube meiner Eltern war! Der Raum sollte gerade tapeziert werden, und die leeren Wände waren frisch mit Zeitungspapier überklebt. Aber jäh, mit einem Schlage, war nicht nur für mein Herz, auch für meine Augen das unzerstörte Bild der vergangenen Zeit wieder da. Ich sah jedes Möbelstück, wußte genau die Stelle, wo es gestanden. Alles Kleine meines kleinen Lebens von damals erwachte. Und hier, diese abgetretene Schwelle – da trippelte ich an jedem Morgen in die Schlafstube meiner Eltern hinein, um der Mutter und dem Vater guten Morgen zu wünschen. Mir war's, als stünden die zwei Betten noch da; weil der Raum so schmal war, mußten sie der Länge nach an der gleichen Mauer stehen. Nach rechts hin, gegen das Fenster, schlief der Vater; nach links hin, in der geschützten Ecke, schlief die Mutter. Hier, zwei Spannen von dieser kahlen Mauer entfernt, erweckte die Liebe meiner Eltern den Keim meines Lebens, hier tat ich meinen ersten Schrei, meinen ersten Blick in das Licht.

Aus aller Erschütterung, die mir dieser Gedanke brachte, glomm die Erinnerung an ein Nebensächliches auf: „Hier muß irgendwo ein kleines Wandkästchen sein!" Richtig, es war noch da – das kleine Türchen noch so mit weißer Ölfarbe gestrichen wie damals. In diesem Kästchen war immer was Gutes. Und daneben hing vor fünfzig Jahren ein kleines verglastes Bild – eine Daguerreotype meiner Urgroßmutter, der neunzigjährigen Landrichterin Ganghofer von Trostberg. Wenn ich als Kind auf einen Sessel stieg, um das Bildchen von vorne zu betrachten, sah ich nichts als einen silberigen Schimmer. Man mußte zwischen Bild und Fenster den Kopf gegen die Mauer halten; dann sah man ein dunkles steifes Kleid und ein Runzelgesicht mit weißem Haar und schwarzem Häubchen drüber. Und draußen, in der winzigen Küche, da stand noch immer der Herd in der gleichen Ecke. Doch eine wundersame Sache meiner Kinderjahre war verschwunden. Damals war da irgendwo ein steinerner Ausguß. Der war so hoch an der Mauer, daß ich als vierjähriger Junge gerade das Kinn auf den glattgescheuerten Steinrand legen konnte. Und statt einer Ausflußröhre ging nur ein rundes Loch in die Luft hinaus; im Winter war es mit einer hölzernen Klappe verschlossen, doch in warmen Zeiten stand es immer offen. Hier, vor diesem Steintrog, konnte ich unermüdlich aushalten und träumend das kleine, schöne Bild betrachten, das durch die runde Lücke zu sehen war: spitze, steile Dächer, auf denen die Katzen spazieren gingen und die Tauben saßen; Mansardenfenster, aus denen bald ein altes Frauengesicht und bald ein Schornsteinfeger herausguckte; über den Dächern ein hoher Kirchturm mit läutender Glocke, von Schwalben umflogen; und hinter allem der helle Himmel mit den weidenden Silberschäfchen auf der blauen Wiese.

Dieses liebe schöne Bild war nimmer da; der Steintrog war verschwunden, das Loch vermauert. Solche Wandlungen pflegt man fortschreitende Kultur zu nennen.

Aber verschwunden war ja in diesen fünfzig Jahren auch noch vieles andere: Leben, das mich liebte, Leben, an dem ich in Zärtlichkeit gehangen. Und dennoch war's erloschen. Ich empfand es wie Kummer und Vorwurf, daß ich an jenem Tage, der meinen Namen feierte, aus den leeren stillen Stuben heraustreten mußte, ohne daß die Gesichter von Vater und Mutter, wie sie damals in Kaufbeuren waren, in mir erwachten. Ich sah nur das Bild, das mir aus späteren Jahren von ihnen geblieben.

Von der Jugend ihres Glückes weiß ich manches zu sagen, was die Mutter mir erzählte. Ihr junges Zusammenleben war ein frohes Lachen, das entzwei gerissen wurde durch einen einzigen Schmerz – durch den Verlust ihres dritten Kindes.

Mein Vater August – im Frühling 1827 zu Baierdiessen am Ammersee geboren – stammte aus einem altbayrischen Geschlechte. Ein Ahn unseres Namens war der Maurermeister Jörg Ganghofer, der die Münchener Frauenkirche baute. Die Familie kam zu Besitz und zu einem adeligen Wappen. Aber im dreißigjährigen Kriege ging wieder flöten, was Gut und Geld hieß. Zwei Brüder Ganghofer, die dann in Niederbayern als kleine Bauern saßen, legten den Adel ab, weil sie der vernünftigen Meinung waren, daß sich ein Wappen nicht gut mit dem Mistkarren vertrüge. Ihre Kindeskinder wurden Richter und Forstleute.

Das ist so ziemlich alles, was wir Nachkommen von der Vergangenheit unseres Namens noch zu berichten wissen. In den drei Generationen, die ich als Enkel und Urenkel noch zu überschauen vermag, ging alles Leben so still und gerade, so aufregungslos und ordnungsmäßig seine ruhigen Wege, daß von diesen Heimgegangenen nur drei Worte zu erzählen sind: sie wurden geboren, taten in einem bescheidenen Leben ihre Pflicht und legten sich zur verläßlichen Ruhe nieder.

Die Frauen in dieser Familie wurden alt, manche bis an hundert Jahre. Die Männer starben früher – mein Großvater Mitte der Sechzig. Er war gesund bis ans Ende und hatte den letzten Abend noch im Gasthaus zur Post am heiteren Stammtisch mit Apotheker, Revierförster, Landrichter, Posthalter und Dekan verbracht. Ein paar Minuten vor zwölf Uhr kam er heim.

Die Großmutter erwachte „Hascht dich gut unterhalte?"

„Großartig! 's isch lang nimmer so luschtig gwese wie heut!" Der Großvater, schon in Hemdärmeln, ging zum Waschtisch und füllte ein Glas mit Wasser. „Gelacht habe mer, daß mer schier Kröpf kriegt habe. Und der Apotheker hat wieder so ein Geschichtle erzählt... da wirscht vor Luschtigkeit drüber schreie!" Er trank, stellte das leere Glas auf den Tisch und sagte lachend: „Paß auf!" Dann fiel er um und war tot. –

Von seinen sieben Kindern, unter denen mein Vater der Erstgeborene war, starben zwei Brüder in jungen Jahren: Ludwig bekam als Student in München den Typhus, und Joseph verlor aus unglücklicher Liebe den Verstand und erlosch in der Einsamkeit einer gepolsterten Zelle. Bevor man ihn einschließen mußte in diesen linden Kasten, wohnte er kurze Zeit im Hause meiner Eltern; man hatte mich und meine Schwester aus der Kinderstube genommen, um sie dem „kranken Onkel Joseph“ einzuräumen. Wir schliefen während dieser Zeit herunten in der Wohnstube. Und da konnte ich in den Nächten lange Stunden keinen Schlummer finden, weil ich über der Stubendecke immer diese ruhelosen Schritte hörte, mit denen ein zerdrücktes Leben seinen Gram und Wahnsinn hin und her trug, wie ein Wolf seinen Hunger. Noch zwanzig Jahre später ging ein kaltes Grauen durch meine Seele, als mir eines Tages der Vater ein dickes Heft zeigte: „Das sind Gedichte, die der arme Joseph gemacht hat.“ Ich wollte diese Lieder nicht lesen.

Ein Bruder meines Vaters – Onkel Franz – wurde Forstmann; Onkel Max wurde Techniker; die beiden Schwestern Irma und Verta verheirateten sich an Forstleute. Diese Tante Verta – als sie noch in der Wiege lag – hatte immer ein Dutzend langer Falten auf der kleinen Stirne. Ihrem Brüderchen, dem Franzele, gefiel dieses Runzelige nicht; drum griff das kunstsinnige Bübchen in einer unbewachten Stunde nach dem heißen Bügeleisen der Großmutter und bügelte dem zeternden Kinde so lange die Stirne aus, bis diese unschönen Runzeln verwandelt waren in eine schöne, glatte Brandblase. Das hat dem Kinde weiter nicht viel geschadet, denn es wurde aus ihm eine feste, tapfere Frau, die sich nach schweren Schicksalsschlägen mutig durchs Leben kämpfte.

Wie dieser künstlerisch veranlagte Bruder Franz, so hatte auch mein Vater für seinen Lebensweg die grüne Farbe gewählt, die ihm gut bekam. Und auf der Forstschule in Aschaffenburg lernte er sein „Lottchen“ kennen, das er nach siebenjährigem Brautstande zur Frau nahm. Seine Art, das war gerader, fester und gesunder Schlag, ohne jede Spur von Psychologischer Komplikation. Einfach, in jedem Zug seines Wesens leicht erkenntlich, ruhig und klar, pflichttreu und gewissenhaft als Mensch und Beamter, heiter ohne Neigung zum Übermaß, das über die Schnur geht, ernst ohne jeden Zug von Pedanterie, herzenswarm und aufrichtig – so war mein Vater von Jugend auf, und so blieb er sein ganzes Leben.

Im quecksilbernen, temperamentvollen und lebensfrohen Naturell meiner Mutter mischte sich fränkisches und französisches Blut. Sie war eine geborene Louis. Und in ihrer Familie geht die Sage, daß ein Ahnherr Louis als Hugenottischer Emigrant nach Deutschland gekommen und Jägermeister bei einem rheinischen Fürsten geworden wäre. Der Großvater meiner Mutter, Friedrich Louis, saß als gräflich Erbach'scher Forstrat im Odenwald. Das war ein tolles, von übermütiger Laune sprudelndes Mannsbild, dem noch heute in der Gegend des Odenwaldes allerlei Geschichten nacherzählt werden, die an mittelalterliche Schwänke erinnern.

An der Waldstraße zwischen Erbach und Eulbach stand ein Sühnestein. Da hatte man einen Mörder, den Haugschmied, an der Stätte der verübten Mordtat hingerichtet. Natürlich geisterte die Seele des Haugschmiedes an diesem gruseligen Platze. Davon sprachen in einer Mondnacht zwei Handwerksburschen, die nach Eulbach wanderten. Und einer von den beiden, um seinen Mut zu erweisen, schrie beim Henkersteine dreimal: „Haugschmied, erscheine!“ Brüllend fuhr das Gespenst aus dem Straßengraben heraus, sprang dem Handwerksburschen auf den Rücken und ließ sich von dem Erschrockenen, der ein keuchendes Rennen begann, bis zum Jagdschlosse des Grafen Erbach tragen. Nach dieser dunklen Geschichte lag ein fieberkranker Handwerksbursch vier Wochen lang im Eulbacher Forsthaus, wurde gut gepflegt und nach seiner Genesung vom schmunzelnden Hausherrn mit reichlichem Viatikum und mit der Lehre entlassen: „Ein Menschenskind soll wedder den Herrgott noch en Deibel versuche!“ Aber die Rolle eines Gespenstes hat dieser Hausherr niemals wieder gespielt. Denn der Spaß war ihm teuer zu stehen gekommen.

Als junger Jägermeister half mein Urgroßvater seinem Grafen, der damals noch reichsunmittelbarer Herr und dazu ein fanatischer Antiquitätensammler war, den sagenhaften Helm des Hannibal zu Rom aus dem Vatikan entführen. Aus diesem kecken, zwischen Tod und groteskem Humor balancierenden Abenteuer hat Otto Müller, dem der greise Forstrat Louis die Geschichte im Odenwald erzählte, einen spannenden Roman gemacht: „Der Helm von Cannä“. Aber in diesem Buche mag wohl ein gut Teil gefabelt sein. Viel besser und lebendiger als mein Urgroßvater mir aus den Kapiteln dieses Romans entgegentrat, guckte sein übermütiges und verschmitztes Bild aus den heiteren Erzählungen meiner Mutter heraus. Wenn sie aus ihren Erinnerungen an den Alten ein Stücklein ums andere hervorkramte, so war das für alle, die zuhören durften, der Brunnen eines unerschöpflichen Jubels.

Als der „Alte im Odenwald“ schon weiße Haare hatte, bekam er eines schönen Tages zu Eulbach den Besuch eines katholischen Wanderpriesters, der den gemütlichen Ketzer im Angesichte des nahen Todes bekehren und zur Ablegung einer Beichte bewegen wollte.

„Ach wo! Laß er mich doch in Ruh! Ich habb nix zu beichte."

Aber der Apostel läßt nicht locker und meint: daß alle Menschen schwache Sünder wären, und daß auch der Redlichste sich mancher Schuld seines Lebens mit frommer Reue zu besinnen hätte.

Der Alte schmunzelte. Und der Schelm seiner Jugend erwachte in ihm. „Herr jo! Da hat er recht, Un daß ich ihm die Wahrheit sach ... eenmal im Lewe, da habb ich was verbroche ... Herr jo, dees reut mich! Und dees will ich ihm jetzt beichte!"

Da wären um die Zeit, bevor Napoleon französischer Kaiser wurde, viele hochfürstliche Gäste im Erbacher Schlosse zu Besuch gewesen. Und er, als blutjunger Pikör, hätte vor dem Schlafzimmer einer schönen fürstlichen Dame die Ehrenwache halten müssen, in einer Dezembernacht, bei grimmiger Kälte, in einem Korridor mit Steinfließen und Marmorwänden. Um ein bißchen warm zu bekommen, hätte er immerzu die Hände um die Schultern geschlagen. Und plötzlich hätte die Tür sich aufgetan, und die schöne Dame wäre auf der Schwelle gestanden, weiß wie ein Engel, und hätte freundlich zu ihm gesagt: „Er scheint hier außen sehr kalt zu haben?"

„Ich sach: „Herr jo, gnädigste Hoheit!" ... Und die Hoheit sacht: „Da scheint er wohl sehr zu frieren?"... Ich sach: „Herr jo, dees weeß der liewe Gott, es fallen mir fast alle Glidder ussem Leib!".. Und da sacht die Hoheit: „So komm er in Gottes Namen herein zu mir, in meinem Bett ist's warm." Sacht's. Un geht in hochdero Stübbche zurück. Un wie en Klotz bin ich stehengeblibbe un habb da fromm und tugendhaft weitergefrore. Un seh' er nu, Sochwürdiger, dees hat mich bis heutigentags noch e jeddsmal gereut, so oft ich mich druff habb besinne müsse."

Diese Geschichte erzählte uns die Mutter freilich nicht, als wir noch Kinder waren. Aber was sie uns damals vom Urgroßvater erzählte, das war nicht minder lustig. Am liebsten hörten wir immer die Geschichte von der Gräfin Erbach, deren Leibspeise jene knusperigen Pfannkuchen waren, wie sie in den Bauernhöfen des Odenwaldes gebacken wurden. Da stiftete eines Tages Urgroßvater Louis ein altes Bäuerlein an, der Gräfin solch einen Pfannkuchen zu überbringen und die fett" Köstlichkeit, damit sie schön warm bliebe, unter dem Hemde auf der nackten Brust zu transportieren. Das gab dann im goldfunkelnden Audienzzimmer des gräflichen Schlosses einen netten

Spektakel, als der Odenwäldler die gelbe Weste aufknöpfte und mit dem rauchenden Pfannkuchen herausrückte.

Eine zärtliche Sympathie empfanden wir Kinder auch für den jungen Eulbacher Schweinehirten Hannäter, der ein Dichter war und eines Mittags nach erledigter Mahlzeit am Gesindetisch des Forsthauses dieses selbstverfaßte Dankgebet zum Himmel sprach:

„Jetzt han ich gfresse,
Bin noch nit satt.
Hätt gern noch was gesse,
Ha' nix mehr ghatt.

Der Magen ist weitgedehnt.
Das Maul ans Fresse gwehnt.
Drum hungert's mich jedderzeit
Jetz un in Ewichkeit ..."

Bevor er das Amen herausbrachte, bekam er vom Urgroßvater Louis eine fürchterliche Maulschelle. Aber trotz dieser Bitternis seiner lyrischen Laufbahn gewöhnte er sich das Dichten nicht ab. Alles besang er, Himmel und Erde, Engel und Schweine, doch am liebsten sich selbst. Drum war er ein echter Lyriker. Auf seine zahlreichen guten Eigenschaften hatte er ein langes Loblied verfaßt, das mit den Versen begann:

„Kannäter, Kannäter,
Du lustiger Bue ..."

Und als er eines Sommertages am Saum des Eulbacher Hirschparkes neben seiner weidenden Schweineherde in der Sonne saß und wieder einmal das Lied seiner guten Eigenschaften zu singen anfing: „Kannäter, Kannäter, du lustiger Bue..." da kam aus dem Schatten des Eichenwaldes ein zwitscherndes Echo heraus:

„Kannäter, Kannäter, Du Saubue..."

Dieses Echo war die Stimme des zwölfjährigen Lottche Louis, das von Aschaffenburg gekommen war, um beim Großvater im Odenwald die Sommerfrische zu verbringen.

Während der letzten Lebensjahre des 'Alten im Walde' fanden sich für die Sommerferien manchmal an die dreißig Söhne, Töchter, Enkel, Neffen und Nichten im Eulbacher Forsthause zusammen, vom vierzigjährigen Staatsrat herunter bis zum vierjährigen Hosenprinzen, der zum erstenmal das Klettern auf die Birnbäume versuchte. Das muß in der grünen Waldstille ein heiteres Leben gewesen sein! Wenn die Mutter davon erzählte, hätte jedes von uns Kindern einen Finger seiner Hand dafür gegeben, wenn wir diese herrlichen Zeiten im Odenwalde noch hätten mitmachen dürfen.

Im großen Jägersaal des Forsthauses waren die Grasmatratzen in langen Reihen nebeneinandergelegt, um das junge Volk zu beherbergen. Und wenn Urgroßvater Louis des Nachts aus seiner lustigen Weinstube kam, dann ging er im Mondschein, der durch die hohen Fenster des Jägersaales hereinfiel, zwischen den Reihen der jungen Schläfer auf und nieder, deckte sorglich die Kleinen zu, die sich bloßgestrampelt hatten – und bei den Lagerstätten der älteren Kinder hielt er den heißen Meerschaumkopf seiner langen Tabakspfeife überall hin, wo unter einer Decke was Nacktes herausguckte.

„Kinderle, das hat fest gebrannt!" versicherte die Mutter. „Und weil ich so ein quecksilbernes Dingelche war, drum Hab ich gar oft am Morge so ein Brandbläsle aufm Quartierle gehabt. Aber beim Großvater in Eulbach hat man das bald gelernt: in der Nacht schön ruhig liege! Am Tag hat man zapple dürfe, so viel man möge hat!"

Sie haben sich alle in ein frohes Leben hineingezappelt, jene Kinder von damals – keines zappelte sich zu Tode wie jener Hirsch von sechsundzwanzig Enden, der im Eulbacher Parke mit seinem mächtigen Geweih im Sprunge zwischen den Ästen einer Eiche unlösbar hängen geblieben war und vor den Augen der erschrockenen Kinder an diesem natürlichen Galgen erschossen werden mußte. Sein Geweih hängt noch heute im Hirschsaal des Erbacher Schlosses.

Stiller als die zappelseligen Sommerwochen im Odenwalde waren wohl die Wintermonate im Professorhause auf dem Katzenmarkte zu Aschaffenburg. Aber das quecksilberne Wesen des „Schimmelche" – unter welchem Spitznamen die Lotte Louis in der ganzen Stadt bekannt war – bekam auch hier keinen allzustrengen Zügel zu fühlen. Es waren da nicht immer frohe Zeiten. Vier Geschwister starben in jungen Jahren; und die Mutter Louis wurde taub und krank; sie atmete fern vom Leben in einer Stube, die sie nur verließ, um nach jahrelangem Leiden zur erlösenden Ruhe getragen zu werden. Aber Karl Ludwig, der Vater, hatte doch neben allem Ernste, den sein Beruf und die herben Dinge seines Lebens in ihm erzogen, so viel vom heiteren, lebensfrohen Erbacher Blute mitbekommen, um sich nach allen Schicksalsschlägen wieder aufzurichten und seiner Tochter in drückender Stunde mit dem alten Verse raten zu können:

„Kind, das Lachen ist das Best'
Schon zu Adams Zeiten gwest."

Er war Mathematiker, Physiker, Zoologe und Architekt, ein Jugendfreund und Studiengenosse von Klenze, Gärtner und Cornelius. Der Gelehrte, der Künstler und der Jäger mischten sich in seinem Charakter zu einem vielfarbigen Bilde. Er publizierte ein weidmännisches Werk: „Der fährtengerechte Jäger"; unsere Familie besitzt von seiner Hand noch Aquarelle von einer Reise, die er mit Klenze nach Italien unternahm; in München war er beim Bau des Kriegsministeriums beteiligt, in Aschaffenburg beim Bau des Pompejanums, unter dessen Wandgemälden das „Schimmelche" als fliegende Genie verewigt ist; und König Ludwig I. berief ihn als Professor an die Forstschule.

Wenn der Hof in Aschaffenburg residierte, wurde Professors Lottchen zu den Tanzabenden ins Schloß befohlen – vom Prinzen Adalbert erzählte die Mutter: „Der war ein bisselche hart vom Fleck zu kriege!" – und bei den Herrenabenden des Königs konnte Großvater Louis die Tafelrunde mit mancherlei unzensurierten Heiterkeiten amüsieren. An solch einem Abend produzierte er sich als Zauberkünstler und verwandelte unter dem Hut des Königs einen lebendigen Singvogel in eine kleine, leblose, täuschend nachgemachte Sache, die keine Pflanze ist und doch unter die stacheligen Gewächse mit bekanntem lateinischen Namen gerechnet wird. Der König, der einen Spaß verstand, lachte dazu: „Louis, das muß die Königin sehen!" Am folgenden Tage wurde das überraschende Kunststück vor Ihrer Majestät wiederholt. Und der König hatte sein Vergnügen an dem Schreck und Lachen seiner hohen Gemahlin.

Wir Kinder jubelten immer, wenn die Mutter das erzählte. Aber was in solchen Geschichten vorging, war nie das Beste an ihnen. Die heiterste Wirkung ging von der Art und Weise aus, wie die Mutter so etwas erzählte. Ihr Wort und ihr

Lachen hatten hundert Farben. Und für Dinge, die sich schwierig sagen lassen, fand sie immer ein lustiges Bild, einen reinlichen und unverfänglichen Ausdruck. Da wurde auch das Derbste zu einer harmlosen und liebenswürdigen Sache. Das war durch ihr ganzes Dasein ein Hauptzug ihres Wesens: gesunde Natürlichkeit, die zwischen den Dingen des Lebens keine großen Unterschiede machte und alles von einer unbedenklichen Seite nahm.

Aus ihren Aschaffenburger Mädchenjahren besitzen wir ein zartgemaltes Pastell, das eine schlanke, hübsche Blondine zeigt, mit lichtem Haar, mit leis verstecktem Lächeln und heiter träumenden Blauaugen. Ein Bild, das gefallen muß! Und das Professorhaus, in dem das „Schimmelche" zwitscherte, wimmelte auch stets von Forsteleven, die im Dutzend aufeinander eifersüchtig waren. Zu diesem Schwarm von Verehrern, unter denen keiner dem vergnügten, zwanzigjährigen Lottchen mehr oder weniger als der andere galt, gesellte sich im Winter 1847 auf 48 mein Vater als 21 jähriger Forsteleve.

Ein blühender Apfelzweig entschied das Glück und Leben dieser beiden jungen Menschen. Wie das zuging, hab' ich in meinem Roman „Der Hohe Schein" geschildert. Der Forstmeister Ehrenreich, den ich allen innerlichen Lebenszügen meines Vaters ähnlich machte, erzählt da: „Auf einem Balle, den die Studenten der Forstschule gaben, fiel mir ein Mädel auf, weil es einen blühenden Apfelzweig im Haar hatte. Wie ein wirklicher Zweig mit echten Blüten sah er aus. Und mußte doch falsch sein, jetzt im Februar! Und als ich ihr vorgestellt wurde, war es mein erstes Wort: „Meiner Seel', der Zweig ist echt!" Mit ihren hellen Augen sah sie mich an und lächelte: „Sie sind der einzige, der das bemerkte!" Und dann erzählte sie mir die Geschichte dieses Zweiges. Vor ihrem Stübchen, dicht bei den Fenstern, stand im Garten ihres Vaters ein Apfelbaum. Und als man die Winterfenster anbrachte, wurde aus Versehen ein junger Trieb des Baumes in den Fensterrahmen eingeklemmt, daß er in die Stube hereinragte. Wie ein Wunder war's, daß der Zweig nicht abstarb. Und mitten im Winter begann er in der Zimmerwärme zu blühen. Und jetzt, dieser Zweig in ihrem Haar, um ihre Stirne ... wie schön das war!" –

Dann gab's in Aschaffenburg ein paar kleine Stürme, bis die anderen, die sich um das „Schimmelche" bewarben, verdrängt waren. Ein Hartnäckiger machte vor dem Professorhause auf dem Katzenmarkte seine Mondscheinpromenaden unverdrossen weiter, bis ihn mein Vater, der sich als regungslose Bildsäule auf den Brunnen gestellt hatte, in solch einer Schwärmerstunde beim romantischen Radmantel erwischte. Die Folge war eine Mensur, bei der meinem Vater die

Nasenspitze abgeschlagen wurde. Sie heilte ganz gut wieder an; und die kleine Schnürung, die dann rings um die Nase herumlief, tat dem festen und freundlichen Mannsgesichte keinen Eintrag.

In das erste Blühen dieses jungen Glückes fiel der Beginn der Revolution. Blieben die zwei verbundenen Herzen unberührt von allem Lebenswetter jener Zeit? Ich weiß mich nicht zu erinnern, daß Vater oder Mutter mir jemals von jenem Sturmjahr erzählt hätten. Aber ich besitze noch einen grünen Gürtel mit seidegesticktem Eichenlaub und Hirschzähnen als Eichelfrüchten. Das war die Säbelkuppel, die mein Großvater Louis als Hauptmann des aus den Forsteleven gebildeten Freikorps getragen hatte.

Dunkel erinnere ich mich, daß mein Vater von einem 'Hessischen Feldzug' erzählte, bei dem nur ein einziger Schuß gefallen wäre. Und diesen Schuß hatte mein Vater gehört.

Aus dem undurchlöcherten Soldatenmantel schlüpfte er in die Uniform eines Forstamtsaktuars in Kaufbeuren. Die trug er aber nur am Königstag und beim Fronleichnamsfeste. Für gewöhnliche Zeiten tat's die graue Joppe: für die Kanzlei, für die Waldbegänge und für den Abendtarok bei der Kirschwirtin. Neben dem Glück in der Liebe hatte der Vater auch noch Glück im Spiel. Er gewann so reichlich, daß er als Junggeselle davon leben und seinen Aktuarsgehalt zusammensparen konnte, um ein Jahr früher zu heiraten. Kein Wunder, daß er pünktlich zu jedem Tarok erschien. Und eines Abends wurde der Scherz gemacht: „Am Hochzeitstag, da wird er wohl ausbleiben!"

Der Vater lachte: „Wetten wir, daß ich komme?"

Eine Wette von 20 Kronentalern wurde geboten und gehalten.

Die Hochzeit kam früher, als das Brautpaar nach seinen bescheidenen Mitteln sie geplant hatte. Großvater Louis in Aschaffenburg hatte die Augen geschlossen. Und das „Schlimmelche", das schon sieben Jahre auf sein Glück gewartet hatte, blieb einsam in dem leergewordenen Hause zu Aschaffenburg zurück. Ihr Bruder Wilhelm, der einzig Überlebende von allen Geschwistern, garnisonierte als Offizier der Genietruppe zu Ingolstadt.

In den Trauerkleidern, die sie um den Vater trug, trat Lotte mit ihrem Gustl vor den Altar. In Ottobeuren, bei den Eltern des Bräutigams, wurden sie getraut – am 24. August 1854 – und die Postwagenfahrt nach Kaufbeuren war ihre Hochzeitsreise. Spät am Abend kamen sie in der Wohnung an, in der die ungeordneten Möbel und die verschlossenen Koffer umherstanden. Und die Mutter sagte: „So, Gustl, jetzt geh du hinauf zum Hirschewirt und gewinn deine Wett! Inzwische pack ich aus und mach unser Schlafstübbche schön gemütlich!“ –

Als ich elf Monate später ins Leben hereinschlüpfte – am 7. Juli 1855 – war der Vater im Tarok noch immer so vom Glück begünstigt, daß er ein halbes Jahr lang seinen Gehalt nicht vom Rentamt abzuholen brauchte.

Etwas Ruhiges und wohlig Stilles überkommt mich, wenn ich das Bild jener versunkenen Zeit zu schauen versuche, in der eine Beamtenfamilie mit Mann und Frau und Kind und Magd noch alle Lebensbedürfnisse aus dem Gewinn eines harmlosen ‘Schüsselchen-Taroks’ befriedigen konnte, bei dem ein Umsatz von zwei Gulden als Ereignis galt. In einem Haushaltungsbüchelchen der Mutter aus dem Jahre 1856 stehen märchenhaft winzige Ziffern. Da ging der Verbrauch eines Tages nur selten über den Gulden hinaus. Und dennoch wurde man satt und lebte fröhlich und ohne Sorgen!

Welch' ein friedliches und aufregungsfernes Leben muß das gewesen sein, in dem der Vater während einer Reise einen mit ‘sechs Neugroschen est einundzwanzig Kreuzern’ markierten Eilbrief nötig hatte, um der Mutter dieses Wichtige mitzuteilen: „Frage Schneller, ob das Buchenholz für Rechtsrat Kneußl schon hereingeführt sei, nämlich das aus Schiffgerbers Holz. Sollte es noch nicht geschehen sein, so soll er sogleich es durch einen andren Fuhrmann tun lassen. Das Holz soll an die rechte Seite der Schießstätte an der Hirschzeller Straße kommen, wie ich ihm damals sagte. – Er soll nachsehen, wie die heurigen Saaten sind, die wir machten, und dir es sagen, damit du mir es schreiben kannst. – Die Kartoffeln sollen nicht vergessen werden; Schneller soll sorgen, daß sie zur rechten Zeit angehäufelt werden. – Käs kann die Streu mähen, aber er dürfe ja nur die Wege und ganz öde Plätze mähen; im vorigen Jahre habe er viele Pflanzen abgemäht; er solle also die Plätze vorher wohl untersuchen!“

Mein Vater hatte damals, 1857, von der Regierung ein Reisestipendium bekommen, um die forstwirtschaftlichen Verhältnisse in Mittel- und Norddeutschland zu studieren. Von dieser Reise, die drei Monate dauerte, blieb ein Päckchen zärtlicher Briefe erhalten. Diese vergilbten Blätter! Ich kann sie nicht berühren, ohne daß mir Herz und Hände zittern.

Was da geschrieben steht, das zeigt eine Zeit, ein Glück und einen Menschen.

Die Eisenbahnfahrt von Augsburg nach Frankfurt ist eine ‘sechzehnstündige Folter’, die alle Glieder so durcheinander rüttelt, daß ein fester und gesunder Mann ein paar Tage braucht, um sich zu erholen.

„Bad Soden gefiel mir, was Lage und Gegend anbelangt, denn diese und das Klima sind wirklich italienisch zu nennen; lauter hübsche, geschmackvolle Häuser, von Gärten rings umzogen, mit Eppich und wilden Weinreben bewachsen; von herrlichen Anlagen das hübsche Kurhaus umgeben; die Gegend hügelig, die Felder mit Obstbäumen, an den Hängen Kastanienhaine; das zusammen gibt ein liebliches Bild. Weniger zog mich an das Badeleben daselbst, da die geputzten Herren und Damen, diese mit enormen Krinolinen und Volants, mit dem lieblichen Bilde der dortigen Natur sonderbar kontrastierten.“

Die Herrlichkeiten von Darmstadt, Mannheim, Heidelberg, Tharand, Potsdam, Berlin und Dresden werden mit einer Begeisterung und mit Farben geschildert, wie sie das globetrottende Volk von heute nur noch für Afrika und Indien übrig hat. Aber dieser Reisende, der in der Ferne wandert und mit hellen Augen genießt, ist mit dem Herzen doch immer daheim. Alles Schöne der Fremde wird ihm zu einer Mahnung an die Heimat, zu einem sehnsüchtigen Gedanken an die Seinen.

„Wenn die Natur mein sonst zum Enthusiasmus nicht eben geneigtes Gemüt begeistert; wenn sie mein Gefühl aus seiner etwas rauhen Schale hervorzwingt und mich so wunderlich weich macht, so geschieht das nur, weil ich stets bei allem Schönen euer gedenken muß. Wenn ich mich freue, daß die Schöpfung so groß und herrlich ist, wie sollte ich denn nicht auch zugleich mich freuen, daß ihr, meine theuersten, theil an dieser Schöpfung habt, in der ja auch das kleinste, so weise erdacht, seinen Zweck erfüllt. Erquickt eine liebliche Gegend die Seele, macht ein romantisches Felsthal uns staunend schauen, giebt uns der brausende Bergstrom das warnende Bild eines wildbewegten Lebens, – so dürfen wir doch auch im kleinsten nicht der Schöpfung kluge Freundlichkeit übersehen. Betrachte einen grünen Baum! Als Forstmann erwäge ich, wie so manchen Zwecken nützlicher Verwendung er dient; als dein Liebster denke ich, daß er Ruhe in dein Auge geben würde; dich rasten ließe in seinem kühlenden Schatten. Betrachte einen toten Stein! Für uns Menschen ist er lebendiger Vortheil, vom größten Block, der mich werdende Häuser, Schulen und Brücken sehen läßt, bis zum kleinsten farbigen Kiesel, bei dem ich denke, er könnte ein lieb Spielzeug für unsere Kinder sein. Sie ist schön, diese große Welt. Aber in unserer kleinen daheim ist's halt doch am schönsten.“

„Daß du so viel von Ludwigs drolligen Streichen mir schreibst, dafür danke ich dir herzlichst. Du weißt ja, wie ich den guten Kerl so lieb habe, und daß derlei pfiffige Possen mich von ihm ergötzen. Ich habe sie Bäschen Emma und Vetter Anton vorgelesen. Denen kamen die Thränen vor Lachen. Anton konnte ein bischen Heiterkeit auch brauchen. Der Krankheitszustand seiner Frau (Epilepsie) ist noch schlimmer fast als früher. Zwei Kinder kamen – wohl zu deren Glück – zu früh und tot auf die Welt, und bei dem nächsten wird es wohl auch nicht besser gehen. Dem letzten Kinde machte Anton selbst den Sarg, und verzierte ihn, schmückte ihn mit Engeln und Lichtern und saß bitterlich weinend die ganze Nacht davor. Der arme Kerl dauert mich sehr, und seinem Kummer gegenüber bedrückt mich Sorge um euch, aber ich denke auch mit doppelter Süßigkeit daran, wie sehr ich unserer Kinder Geburt ersehnte, welche Freude ich bei ihrem ersten Laut empfand, wie viel Freude ich an ihnen noch zu erleben hoffe."

„Ob du wohlseiest und die Kindergen gesund, das ist die Hauptfrage mit der ich erwache, mit der ich mich schlafen lege, von der ich träume."

„Dich muß ich manchmal beneiden: du hast die beiden Kleinen, kannst sie herzen und küssen, kannst an Ludwigs kecken Streichen dich erheitern, über Bertas freundliches Lächeln dich freuen, in solcher Freude dich trösten. Mir mangelt meine ganze Welt, die ihr seid. – Wie ich fort von dir ging, war Ludwig vor dem Hause, und ich ging rückwärts durch den Hof; der liebe Schlingel hörte mich und rief aus voller Brust: „Papa!" Aber ich kehrte nicht mehr um, da der Abschied mir ohnehin so schwer geworden. Ich überwand es. Wie oft mir aber dieses 'Papa' in Gedanken wiedertönt, kann ich dir nicht sagen; wo ich stehe und gehe, höre ich es; wo der Laut eines fremden Kindes mir klingt, glaube ich die Stimme des meinen zu vernehmen. Oft schon stieg mir Reue auf, daß ich nicht damals zurückkehrte und ihm noch einen herzhaften Kuß auf sein schelmisch Gesichtchen drückte.

Die Thränen stehen mir in den Augen, während ich dies schreibe, und die Buchstaben schwimmen vor meinem Blick. – Denke ich zurück an die Zeit, wo wir uns kennen lernten, wo unsere Herzen sich fanden, unbeirrt durch so viele Schwierigkeiten – denke ich daran, daß wir uns in diesen drei Jahren unserer glücklichen Ehe ebenso innig liebten wie vorher – so fühle ich, daß dies alles früher mir noch weniger klar denn jetzt war, wo ich zum erstenmal und so lange von euch getrennt bin. Jetzt erst in vollem Maße erkenne ich, wie theuer ihr mir seid, wie glücklich und zufrieden ich bin. Dieses frohe Gefühl erschwert mir wohl die Trennung, läßt sie aber doch anderseits auch leichter tragen. Ich muß es halt machen, wie Freund Eulenspiegel, der immer gerne den Berg hinaufstieg, in der Hoffnung, daß es dann flink und fröhlich hinuntergienge ins schöne Thal. Und du, lieb Lollichen, mache es ebenso in deiner Sehnsucht! Du kannst doch leichter auch die noch übrige Zeit der Trennung überstehen; du hast ja unsere Kindergen, hast treue, liebende Seelen um dich, hast so viele liebe, freundliche Frauen, die gerne dich erheitern möchten. Und ich in Gedanken bin immer bei euch, vergesse dich nie und niergends!"

Die Liebe, die aus diesen vergilbten Blättern redet, umgab mit beseelter Wärme meine Kindheit. Sie sprach zu mir aus jedem ruhigen Blick des Vaters, aus jedem heiteren Lachen der Mutter. Wie hätt' ich meiner Kindheit nicht froh werden, wie hätt' ich nicht an das Leben glauben, das schöne Leben nicht lieben sollen?

In jenen Briefen meines Vaters kehrt das ein paarmal wieder: treue Seelen, liebe freundliche Frauen.

Und wenn ich, in meiner Erinnerung wühlend, die Augen schließe, höre ich aus jener Zeit ein Lachen von herzlichen Stimmen, sehe einen weißgedeckten Tisch mit goldgeränderten Kaffeeschalen und großem Guglhupf, sehe sechs oder sieben junge und bejahrte Frauen in hochgebauschten, weit auseinanderfließenden Röcken. Über die Schläfen der heiteren und flinkbeweglichen Gesichter legen sich die lichten oder dunklen Haare in Glockenform heraus, so daß von den Ohren nur die kleinen Läppchen noch hervorgucken, an denen etwas Feines und Glitzeriges baumelt. Und wenn der Abend dämmert, ist plötzlich die ganze Stube mit plaudernden Menschen angefüllt – ich höre tiefes, kräftiges Sprechen und sehe zwischen den Frauen die bärtigen Mannsgesichter, sehe, wie sich die Rauchwölkchen aus den gelben Meerschaumpfeifen kräuseln. Und wenn in diesem Zwielicht ein Fidibus sein wachsendes Sternchen aufbrennen läßt, dann werden die fröhlichen Gesichter zur Hälfte rot, es glänzen alle Dinge auf dem weißen Tisch, und an den Möbeln funkeln die polierten Leisten.

Einer von diesen ruhigen Männern ist mein Vater, eine von diesen lachenden Frauen ist meine Mutter. Welcher? Und welche? Das kann ich nimmer sagen. Aber ich weiß noch, wie ein paar von den anderen hießen: Herr und Frau Schrader; der Bürgermeister Heinzelmann und die Bürgermeisterin, die um ihres guten Herzens willen den Spitznamen 'das Liebhaberle' bekam; die Hirschwirtin,

Frau Apotheker Roth und Magistratsrat Hafner; die Brüder Probst und ihre Mutter, in deren altem Kaufmannshause wir wohnten – ein Haus, in dem es immer so köstlich nach frischgebranntem Kaffee, nach Johannisbrot und Feigen duftete.

Ein Vierteljahrhundert später, als Vater und Mutter in München noch beisammen waren, plauderten sie noch immer gerne von Kaufbeuren, sprachen von den Freunden, die noch lebten oder schon gestorben waren, gaben jedem Namen, den sie nannten, das Eigenschaftswörtchen ‘lieb’ oder ‘gut’ – und wenn sie nachdenklich schwiegen, pflegte die Mutter nach einer Weile mit leisem Seufzer zu sagen: „Ach Gottele! Die schöne Zeit! Die kommt halt nimmer wieder!“

Auf solch ein Wort sagte der Vater gerne: „No, schau, Lotte, jetzt hast du's doch auch nicht schlecht!“

„Ei freilich, ja! Gott sei gepriesen und gebimmelt!“ Da hatte die Mutter nach Tränen ihren Humor wieder gefunden. „Wenn's nur aushält, bis man himmelt!“ –

Vom letzten Tage, an dem wir Kaufbeuren bei tiefem Schnee verließen, blieb mir noch die Erinnerung an viele, viele Hände, die rings um den Schlitten waren und wirr durcheinandergriffen, immer über mich hinweg. Ich atmete schwer und hatte das Gefühl einer großen Hitze – so dick war ich eingemummt zum Schutze gegen den grimmigen Frost.

Von den Etappen dieser Winterreise ist mir nichts im Gedächtnis geblieben als ihr frierendes Ende. In einer Kälte, die jeden Hauch zu Eis gerinnen machte, fuhren wir durch den tiefverschneiten Adelsrieder Forst, mit dem die endlosen Wäldermassen des ‘schwäbischen Holzwinkels’ begannen. Verendete Rehe lagen neben der Straße im Schnee, und ausgehungerte Hasen hoppelten eine lange Strecke hinter dem Schlitten her, um jeden Faden des davonwehenden Heues aufzulesen, mit dem die Schlittenkufe neben den Pelzen und Fußsäcken angefüllt war. – Das erzählte mir in späteren Jahren die Mutter. – Ich selbst bewahre nur die Erinnerung an etwas schrecklich Weißes, an einen quälenden Schmerz in den Augen, an ein Gefühl, daß ich keine Hände und Füße mehr hätte, nur noch einen schnatternden Kopf – und besinne mich noch auf eine traumartige Furcht, in der ich glaubte, daß wir einer grauenvollen Sache immer näher kämen.

Und die Schellen der Schlittengäule klingelten mich doch an jenem weißen, frierenden Tage langsam hinein in eine wunderschöne, sonnenreiche, jubelnde Knabenzeit!

Kapitel II

Kommt man auf der schwäbischen Poststraße von Augsburg her, und fuhr man an den alten Schlössern von Hamel und Aystetten vorüber, so versinkt die Straße in dunklen Fichtenwäldern, die fast kein Ende mehr nehmen wollen. Das ist der Adelsrieder Forst. In der Mitte des Waldes stand ein Kreuz; da wurde vor hundert Jahren eine Bäuerin mit ihrer Tochter von Wölfen zerrissen. Dann wieder Wald und Wald, bis die dunkelgrünen Schatten sich endlich öffnen zu einem hellen, hügeligen Wiesengelände.

An diesem Tor des Waldes sagte wohl mein Vater damals bei jener Winterreise zu der Mutter: „Schau, Lottchen, da fängt mein Revier an! Und vier Stunden braucht man bis zur anderen Grenze."

Man fährt an dem Dorfe Kruichen, an dem Mühlweiler Ehgarten vorüber; und nach einem Stündchen, das nur vierzig Minuten hat, kommst du im schmalen Tal der Laugna nach Welden im Holzwinkel.

Das ist zu Winterszeiten keine gemütliche Landschaft. Aber der Frühling schüttet liebliche Schönheit über dieses stille Bachtal, das sich zu einem stundenweiten Rund von sanftgewellten Hügeln auseinanderdehnt. Ein dichtgeschlossener Kranz von Wäldern, in denen das strenge Nadelholz nur kleine Laubparzellen duldet, schließt sich als ein blaudunkler Wall um diesen Kessel dörflicher Kultur. Getreidefelder und Wiesen sind noch zahlreich von kleinen Gehölzen durchsetzt, die in der Nähe der Häuser zusammenfließen mit den Weißdornhecken und den blühenden Obstbäumen der Gärten.

Heute ist Welden eine stattliche Ortschaft mit Eisenbahn und Telegraph. Damals in meiner Kindheit, vor 48 Jahren, war's ein Dorf mit 800 Seelen wie der Pfarrer zu sagen pflegte; und der Postbote mußte täglich drei Stunden weit nach Zusmarshausen laufen, um die vier Zeitungen und die sieben Briefe zu holen. Einmal in der Woche fuhr ein Bote, der Stanger, mit seinem langen Blachenwagen nach Augsburg hinein und brachte, was man im 'Botebüechle' bei ihm bestellte. Das war die Verbindung des Holzwinkels mit der großen Welt.

Seit einem halben Jahrhundert sind die Häuser nach dem Dutzend gewachsen, und das Dorf hat sich durch die vielen Neubauten anders gestaltet. Früher glich es in seiner Anlage einem lateinischen H, das sich auf die lange Seite legte: zwei gestreckte Gassen, die durch Wiesen und den Bachlauf voneinander getrennt, durch eine häuserlose Pappelallee miteinander verbunden waren.

Die obere Gasse hieß die Kirchgasse; hier stand die große, schöne, mit hübschen Fresken ausgemalte Zopfkirche, die ein prachtvolles Geläute hatte; daneben die Schule, das Bräuhaus und der Pfarrhof; nicht weit davon das verwahrloste Benefiziatenhaus mit gutgepflegtem Garten, der Kirchgasseleskramer, der Kirchgasselesschmied, der Schuster und Schneider – und ganz am anderen Ende der langen Gasse noch ein Handwerker, dessen Schild aus der Kultur unserer Zeit verschwunden ist: der Doser, der die Schnupftabaksdosen aus gepreßter Birkenrinde fabrizierte und als Nebenverdienst die Laubsägen feilte, deren Stahlstaub, wenn er in ein brennendes Kerzenlicht gestreut wurde, sich in blitzende, wundersam schöne Sternchen verwandelte. Zwischen dem Doser und der Kirche lagen die Höfe wohlsituierter Bauern Zaun an Zaun. In der langen Reihe dieser mächtigen Strohdächer stand noch ein schmuckes, mit Ziegeln gedecktes Gebäude, von dem durch einige Jahre eine ruhelose Plage für meinen Vater ausging: das Haus des pensionierten Revierförsters Bauer, der seinem jungen Nachfolger so lange das Leben mit allerlei Hetzereien sauer machte, bis eine Haussuchung bei dem würdig aussehenden alten Herrn zwei gewilderte Rehgeißen im Keller fand. Dann war Ruhe.

Dieser Staatsbeamte hatte in seinem eigenen Besitz gewohnt, und so war kein Forsthaus da, als mein Vater kam. Die Regierung mietete das zweistöckige Anwesen eines Maurermeisters und wies es nach einem notdürftigen Umbau meinem Vater als Dienstwohnung an.

Dieses Haus lag in der unteren Gasse, die man die Bachgasse nannte, weil sie sich am Ufer der stillfließenden Laugna entlangstreckte. In dieser Gasse residierten nur ein paar von den schweren Bauern des Dorfes; dazu der Wirt zum Fäßler, der große Rollewirt und der allmächtige Nagelschmied, welcher Bürgermeister war und wegen seiner frommen und segensvollen Redensarten den Spitznamen 'der heilige Vater' bekam. Was in der Bachgasse sonst noch an Bauern hauste, das waren die vielen 'Kloinzuigler', die mäßig begüterten Söldner mit zwei oder drei Kühen. Im übrigen war die Bachgasse der Sitz der Staatsgewalt, der freien Wissenschaft und der Industrie. Denn hier hauste neben dem neuen Revierförster noch der Malz-Ausschläger und der Doktor. Hier saß als unser Wiesennachbar der Bachgasseleskramer, der den wunderlich schönen Namen 'Millimattler' führte; man denkt bei diesem Namen doch gleich an einen Schmetterling oder sonst an etwas Leichtes und Flatterndes; aber der Millimattler war ein kleiner Mann mit dickem Bauch, und als er starb, erschien zu seiner Nachfolge in der Krämerei ein großer Mann mit dickem Bauch und mit dem zutreffenden Namen Schweinberger.

Rings um unser Haus her, das mit seinem ziegelroten Anstrich von überall zu sehen war, saß ein Handwerker neben dem anderen – Dächer, unter denen ich genau so heimisch war, wie unter dem Dache meiner Eltern. Unser nächster Nachbar bachaufwärts, nur zehn Schritte über die Straße hinüber, war der Wagnermeister – in Welden sagten sie: der Wanger – dessen Hausmauer kaum zu sehen war unter dieser Menge von spiralförmig entrindeten Birkenstangen, die da zum Trocknen in der Sonne standen und der Bestimmung entgegenharrten: lange Wagendeichseln zu werden, auf denen man sich prächtig schaukeln konnte, bis sie plötzlich entzweibrachen. In der Werkstatt des lieben, guten Wangers lernte ich das Schnitzeln, Hämmern und Sägen; und an seinem Tisch bekam ich alle kulinarischen Herrlichkeiten des Dorfes zu kosten: die Gruiben im Sauerkraut, die Dampfnudeln in der Schleifersbrüh, die gschupften Baunzen, die Äpfelküchle und das Huzelbrot. Wie beim Wanger, so war ich Tischgast in der ganzen Nachbarschaft; und weil da schon um elf Uhr immer Mittag gehalten wurde, kam ich um zwölf Uhr satt an den Tisch der Mutter und wollte nichts mehr essen; aber eine Stunde vor der Kaffeezeit bekam ich wieder Appetit und wenn ich dann zur Mutter lief und klagte: „Mammi, hungere tuet mich!", so pflegte die Mutter zu sagen: „Schleck e Salz, so tut dich dürschte."

Neben dem Wanger hatte der Bachgasselesschmied ein großes Haus auf dem Marktplatze; aber dieser 'Schmied' war eine lange, magere Wittib, die drei Söhne hatte, zwei riesenstarke Schmiedbuben und einen stummen, verkrüppelten Trottel, der auf den Händen im Hof herumrutschte und die kurzen Beinstumpen in zwei abgewetzten Ledertöpfen stecken hatte. Ich weiß nicht, wie er hieß; man nannte ihn nur 'das Männdele'; und als die Schmiedin das Zeitliche segnete, starb zwei Tage später auch das Männdele, ohne daß es vorher krank gewesen wäre.

Ein paar Häuser bachaufwärts ratterten die Lohstampfen des Gerbers, der immer nach Eichenlohe roch, die C-Trompete blies, einer von den sieben Liberalen des Dorfes war und im Bürgermeisteramte der Nachfolger des Heiligen

Vaters wurde. Vor dem Hause des Gerbers hatte die Laugna den tiefsten Gumpen – und da könnt ihr euch denken, wie oft ich mit der verbotenen Angel zum Haus des Gerbers lief.

Hinter dem Gerber hauste der Schreiner, der sieben Kinder und vom vielen Hobeln ein krummes Schienbein hatte. Dann kam der Schlosser, der mir das beibrachte, wie man ein Zündloch in die alten Kirchtorschlüssel bohrt, um sie in 'Schlüsselbüchsen' zu verwandeln, die beim Schießen in der Hand zerspringen – will man dabei seine zehn Finger behalten, so muß man so was ähnliches sein wie ein Sonntagskind.

Schräg über der Straße drüben stand das Haus des Zimmermeisters Kriechbaum, der immer ein spöttisches Lächeln um den rasierten Mund und nur ein einziges Auge hatte, weshalb er der 'Enägl' hieß. Nach Verkündigung des Infallibilitätsdogmas spielte dieser Enägl eine sehr dunkle Rolle in der schauerlichen Tragödie des Pfarrhofes.

Fünfzig Schritte weiter bachaufwärts wohnte der Drechsler, bei dem ich das 'Draxeln' studierte und jene rote Spinnräderbeize kennen lernte, die man vierzehn Tage nicht mehr von den Fingern wegbrachte.

Gegenüber hauste der Jäger-Uerle, dem das Fischrecht in der Laugna gehörte, ein Umstand, der ihn zu meinem erbitterten Feinde machte, bis wir durch eine merkwürdige Begebenheit – die ich in meiner Skizzensammlung 'Die Jäger' erzählte – die besten Freunde wurden.

Und ganz am Ende der Gasse, noch hinter der Nagelschmiede des Heiligen Vaters, klapperte und klopfte im letzten Häuschen des Dorfes der magere und wortkarge Spengler. Der hatte zwei Töchter, die so mollig und hübsch waren, daß sie allen Burschen im Dorf gefielen. Die Gegend um dieses Haus herum war ein gefährlicher Platz. Hier wurde am meisten gerauft und geprügelt. Und nicht weit von dieser Stätte des Unfriedens war der große Sandbruch, wo man immer den Hals riskierte und die Hosen kaputt machte, wenn man über die steilen Sandsteinflächen sitzlings herunterschlitterte.

Nach der westlichen Seite unseres Hauses, bachabwärts, kam zuerst der Maurermeister, der sich vergnügt ein neues Haus gebaut hatte, weil ihm die Regierung das alte, in dem wir wohnten, so gut bezahlte. Sein Nachbar war der Bäck, bei dem ich stundenlang im Teig herumzwalgte und träumend in das Spiel der langen, feingezüngelten Flammen guckte, die aus den Luftlöchern des Backofens herausschlugen, wenn er geheizt wurde. Nicht weit vom Bäck war das

Färberhaus, in dessen säuerlich riechender Werkstatt ich bei jedem Besuche blaue Hände bekam, ein blaues Gesicht und blaue Kleider – und das war ein Blau, das noch dauerhafter war als die rote Spinnräderbeize des Drechslers.

Drüben über dem Bache stand das Haus des Buchbinders, der in einem großmächtigen Topfe den vielverwendbaren Kleister kochte, und dessen kränklicher Sohn die Ursache der fürchterlichsten Hiebe wurde, die ich in meiner Kindheit zu verschmerzen hatte.

Dann kam das liebe Haus, in dem mein guter 'Maler-Papi' seine herrlichen Künste trieb: der Malermeister, Vergolder und Lackierer Georg Vogel. Über dem Bache drüben knetete der Sattler mit seinem dicken Daumen das Leder, aus dessen Abfällen ich meine Schleudern fabrizierte. Und am westlichen Ende der Bachgasse war der Gürtler, der immer alles wieder löten mußte, was ich an Kupferzeug und messingenen Dingen kaputt gemacht hatte. Und das allerletzte große Haus, das war die Mühle, dieses klappernde, mehlstaubende Reich aller Kinderherrlichkeiten.

Die obere Gasse des Dorfes, die Kirchgasse, blieb für mich zwei Jahre lang eine ferne und fremde Welt, die ich erst kennen lernte, als ich in die Schule kam. Und auch in späteren Jahren behielt sie für meine Kinderaugen noch immer etwas Dunkles und Unerkanntes. Meine klare und sichere Heimat, die ich bis ins kleinste kannte, das war und blieb die Bachgasse, in deren Mitte das Haus meiner Eltern stand.

Mit der Morgenseite sah dieser rötlich getünchte Fensterkasten gegen die Straße hin, dem Haus des Wangers gegenüber. Die Südseite war durch ein winziges Gärtchen vom Ufer des Baches getrennt und blickte nach der schönen Pappelallee und nach der großen Holzbrücke, die man die 'Mucklsbrück' nannte, weil sich auf ihrem Geländer ein heiliger Nepomuk in schwarzem Talar und weißem Chorhemd erhob, der ein hölzernes Gebetbuch zärtlich an seine Brust drückte; unter seiner linken Achselhöhle war immer ein Spatzennest.

Gegen Westen guckte die Scheunenwand des Hauses dem Lauf der Laugna nach und war durch eine Wiese, die mein Vater gleich im ersten Jahr in einen Pflanzgarten für Ziergewächse verwandelte, vom neuen Haus des Maurermeisters geschieden; und hier, an der Scheunenwand, lag der stubengroße, mit hohen Staketen umzäunte Hundezwinger; die Hundehütte hatte zwei Schlupflöcher – die rechte Abteilung gehörte dem braunen Hühnerhund Unkas und mir, die linke dem gelben Teckel Kastor und meiner

Schwester; das Besitzrecht wurde eifersüchtig behütet, und bei gelegentlichen Übergriffen gab es scharfe Raufereien zwischen Unkas und Kastor, zwischen meiner Schwester und mir; die Hunde bissen, wir Kinder kratzten. Diese Hundehütte, an deren Giebelwand ich meine ersten Schreibkünste versuchte, steht noch heute im Hof des neuen Forsthauses zu Welden.

Gegen Norden, vor der Haustüre, die eine hübsche Holzveranda bekam, lag ein geräumiger Kiesplatz, mit Johannis- und Stachelbeerstauden am Zaun entlang und mit einem einsamen Apfelbaum; er trug jene Gattung frühzeitiger Äpfel, von denen behauptet wird, daß sie schon um Jakobi reifen; aber das erlebten sie nie; sie waren immer schon vier Wochen früher gefressen. Aber dem Zaun drüben lag der große Wiesgarten des Millimattlers; man sah das Krämerhaus, das Gehöfte der Bachgasselesschmiedin, sah den bergansteigenden Marktplatz mit dem ‘Fäßlerwirt’, mit dem hohen, engbrüstigen Doktorhause und mit dem riesigen, das ganze Dorf beherrschenden Dache des Rollewirtes. Auf der Höhe des Marktplatzes standen noch ein paar kleine Häuser, deren nach Süden schauende Fenster in der Sonne immer wie grellblitzende Feuerchen waren. Und hinter diesen Häusern erhob sich der hohe, von Buschwerk überwucherte, mit kleinen Wäldchen gesprenkelte und einen mächtigen Sandbruch bildende Theklaberg.

Hoch droben auf diesem Berge lag eines von den Märchengefilden meiner Kindheit. Hier stand vor Zeiten einmal das Jagdschloß eines Grafen Fugger. Der wurde auf einer Parforcejagd vom Blutsturz befallen, und während ihm der rote Quell des Lebens aus der Kehle sprudelte, tat er das Gelübde, der heiligen Thekla eine Kirche zu bauen. Als die Kirche in schönem Glanze fertig stand, war die Familie des Grafen verarmt und zog von Welden fort. Das Jagdschloß wurde auf Abbruch verkauft und niedergerissen. Und von der gräflichen Herrlichkeit blieb neben der prächtigen Kirche nur ein verwahrlostes Kaplanhaus stehen, das zur unheimlichen Gespensterstätte wurde, als wir Buben eines Tages in dem verödeten Haus ein Skelett unter der verfaulten Diele fanden. Noch ein zweites kleines Gebäude stand in der Nähe, unter riesigen Linden: das Häuschen des Gemeindedieners, des ‘Berg-Verele’, der ein Dutzend wunderlicher Spitznamen führte, eine vertrottelte Tochter und zwei pfiffige Söhne hatte und nach einem friedfertigen Leben eines jämmerlichen Todes sterben mußte; er wurde das Opfer einer Explosion; weil er hundertvierzig Zwetschgen mitsamt den Kernen verschluckt hatte, zersprang ihm der Magen.

Hinter der Theklakirche war ein lehmiges Gelände mit einem Dutzend großer und kleiner Weiher. Die größeren hatte der Doktor mit einem Zaun umgeben, um hier eine Fischzucht für Karpfen und Hechte anzulegen. Aber dieser Zaun, trotz Dorngestrüpp und Stacheldrähten, war leicht zu überklettern, und dann konnte man die Karpfen mit der Fischgabel herausstechen und die Hechte mit der Drahtschlinge fangen – wobei man sich freilich vom Doktor nicht erwischen lassen durfte. Und in den kleineren Weihern und Pfützen gab es Frösche dem Tausend nach. Da brauchte man nur ein rotes Tuchzüngelchen an die Angel zu spießen, und dann sprangen die dummen Frösche wie verrückt nach diesem leuchtenden Käferchen in die Höhe. Wie war das schön, wenn die Sonne über diesen gelben Wasserflächen glitzerte und lachte! Aber seltsam gruselig wurde es am Abend, wenn diese tausend Frösche zu unken begannen – das wurde ein mächtiges Lied, das man weit hinaushörte über das stille, dämmernde Tal.

Am zu den Herrlichkeiten des Theklaberges emporzugelangen, hatte man einen steilen, schweißtreibenden Weg hinaufzuklettern. Herunter ging es um so flinker. Da setzte man sich hoch droben am Rande des Sandbruches auf einen dicken Fichtenast, nahm das Zweigholz als Lenkstange zwischen die Beine – und so fuhr man los. Ein Saus, daß einem Hören und Sehen verging, und dann war man schon drunten auf dem Marktplatz, schlug im linden Sand ein paar unfreiwillige Purzelbäume, stand lachend und mit leidlich gesunden Gliedern wieder auf – aber wenn man heimkam, schlug die Mutter die Hände über dem Kopf zusammen und jammerte: „Ach, Gottele, Bub, wie siehst du denn wieder aus!“

So oft ich an unsere Haustür in Welden denke, spür' ich immer die Finger der Mutter um mein Handgelenk herum, habe das Gefühl, daß ich nicht gehe, sondern flink gezogen werde, und höre eine liebe Stimme, die schelten möchte, aber lachen muß. Und dann klingt wohl auch eine andere Stimme dazu, die den Versuch macht, streng zu sein: „Natürlich, jetzt kann ich wieder eine von meinen guten Hosen zerschneiden lassen! Hau doch dem Lausbuben eine hinter die Luser! Er muß doch einmal merken, daß man die Hosen nicht geschenkt bekommt.“ Aber die Mutter schlug mich nie; sie ‘pritschte’ mich nur manchmal ein bißchen; das tat nicht weh. Und auch, wenn die Mutter zornig wurde, behielt ihr Schelten im Dialekt noch etwas Heiteres. Der Vater sprach fast immer Hochdeutsch mit uns Kindern; im Dialekte sprach er nur mit den Bauern, die in seine Kanzlei kamen oder im Wald und auf der Straße mit ihm schwatzten; seine Art zu sprechen, blieb seit meiner Kindheit bis zu seinem Tode immer die gleiche; der Sprachklang der Mutter wechselte von Ort zu Ort; überall nahm sie gleich was an; und in ihren späteren Jahren zwitscherten Fränkisch, Kaufbeurisch, das Staudenschwäbische und das Oberbayerische mit dem Hochdeutsch drollig durcheinander.

Von der Haustür führte ein schmaler Flur nach der Küche. Zur Linken lagen die Wohnstube und das Schlafzimmer der Eltern. Zur Rechten, unter der steilen Holztreppe, mußte man durch ein dunkles Gängelchen tappen, um in Papas Kanzlei zu kommen, die früher der Stall war; wie oft man da auch mauerte und weißte – es blieben immer große, feuchte Flecken an den Wänden und an der Decke. Solche Flecken gab es auch in allen anderen ebenerdigen Räumen des Hauses; im Keller stand immer das Druckwasser der Laugna; und die Mutter jammerte stets um die 'teuren Tapeten' und klagte, daß all ihre 'schönen Sächelgen' schimmelig würden und kaputt gingen. Ich erinnere mich an ein Wort, das sie hundertmal sagte: „Wenn d' Regierung da net bald emal Füeß macht, gehe mer noch alle drauf!"

Über die steile Treppe, deren Geländerstange durch mein vieles Herunterrutschen eine glänzende Politur bekam, ging es hinauf in unser 'Salönle', das schneeweiße Spitzenvorhänge und 'Pariser Möbel' mit grünen Ripsbezügen hatte. Hier wurden die 'Besuche' empfangen. Und wenn ich im Sonntagskittelchen dabei sein mußte, war das immer eine qualvolle Viertelstunde; ich bettelte mit den Augen, ruschte und zappelte, bis die Mutter endlich sagte: „In Gottesname, so spring halt davon, du Wanzele du ewigs!"

Hinter dem Salon war das Fremdenzimmer, das auch als stetsverschlossene Aufbewahrungsstätte für die Äpfel und das Eingemachte benützt wurde. Und gleich bei der Treppe lag die große Kinderstube. Hier stand in der linken Ecke das Bettchen meiner Schwester, in der rechten das meine. Dazwischen waren die beiden Fenster, durch die man die Laugna sah, den heiligen Nepomuk, die Pappelallee und die ferne, fremde, unerforschbare Kirchgasse. Die große Kostbarkeit unserer Kinderstube war die alte, hohe Standuhr aus Urgroßvaters Zeiten. Als Kind glaubte ich immer, daß der Name Urgroßvater von dieser Uhr herkäme. In ihrem Kasten konnte man sich so schön verstecken! Aber wenn man dabei eine unvorsichtige Bewegung machte, stach man sich den Dorn des Perpendikels in den Nacken oder bekam von den schweren Uhrgewichten eine Beule am Hinterkopf. Und dann mußte die Mutter immer den Doktor und den Uhrmacher holen lassen.

Vom Söller vor der Kinderstube ging eine Stiege zum großen, dämmerigen Bodenraum hinauf, zu diesem Seligkeitsreiche unter dem elterlichen Dache. Hier konnte man nach Fledermäusen jagen, konnte durch die Dachluken mit dem Blasrohr Erbsen und Lehmkügelchen auf die steifen Bauernhüte hinunterschießen. Hier hingen die Rehfelle zum Trocknen, die Fuchs- und Marderpelze, mit denen wir uns als 'Wilde' maskierten. Hier stand der Korb mit den 'Wäschkluppen', die man dem Schwesterchen an die Ohrlappen, ins Haar und an die Nase klemmen konnte – und in einer Kiste wurde hier der kostbarste von unseren Kinderschätzen verwahrt: das große 'Figurentheater', das wir vom Onkel Wilhelm zu Weihnachten bekommen hatten. Die tischgroße Bühne wurde mit kleinen Lämpchen beleuchtet, hatte ein griechisches Portal mit rotem Vorhang, Pappfiguren an Drähten und Klappkulissen mit vier Dekorationen: Grafenzimmer und Bauernstube, Schloßhof und Wald. Auf diesem Theater konnte man zwei Märchen spielen: Dornröschen und Rotkäppchen. Aber wir spielten auch alle anderen Märchen, die uns die Mutter erzählte – und es machte keinen Riß durch unsere Phantasie, wenn wir die Figur des Königs den Höllenfürsten mimen, oder Rotkäppchens Großmutter das 'Käschperle' spielen ließen. Ich war der Schauspieldirektor, der alle Figuren reden ließ, und meine Schwester und Doktors Elsbethle waren das unersättliche Publikum. Manchmal durften auch ein paar von meinen Gasseleskameraden diese Herrlichkeiten mitgenießen. Nur erwachsene Leute mochte ich nicht als Zuschauer haben – weil sie, wenn ich meine Figuren ernst und zärtlich reden ließ, immer so fürchterlich lachten. –

Doktors Elsbethle!

Bei diesem Namen steigt etwas Süßes und Schreckliches aus der Vergangenheit herauf.

Ich sehe ein flinkes, zartes Mädelchen von fünf Jahren, mit schmalem Vogelgesichtchen und großen Augen. Dunkle Haare liegen glatt und glänzend um die Wangen her und sammeln sich im Nacken zu einem straffen Schwänzchen mit grasgrüner Masche. Das stille Mädchen hatte immer einen traurigen Blick und ein flehendes Lächeln um den Mund herum; es trug ganz kurze Röcklein, nur bis zum Knie; aber die mit Spitzen besetzten Unterhöschen reichten hinunter bis zu den Fußknöcheln.

Zuerst konnte ich das Elsbethle gar nicht leiden – weil es ein Mädel war. Unter dieser zähen Aversion gegen alles, was nicht Bub hieß, hatte ja auch meine eigene Schwester zu leiden. Und wenn mir im Dorf ein Mädel in die Nähe kam, schrie ich immer gleich: „Gehscht weg, du!" ... und dachte bewußt oder unbewußt an die dunkle Geschichte, die ich zu Kaufbeuren mit dem Theresle erlebt hatte. Die Bachgasselesmädchen im Dorfe ließen sich meinen männlichen Zorn nicht gefallen, schimpften energisch zurück und erfanden allerlei böse Namen, die mit der Hose in unliebsamer Beziehung standen. Aber das Elsbethle, wenn ich nicht mit ihm spielen wollte, weinte so wunderlich lautlos. Diese Tränen, dieses stehende Lächeln um den kleinen Mund herum und diese traurigen Augen bezwangen meinen Widerwillen.

Ich selber merkte nicht, wie das zuging – wußte nur plötzlich, daß ich dem Elsbethle sehr gut war, und daß ich mir keine liebere Freude mehr wünschte, als mit ihm zu spielen. Wenn das Mädelchen zu uns ins Forsthaus kam, wurde ich heiß und rot; und wenn ich vor dem Doktorhaus die Glocke zog, dann schlug mir das sechsjährige Herzl wie ein Hammer.

Im Leben dieses Hauses war eine merkwürdige Sache, die auch meinen Kinderaugen auffiel. Die drei Menschen, die da lebten – Vater, Mutter und Kind – waren immer für sich allein. Der schlanke, schweigsame Mann war fast immer auf dem Wege zu seinen Kranken, die in sieben Dörfern auf ihn warteten. Hatte er freie Zeit, so saß er droben auf dem Theklaberge bei seinen Karpfenteichen oder herunten in seinem Hause unter den Bäumchen seiner Vogelstube. Er hatte eine Leidenschaft für alles Zwitschernde und hatte das größte Zimmer seines Hauses in einen kleinen Wald verwandelt, in welchem an die hundert Singvögel frei umherflatterten. Diese vielen Vögel singen und trillern zu hören, das war entzückend. Aber den Unrat, den sie machten, roch man im ganzen Hause.

Die Doktorin war eine stattliche, fast dicke Dame mit einer sehr lauten Stimme. Sie war gerne in Herrengesellschaft, fuhr mit ihrem Kugelstutzen zu jedem Scheibenschießen, das in der Gegend gehalten wurde, und bekam eine rote Nasenspitze.

Ich fand das Elsbethle, wenn ich das Doktorhaus betrat, fast nie in Gesellschaft der Mutter, immer bei der Magd in der Küche, oder einsam in der Waldstube bei den Vögeln, oder auf dem Dachboden, wo das Kind in Erwartung meines Besuches schon all sein winziges Kochgeschirr aus den Weihnachtsschachteln herausgekramt hatte. Ich kochte nicht gerne – das war ja 'Mädelesarwet' – aber dem Elsbethle tat ich alles zuliebe, auch was mir zuwider war. Und was die kleine stille Köchin fertig brachte, verschluckte ich ohne Widerrede. Doch froh war ich immer, wenn die Kocherei ein Ende hatte, und wenn wir uns an das Dachfenster setzten oder in einen dämmerigen Winkel unter dem wirren Gebälk. In diesen dusteren Ecken lernte ich eine zärtliche Freude kennen, von der ich nicht wußte, daß sie eine Grausamkeit war. Das Elsbethle war leicht zum Fürchten zu bringen. Und drum erzählte ich dem Kind alle Gespenstergeschichten, die ich in den Spinnstuben unserer Nachbarschaft zu hören bekam. Ich selber hatte niemals Furcht vor Gespenstern, weil Vater und Mutter über diese Geschichten lustig lachten und mir immer sagten: „Das ist närrisches Zeug, an so was glauben nur die dummen Leut, und es gibt nur gute Geister, keine bösen!“ Und was Vater und Mutter sagen, muß doch wahr sein! Aber das Elsbethle – wenn ich das Wörtchen ‘Geischt’ nur leise aussprach – zitterte immer gleich über das ganze feine Körperchen, klammerte die Ärmchen um meinen Hals und schmiegte sich so fest an mich an, als wären wir beide ein einziges Stücklein Leben. Und ich hatte das gerne: dieses zitternde, feine Körperchen so fest an mir zu fühlen. Und wenn ich nach einem gruseligen Weilchen sagte: „Geh, du Närrle, 's isch doch alles nit wahr, ich tu dich bloß fürchte mache!“ ... dann sah mich das Elsbethle lächelnd an und küßte mich dankbar auf den Mund. Und dann erzählte ich gleich *wieder* eine Geistergeschichte.

All meine anderen Spielkameraden des Dorfes ließ ich im Stiche, um nur immer beim Elsbethle sein zu können. Diese kindliche Herzensgeschichte ging ein halbes Jährlein in Friede und Freude so hin – bis jene schreckliche Sache passierte, die mir die Liebe zum Elsbethle mit allen Wurzeln aus dem Kerzen riß.

Diese Begebenheit verlangt zu ihrem Verständnis eine kleine physiologische Randbemerkung.

Unter jener hartnäckigen Abneigung, die mir seit dem Abenteuer mit dem Theresle gegen alles geblieben war, was ‘Mädele’ genannt wurde, hatte auch das Elsbethle, wie ich schon erwähnte, im Anfang unserer Bekanntschaft viel zu leiden. Aber das wurde plötzlich anders. An einem heißen Sommertage spielten wir am Ufer des Baches, und da kam ich auf den Einfall, mich abzukühlen und ein Bad zu nehmen. Das Elsbethle machte das natürlich gleich mit. Und da konnte ich zu meiner Überraschung bemerken, daß an dem Elsbethle nicht die geringste Übereinstimmung mit den dunklen Unerklärlichkeiten des Theresle zu entdecken war. Lag's in meiner Natur, oder war's ein Resultat der reinlichen Erziehung, die ich als Kind empfing, oder war's eine Nachwirkung der großmütterlichen Warnung vor dem Blindwerden – ich hatte immer einen heftigen Abscheu vor allem, was mit den unsauberen Notwendigkeiten des menschlichen Körpers zusammenhing. Und nun denkt euch, wie hoch ich das Elsbethle über den durchschnittlichen Bubenwert zu stellen begann, als ich gewahren konnte, daß dieses feine Dingelchen nicht nur jeder Ähnlichkeit mit dem schauerlichen Theresle entbehrte, sondern auch vom lieben Gott noch viel appetitlicher gebildet war, als ich und die anderen Buben. Ich fing da wahrhaftig zu glauben an, daß das Elsbethle eine Art von Idealgeschöpf wäre, dem jede Veranlassung fehlte, sich mit niederen Lebensfunktionen zu befassen.

Ganz deutlich erinnere ich mich noch, daß damals während jener plätschernden Badestunde etwas unsagbar Schönes und Freudiges in meinem sechsjährigen Gehirnchen war. Und als wir in der Sonne heimwanderten, ließ ich die feinen Fingerchen meines Ideals für keine Sekunde aus meiner Hand. Ich glaube, daß an jenem Tage meine zärtliche, von allerlei seltsamen Süßigkeiten durchzitterte Liebe für das Elsbethle begann, in dem ich das Herrlichste und Beste des Lebens zu sehen vermeinte.

Um so schrecklicher wirkte dann aber auch die Tragödie der Enttäuschung auf mich, die jähe Vernichtung meines reinlichen Ideals.

Es kam in jenem Sommer eine wandernde Komödiantentruppe nach Welden, schlug im großen Saal des Bräuhauses eine blaue Bühne auf und spielte Theater. Das ganze Dorf war in Aufruhr und drängte sich zu diesen Vorstellungen. Zuerst führten die Künstler, die mehrmals in der Küche meiner Mutter zu Mittag aßen, die Leidensgeschichte Christi auf. Es ist in mir keine klare Erinnerung an den Eindruck geblieben, den dieses fromme Spiel in meinem christlichen Kindergemüte hervorrief. Ich besinne mich nur noch darauf, daß ich glückselig jubelte, als sich der Verräter Judas in komischer Verzweiflung an einen Baum hängte. Und besinne mich noch, daß um die gleiche Zeit durch viele Nächte ein großer Komet am Himmel stand, und daß ich in der Dunkelheit vom Fenster nicht wegzubringen war, immer zu dieser feurigen Rute hinaufblickte und Nacht für Nacht auf die Ankunft der heiligen drei Könige wartete. Aber der Komet verschwand, ohne daß die Könige kamen. Und eines Tages erschien der Theaterdirektor bei meinen Eltern, um anzufragen, ob sie nicht erlauben möchten, daß ich in einem Stücke mitspiele.

Dieses Stück hieß 'Der Prinzenraub'. Den König und die Räuber konnten die Schauspieler aus ihrer Truppe stellen. Es fehlte nur der Prinz – und diese Rolle gedachten sie mir zuzuweisen, weil ich jene blonden Locken hatte, die man 'Kreuzerschneckerln' zu nennen pflegt, und weil ich einen schwarzbraunen

Samtanzug besaß. Die Mutter hätte wohl eingewilligt, aber der Vater schüttelte den Kopf. Doch ganz erfolglos zog der Schauspieldirektor damals nicht ab. Er nahm meinen Samtanzug und mein Barettchen mit, das eine weiße Reiherfeder hatte. Und dann erfuhr ich, daß das Elsbethle in meinem Samtkittelchen und in meinem schönen, tadellosen Samthöschen den geraubten Prinzen darstellen würde.

Ich konnte eine Woche lang vor Aufregung kaum mehr schlafen und war zappelneugierig darauf, das Elsbethle theaterspielen zu sehen. In meinem Anzug! Und was bei dieser Aufregung in mir am stärksten pipperte, war die Sehnsucht, diesen geheiligten Anzug wieder auf meinem eigenen Leibe tragen zu dürfen. Die Mutter hat mir später erzählt, daß ich sie am Tage der Aufführung fast zur Verzweiflung brachte durch die hundertmal wiederholte Frage: „Mammeli, gehen wir noch net bald in die Komödi?“

Wir saßen in der ersten Bank. Hundert lärmende Menschen hinter uns. Von dem Anfang des schönen Schauspiels hörte ich nichts, weil ich immer in die Kulissen guckte und auf das Elsbethle wartete. Endlich erschien der feine Prinz in meinem schwarzbraunen Samt. „Ach Mammi, wie schön ist das Elsbethle! Ach, wie schön!“

Der bedrohte Prinz hatte in der Szene, in der die Räuber ihn fingen, ein paar flehende Worte zu sprechen, die ich lange schon auswendig wußte – so oft hatte mir das Elsbethle während der letzten Tage, wenn wir unter den Dachbalken miteinander kochten, diese schönen Worte vorgeplappert. An eine von diesen Reden, die das Prinzlein den Räubern zu halten hatte, weiß ich mich heute noch zu erinnern. Sie lautete ungefähr: „Seid ihr nicht Menschen, die der liebe Gott erschuf? Habt ihr nicht ein fühlendes Herz, das sich eines unschuldigen Kindes erbarmt?“ Diese Worte blieben mir wohl auch deshalb im Gedächtnis, weil im Haus meiner Eltern durch viele Jahre noch oft von dieser schrecklichen Theatergeschichte gesprochen wurde.

Die Szene des Prinzen kam. Und das Elsbethle, das vermutlich auf den Proben nur glattrasierte, gutmütige Schauspielergesichter gesehen hatte, bekam vor den schwarzbärtigen Räubern einen solchen Schreck, daß es in der Rolle stecken blieb. Das Mädele in meinem schwarzbraunen Bubensammet zitterte heftig und sagte nur immer: „Seid ihr ... seid ihr ... seid ihr ...“ Das Publikum fing zu kichern an – und späterhin erklärte mir die Mutter, daß die Holzwinkler Schwaben bei dem ängstlichen Gestotter des Kindes immer verstanden hätten: „Säutier',

Säutier', Säutier'!" Dieses erste Lachen brachte den verdatterten Prinzen noch völlig aus dem Konzept. Das Elsbethle wurde stumm, und aus dem feinen Kehlchen, das über die weiße Spitzenkrause hervorguckte, wollte kein Laut mehr heraus. Ich erschrak, daß es auch mir den Hals zuschnürte. Und neben mir sagte die Mutter leis: „Ach, Gottele, das arme Kind!" Nun plötzlich ein fideles Gebrüll auf allen Bänken. Und der Räuberhauptmann, statt den geraubten Prinzen auf die Schulter zu heben und davonzuschleppen, führte das zitternde Elsbethle sehr vorsichtig hinter die Kulissen hinaus. Und wo der kleine, schöne, süße Prinz gestanden hatte, blieb auf den Brettern, welche die Welt bedeuten, ein großer nasser Fleck zurück. Jetzt begriff ich, warum die Leute lachten. Ich spürte etwas wie schmerzendes Feuer in meinem Gesicht – und dann gähnt ein dunkles, grauenvolles Loch in der Erinnerung an meine Seelenzustände von damals.

Ich weiß nur noch, daß ich mich am anderen Morgen in die Hundehütte versteckte, als die dicke Doktorin mit der lauten Stimme zu meiner Mutter kam, um das prinzliche Kostüm zurückzubringen.

Und das Elsbethle hab' ich nimmer angesehen; wenn es irgendwo auftauchte, rannte ich gleich davon. Und weder durch gute Worte, noch durch Strenge war ich zu bewegen, dieses Höschen nochmal anzuziehen, dessen schwarzbrauner Samt eine Stelle hatte, die nicht mehr schwarzbraun war. Ich wehrte mich und schrie und strampelte, bis die Mutter mir den Gefallen tat und das entsetzliche Kleidungsstück verschwinden ließ.

Einige Monate später verließ der Doktor mit Frau und Kind den Holzwinkel, um als Arzt in eine Stadt zu übersiedeln. Das stand gewiß mit der Geschichte vom Samthöschen in keinem Zusammenhang. Aber ich fühlte in meinem unversöhnlichen Knabenzorne doch so etwas wie das Walten eines Schicksals, das in strenger Gerechtigkeit auch ein Stücklein Hosensamt nicht ungestraft um seine reinliche Farbe betrügen läßt.

Während die Doktorsleute mit dem Elsbethle ihren Abschiedsbesuch im Forsthause machten, hockte ich atemlos im Holzkasten der alten Standuhr und rührte mich nicht, obwohl ich die Mutter ein dutzendmal rufen hörte: „Ludwigl, Ludwigl!" Und am andern Tage guckte ich durch den Spitzenvorhang unserer Kinderstube mit Herzklopfen zu, wie eine hochbepackte Kutsche durch die Pappelallee davonfuhr. Was ich tat, als sie verschwunden war – ob ich weinte oder lachte – das weiß ich nimmer. Es wird wohl das eine oder das andere geschehen sein. Oder beides.

Das Elsbethle war fort. Doch es blieb nicht aus meinem Leben verschwunden. Zehn Jahre später sollte ich noch etwas wunderlich Trauriges mit ihm erleben.

Damals, nach der Abreise der Doktorsleute, kam dann gleich der Winter. Man warf mit Schneeballen, 'schlieferte' über das Eis in den Straßengräben hin, immer ein Dutzend lachender Buben hintereinander, schlitterte über den Marktplatz herunter, schlug mit Lachen die schmerzlosen Purzelbäume durch das linde Weiß – und alle Süßigkeit, die das Elsbethle mir gegeben, aller Schmerz und Zorn, den es mir verursacht hatte, war versunken und vergessen, bevor der Frühling wieder kam. Vielleicht wäre das Vergessen noch schneller gekommen, wenn nicht die Mutter das als eine lustige, doch sicher wirkende Drohung noch eine Zeitlang beibehalten hätte: „Du, ich sag dir's, wenn du nicht brav bist auf der Stell, so mußt du 's Prinzehösle wieder anziehe!"

Um jene Zeit begann mir auch die fremde, ferne Kirchgasse ein näheres Land zu werden. Denn ich kam in die Schule. Von dem Entwicklungsgang der Weisheit, die da vor hundert Kindern verzapft wurde, ist mir wenig in Erinnerung geblieben. Ich weiß nicht mehr, welche Seelenwandlungen die Kunst des Lesens und Schreibens in mir hervorrief. Die Kunst des Rechnens darf ich ohnehin aus den Wandlungsfaktoren meines Lebens völlig ausscheiden; denn das Rechnen hab' ich nie gelernt – auch später nicht.

Denke ich an die ersten Schuljahre zurück, so höre ich keinen Klang der Weisheit, sondern sehe nur das Bild von vielen Kindern, die, mit Strohtaschen in den Händen oder mit kleinen Ränzlein auf dem Rücken, sehr langsam durch die Pappelallee hinaufgehen – oder das Bild eines ungeduldigen Kinderschwarmes, der sich mit Geschrei durch eine enge Türe hinausdrängt, um gleich ein wildes Schneeballengefecht oder ein grimmiges Raufen anzufangen. Ich sehe zerbrochene Schiefertafeln mit baumelnden Schwämmchen, sehe schmutzige Bücher mit Eselsohren, sehe die naiven Holzschnitte des biblischen Geschichtenbuches – am deutlichsten die drei Jünglinge im Feuerofen, den Knaben Isaak auf dem Holzstoße und den Walfisch des Jonas – höre das schrillende Kratzen eines steilgehaltenen Griffels und fühle den Klatsch eines mit Schnee umhüllten Kiesels hinter den Ohren oder den dumpfen, atemraubenden Schlag eines Schulranzens in der Magengegend.

Deutlich kann ich noch die Schulstube mit den vielen zerschnittenen und tintenfleckigen Bänken sehen – immer sechs Buben in einer Bank und sechs Mädchen in der nächsten, von den Siebenjährigen bis zu den Vierzehnjährigen.

Und gut erinnere ich mich noch an das geheimnisvolle Leben, das *unter* diesen Bänken herrschte. In dieser grauen Dämmerung, hinter dem Schutzwall der Mädchenröcke wurde immer Markt gehalten und Schacher getrieben. Alles Erdenkliche wurde da gehandelt und vertauscht: Klucker und Stahlfedern, Griffel und Bleistifte, Siegellack, Drachenschnüre, Gerstenschleim und Bärendreck, Kandiszucker und Dörrzwetschgen, Angelhaken, Nägel und Schrauben, Bindfaden und Kluven, Pinsel, Farben, Fuchszähne, Zinnsoldaten, Bilderbogen, Messer, alte Haustürschlüssel, Pulver und Blei. Wer nicht nur Tauschware besaß, sondern ein paar Kreuzer oder gar einen Sechser im Hosensack hatte, war Großkaufmann auf diesem Markte, von dessen Besuch alles Weibliche streng ausgeschlossen war. Wehe dem Mädel, das den Versuch wagte, sich in diesen Handelsbetrieb der höher organisierten Männlichkeit einzumischen. Da gab es Püffe, Schläge, Kratzwunden und ausgerissene Haare. Und jene Buben, die auf so niedriger Geistesstufe standen und so charakterlos waren, daß es ihnen ein scheues Vergnügen bereitete, mit den Mädchen zu 'häuseln', im Dunkel unter den Schulbänken mit den 'Föhlen' zu wispern, sie in die Waden zu kneifen, an den Kniekehlen zu kitzeln, u. s. w. – solche Schandkerle wurden mit Schimpf und Schmach aus der Kameradschaft ausgestoßen und bekamen den fürchterlichen Namen: 'Mädlefußeler'. Nur die Schwachen und Feigen ließen sich das gefallen. Ein richtiger Bub, wenn er bei einem Raufhandel dieses Schimpfwort zu hören bekam, nahm's für die tödlichste aller Beleidigungen und wetzte das wieder aus in einer erbitterten Prügelei.

Die Schulstube, mit dem schmalen Stiegensöller, nahm den ganzen Oberstock des Lehrerhauses ein und hatte Fenster ringsherum – ich glaube, es waren acht oder neun. Da zog es im Winter herein, daß an den Büchern die Blätter wehten. Immer husteten sechzig Kinder. Und wer in der Nähe des riesigen Ofens saß, mußte schwitzen und wurde halb gebraten.

An den Wänden, zwischen und über den Fenstern, hingen drei Landkarten (Bayern, Europa und die ganze Welt), eine Papptafel mit Insekten, eine mit 'afrikanischen Viechern', eine mit Giftpflanzen, Giftschlangen und Giftbeeren; dieser Karton mit dem 'giftigen Zuig' wurde in jedem Frühling erklärt; aber wir behielten nur das warnende Bild der roten, weißgetupften Fliegenschwämme im Kopf; alles andere, was wir draußen im Walde finden konnten, verschluckten wir – manchmal mit bösen Folgen. Während meiner vier Schuljahre in Weiden starben drei Kinder an den Tollkirschen.

Neben der großen ‘Leitertafel’, die für uns alle ein schwarzer Schrecken war, stand die Kanzel des Lehrers; sie war anzusehen wie eine assyrische Sache, die man nach vielen tausend Jahren aus der Erde herausgegraben; alle Farben waren da vertreten; mit allem, was sich schmieren ließ, war das Pult bestrichen – mit Ton-Nüancen, die bei keiner Wäsche mehr völlig herausgingen; da half weder Seife noch Lauge; und Schimpfnamen waren draufgeschrieben und mit dem Messer halb wieder ausgekratzt; allerlei Bezeichnungen von Haustieren, deren Verstandeskräfte man niedrig einschätzt, waren tief ins Holz geschnitten und durch den Hobel wieder undeutlich gemacht.

Auf diesem Pulte, das wie die Chronik einer hundertjährigen Lausbüberei erschien, pflegte der ‘Herr Lehrer Gsell’ zu sitzen, wenn er nicht in dem Gang zwischen den Bänken auf und ab wanderte und die roten Hände rückwärts unter der Joppe wärmte. Von seinen Lehrmethoden weiß ich nichts mehr zu sagen. Ich weiß nur noch, daß er kein allzustrenger Magister war, sondern ein geduldiger gutmütiger Mann mit freundlichem Vollmondgesicht, das gerne lachte. Nur wenn man ihm mit kreidebestrichenen Tuchflecken die Bilder von Eselsköpfen, und Schweinshäuptern auf dem Rücken abklatschte, oder wenn man seinen Pultsessel mit Stahlfederspitzen spickte – das hatte er nicht gerne. Da wurde er ungemütlich, verlegte sich nicht lange darauf, den Schuldigen auszuforschen, sondern ließ die ganze ‘Bande’ von elf bis zwei Uhr in der Schule fasten, oder applizierte mit dem Haselnußstecken durch sämtliche Bänke hin ein halb Dutzend ‘Tatzen’ auf jede linke Hand. Aber solche Massenjustifizierungen schienen für ihn selber schmerzlicher zu sein, als sie es für unsere Hände waren. Er war dann immer viele Wochen lang doppelt geduldig und nachsichtig.

In der Schule trug er immer dicke ‘Fleckeles-Pantoffel’, auch im Sommer, hatte keine Weste an, knöpfte nie die Joppe zu, und an seinem grauen, etwas zu kurzen Beinkleid guckte unten und oben die farbig karierte Barchentunterhose heraus.

Wenn ich mich an eine persönliche Lebensäußerung des Lehrers Gsell zu erinnern suche, dann seh' ich ihn nicht in der Schule, sondern auf der Kegelbahn beim Rollewirt, wie er nach einem mißglückten Schub das rechte Bein in die Luft hebt, den ganzen wohlgenährten Korpus auf komische Art verdreht und der hoppelnden Kugel nachschreit: „Du Deifelskügele, geahscht hüschtaher! ... Verrecke sollscht!“ Oder ich sehe den Herrn Lehrer bei den heiteren Kneipabenden im Forsthause zwischen meinen Eltern und den Forstgehilfen vergnügt im Winkel des hölzernen Sofas sitzen, wie er die Gitarre, das

'Dudelschächtele', vor dem runden Bäuchlein hat und jenes Schnadehüpfl singt, das immer wieder von ihm verlangt wurde:

„Unser Katz hat Kätzle ghabt,
Siebne, achte, neune,
Oins, dees hat koi Schwänzle ghabt,
Schieb mer's wieder eine!"

Dieses wunderliche Kapitel aus der Naturgeschichte gab mir in meiner Kindheit viel zu denken. Seine logischen Zusammenhänge wurden mir niemals völlig klar, obwohl ich oft darüber nachgrübelte. Und als ich die Mutter einmal bat, mir dieses dunkle Volkslied zu erklären, sagte sie lachend: „Du mußt net alles wisse. Viel Wisse macht Kopfweh!" Das merkte ich mir für die Schule.

Ich erinnere mich auch, daß es einmal an solch einem Kneipabend im Forsthause rings um den Lehrer Gsell ein schreiendes Gelächter gab. Warum? Das erzählte mir in späteren Jahren einer von den Forstgehilfen. Da hatte die Frau Lehrer wieder ein Kinderl bekommen, das achte oder neunte. Und am Abend in der Kneipgesellschaft jammerte Vater Gsell über diesen verschwenderischen Storchensegen und klagte: „Ich weiß nimmer, was das ischt! Kaum häng ich 's Unterhösle an der Frau ihr Bettstättle hin, so kriegt se schon wieder e Kindle."

Meine Mutter sagte: „Da tät ich halt 's Unnerhösle emal wo annersch hinhänge."

Und Vater Gsell antwortete hochdeutsch: „Frau Revierförster! Hab ich *auch* schon probiert. Der Effekt war der gleiche."

Kapitel III

Im Lehrerhause wimmelte die Wohnstube von diesem reichlichen Nachwuchs. Mit mir im gleichen Alter stand der Muckl, Vater Gsells Liebling unter der vielköpfigen Kinderschar. Muckl saß durch vier Jahre mit mir auf der Schulbank und war mein Herz- und Blutbruder, mein Begleiter auf allen Waldstreifereien, mein Komplize bei allen Streichen, mein Kamerad beim Fischwildern, mein Generalskollege bei allen Kriegen, die unter der Dorfjugend ausgefochten wurden, Und daß der Muckl so feste Freundschaft mit mir hielt, das trug ihm manchmal doppelte Prügel ein. Denn zwischen den Kirchgasselern und den Bachgasselesbuben war immer eine Eifersucht, immer eine Fehde, immer ein Faustkampf um die Behauptung: 'Wir sind die stärkeren!' Und weil der Muckl zu mir und den Bachgasselesbuben hielt, drum galt er in der Kirchgasse, wo seine Heimat stand, als Renegat und Verräter. Und wenn ihn die Kirchgasseler gelegentlich einmal allein erwischten, ging es ihm schlecht, obwohl er sich aus Vorsicht das Kopfhaar immer so kurz abscheren ließ, daß es nimmer zu fassen war. Aber die Ohren mußte er doch wohl wachsen lassen, so lang wie sie wollten. Und an diesen leicht greifbaren Henkeln bekamen ihn die Feinde immer wieder zu fassen. Doch war er mit uns Bachgasselesbuben im verläßlichen Heer beisammen, dann waren wir wirklich die stärkeren, und da wurde grobe Vergeltung geübt.

Unter den zwanzig Buben, die zur siegreichen Rotte der Bachgasse gehörten, sind die meisten mit Gesichtern und Augen für meine Erinnerung erloschen. Doch neben dem Lehrermuckl stehen noch zwei vor mir, so deutlich und lebendig, als wären die 45 Jahre seit damals nicht gewesen: Nagelschmieds Domini und der Maleralphons.

Von der Heimat dieser beiden – von dem Hause, in dem der Malermeister, Vergolder und Lackierer Georg Vogel seine anziehungsreichen Künste übte, und von dem durch Hammerschlag und Taubengurren kontrastvoll belebten Vatikan des 'Heiligen Vaters' – hab ich ja schon kurz gesprochen. Aber da ist noch ein Weiteres zu sagen. Denn in diesen beiden Häusern, in denen ich Tag um Tag der Stunden mehr verbrachte als in der Stube meiner Eltern, bekam meine Lebensentwicklung eine dauerhafte Farbe. Die frohen und freundlichen Leute, die unter diesen zwei Dächern hausten, an den beiden entgegengesetzten Enden des Dorfes, lehrten mich von Kind auf, gut und hell von den Menschen zu denken, und gaben mir einen unzerbrechlichen Maßstab für die Beurteilung alles Lebens, das ich späterhin auf zwei Beinen über die Erde zappeln sah.

Aber nicht nur das Dutzend gut gearteter Menschen, das unter diesen zwei Dächern wohnte, hat das in mir geweckt. Auch das ganze liebe, lachende Dorf hat beigesteuert zu dieser hellen Mitgift meines Lebens. Aus zehn Jahren meiner Kinderzeit in Welden weiß ich mich unter den Dorfleuten keines schlechten Kerls zu erinnern, keiner gemeinen Sache, keines Menschenschrecks, der mir einen üblen Schatten in die kindliche Seele hätte werfen können. Freilich, auch die 'Weldener Staudenschwaben' hatten reizbares Blut und wurden 'saumäße grob', wenn einer sie ärgerte; und an den Feiertagen gab's Räusche und manchmal Schlägereien; und die jungen Burschen rauften, prügelten und griffen an der Kirchweih wohl auch nach dem Messer; und zuweilen ließ sich von ihnen ein junges dummes Mädel 'balwiere', worüber die Hälfte des Dorfes zeterte und die andere Hälfte nachsichtig lachte. Aber selten hörte man was von einem Diebstahl, von einer groben Gaunerei, von einer richtigen Niedertracht. Und wenn mein Vater mit einem Wildschützen oder mit einem 'Streuschnipfer' Verdruß hatte und zornig aus der Kanzlei kam, pflegte die Mutter zu sagen: „Geh, Gustl, schau, im Kern sind's gute Leut; macht einer Dummheite, so bürscht ihm halt 's Köpfl ein bissele; wirst sehen, es hilft!" Und nicht nur gute, auch schmucke Leute waren es! Ein fester und unverdorbener Schlag! Die erwachsenen Bauern meist hager, mit harten und klugen Gesichtern; die Handwerksleute behäbiger; die jungen Burschen sehnig, stramm und flink; die jungen Weibsleute hübsch, mit reichlichem Haarwuchs, mollig gepolstert, heiter und schwatzlustig. Die Art, wie sie lebten und liebten, hatte immer das Gesicht einer reinlichen Gesundheit.

Der Schwabe – das ist ja an sich schon freundliche und gutmütige Menschenart. Und in dem stillen, aus dem Lärm der Welt hinausgeschobenen 'Holzwinkel' hatte sich dieser gute Schlag seit Urväterszeiten ungefährdet erhalten. Mit dem liebenswürdigen Temperament des Schwaben paart sich noch das heiter Nivellierende seiner Sprache. Alles Grobe bekommt da eine drollige Milderung. Besonders schön klang das Staudenschwäbisch da draußen im Kolzwinkel freilich nicht. Aber ungefährlich klang es. Und wenn ich in einem Nachbarsgarten auf den Birnbaum kletterte, jagte mir's keinen sonderlichen Schreck ein, wenn der Bauer vom Scheunentor herüberdrohte: „Geahscht raa, odr i kei di naa!"

Diese Staudenschwaben machten sich selber gern über ihre Sprache lustig und zitierten mit näselnden Lauten den alten Vers:

„Gau(n), stau(n), bleiwe lau(n),
Wer de drui Wertle nit ka(n)
Därf it ins Schwaweland gau(n)!"

Oder sie parodierten ihren Dialekt mit dem Holzwinkler Wallfahrtsgespräch:

„Z'Veilau hinderm Aldaur haun i mein Bauder verloara. – Wie isch'r denn? – Blau. – So isch dr mei au!" – Das heißt: „Zu Violau, hinter dem Altar, hab ich meinen Rosenkranz verloren," und so weiter.

Aus den Eigennamen machte dieser Dialekt zuweilen schwere Unerklärlichkeiten. Wenn einer erzählen wollte, daß er im Weiler Ehgarten gewesen wäre, so sagte er: „Zeagede bin i gwee.“ Und in der Nähe von Welden liegt ein Dorf – das heißt auf der Landkarte: ‘Abfaltern’. Im Holzwinkel sagte man: ‘Apfeldrach’.

Wenn zwei alte Weiber aufeinander zornig wurden und in solcher Sprache über den Zaun hinüber- und herüberschimpften, sammelte sich immer auf der Straße ein Häuflein vergnügter Zuhörer an, die sich vor Lachen bogen, obwohl's ihre eigene Sprache war, die sie da hörten. Doch solche Schimpfereien kamen nicht allzu häufig vor. Die Leute waren verträglich und hielten gute Nachbarschaft. Und das ganze Leben und Treiben des Dorfes war gemütlicher Friede. Aber auch die besten Töpfe kann man zerschlagen – so gut auch der Lehm war, aus dem sie gedreht wurden. Der Friede eines Dorfes – wie brave Leute auch drin wohnen – ist immer eine Pfarrhoffrage. Durch ein Jahrzehnt meiner Kinderzeit regierte in Welden, als verläßlicher Schützer des dörflichen Friedens, der prächtige und verständige Pfarrer Hartmann mit seiner dicken, braven Köchin Luis. Zu Beginn des Döllingerstreites, unmittelbar vor Ausbruch des deutsch-französischen Krieges, wurde er nach Oberschwaben versetzt. Und er mußte wohl wissen, welcher Art der geistliche Nachfolger war, den Welden bekam. Denn bei der Abschiedsfeier, die bei uns im blühenden Garten des neuen Forsthauses gehalten wurde, sah Pfarrer Hartmann in der Abendstille auf das vom blauen Schornsteinrauch umschleierte Dorf hinunter, hatte Tränen in den Augen, klammerte die Hände ineinander und sagte: „Ach, du mei arms Dörfle du!“ Am anderen Morgen zog er von Welden fort. Und Tags darauf hielt der neue Pfarrer seinen Einzug – dieser ‘hochwürdige Herr Andra’. Der brachte eine merkwürdige, mit Luftlöchern versehene Kiste und drei ‘Nichten’ mit: das 13jährige Hannerl, die 16jährige Berta und das 25jährige ‘Fräule Kreszenz’, das eine Furie in seidenen Kleidern war. Diesem schauerlichen Frauenzimmer und diesem Unglücksmenschen von Pfarrer gelang es in wenigen Monaten, den schönen Frieden des Dorfes in exzessiven Hader zu verwandeln, bei dem alle gesunde Natur sich umdrehte und das Weib gegen den Mann, die Schwester gegen den Bruder, das Kind gegen den Vater stand.

Doch diesem Schauerspiel des Pfarrhofes und dieser Dorfgroteske bin ich in der Geschichte meiner Kindheit noch um ein friedlich frohes, lachendes Jahrzehnt voraus und bin noch nicht der unglückliche Verehrer der Pfarrhofberta, bin noch der kleine ‘Ränzelesbub’, der den Schulschluß nie erwarten konnte, um daheim die Schiefertafel und den Katechismus in einen Winkel zu feuern und zu meinem lieben Maler-Papi hinunter, oder zu meiner guten Nagelschmieds-Mammi hinaufzulaufen.

Es war ein stattliches Gehöfte: dieser Vatikan des Heiligen Vaters von Welden. Ein schöner Staketenzaun lief an der Straße hin. Und im Hofe stand der Pumpbrunnen, mit der Eisenkugel am Schwengel, der immer so komisch gluckste und dotterte, daß ich das Pumpen nicht satt bekam. Und in der Mitte des Hofes thronte auf hohem, unerkletterbarem Pfahl das große Taubenhaus, auf dem die hundert 'Kröpfles- und Schöpflestäuble' ruhelos ihre gurrenden Choräle sangen, in rauschenden Wolken aufflogen und sich in flatternden Wolken niederließen auf das Dach. Und dazu noch viele Hennen und krähende Hähne, denen man die blauschillernden Räuberhauptmannsfedern ausreißen konnte. Von diesen Hähnen mußte immer einer vor hohem Festtag sein Leben für die Bratschüssel des Heiligen Vaters opfern. Wenn dieses Opfer zu erledigen war, kam einer von den Nagelschmiedsgesellen mit verschmitztem Gesicht und mit dem 'Greel', einem messerartigen Beil, aus dem Hause heraus, pirschte in vorsichtigen Kreisen um den verurteilten Hahn herum und schlug dem ahnungslosen Gockel mit flinkem Streiche den Kopf herunter. Mir gruselte immer ein bißchen, wenn ich aus dem Halse des Geköpften dieses feine Blutbrünnlein aufspritzen sah – aber dann mußte ich gleich wieder lachen, weil der geköpfte Vogel so sinnlos komisch umhersprang, bis ihn der Nagelschmiedsgesell erwischte und in die Küche trug. Und wenn ich neugierig den kleinen abgeschlagenen Kopf mit dem weißgewordenen Kamm und den blauverschleierten Augen aus dem Sande hob, dann kamen mir nach dem Lachen die Tränen – und in meinem siebenjährigen Gehirnchen mögen dunkel die Fragen gezittert haben: „Was ist das Leben? Was ist der Tod?“ Damals fand ich wohl nur die einzige Antwort: daß der Tod ein Ereignis ist, bei dem man sich von den vielen Federn, die das Leben hinterläßt, die schönsten aussuchen muß, bevor sie in das Kehrichtfaß geworfen werden.

Ein großes zweistöckiges Haus mit weißen Mauern und grünen Fensterläden. Aber der Türe das Schild: 'Xaver Weiß, Nagelschmied'. Und an die Feuermauer des Hauses war der lange Stall angebaut, in dem die Rinderketten immer so prachtvoll rasselten. Und hinter dem Stall erhob sich die ungeheure Scheune, auf deren Heuboden man sich unfindbar verstecken konnte – und vor deren großem Tor sich der Dreschgöppel befand, das billigste Karussell der Welt. Wenn gedroschen wurde, fuhr ich da immer so lang im Kreis herum, bis ich ein kreideweißes Gesicht bekam. Aber das war von den Herrlichkeiten des Vatikans noch lange nicht die herrlichste. Ganz versteckt in diesem Hause lag eine Zauberstätte, deren Geister mich immer liefen mit klingenden Hammerschlägen: 'Tickerlitakta, tickerlitakta!' In der Küche, in der die Nagelschmieds-Mammi über der offenen Herdflamme all die namenlos guten Sachen kochte, war eine schmale und niedrige Türe. Wer sie auftat, dem hauchte etwas Schwüles entgegen, und in einem dunstigen Zwielicht sah er sechs rotglühende Augen brennen: die kleinen Kohlenfeuer der Nagelschmiedsessen. Dünne Eisenstäbe, mit blendender Weißglut an den Enden, gaukelten hin und her – unter den Hammerschlägen sprühten unerschöpflich die blitzenden Sternchen auf, die mir ins Gesicht und an die Hände flogen, ohne daß sie brannten – aus den Kopfstanzen sprangen lustig die fertigen Nägel empor, fielen zischend in den Wasserbottich, und ein weißes Dampfwölkchen pfurrte aus der schwarzen Tiefe herauf. Wißt ihr, wie lange man da zusehen kann? So lange, bis die Mutter schickt, um ihren verlorenen Buben suchen und holen zu lassen.

An der rußgeschwärzten Wand der Nagelschmiede ist ein kleines Schubfenster. Man kann durch dieses Fenster nicht durchgucken, weil es immer mit Wasserdampf beschlagen und schwärzlich angeflogen ist. Aber manchmal wird dieses Fensterchen aufgetan, und von draußen blickt mit ruhigen Augen ein breites, glattrasiertes Gesicht in die Schmiede herein – das Gesicht des Heiligen Vaters, der sich vom Fleiß der Gesellen überzeugen will.

Immer sitzt er in der Stube auf dem Ledersofa oder auf der Ofenbank – der Heilige Vater – in Hemdärmeln, mit großen Silberknöpfen an der offenen Weste, ein Tuchkäppchen auf dem spärlichen Weißhaar. Während der Hälfte eines jeden Jahres hatte er die Füße in unförmlichen Filztöpfen stecken, weil er an der Gicht oder sonst an einer Krankheit litt, bei der man das Schuhleder nicht gerne an den Zehen spürt. Aber dieser leidende Mann, der immer so sanft und fromm und segensvoll und ruhig redete, führte in seinem Hof ein strenges Regiment. Seine Gesellen, Dienstboten und Kinder parierten wie brave Soldaten. Der Domini war sein Jüngster; zwei Schwestern waren ein Paar Jährchen älter: die hübsche, runde, flinke Karlin und die schlanke, stille Mathild. Dann kam der Leopold, der schon die Feiertagsschule hinter sich hatte und das schönste junge Mannsbild des Dorfes war, ruhig wie der Vater, dabei aber doch mit einem freien, künstlerischen Zug: er spielte Gitarre, hatte eine herrliche Baritonstimme und sang an jedem Sonntag in der Kirchenmusik ein Solo: '*Behenedihictus ...*', bei dessen zärtlichem Klang alle Mädchen das Beten vergaßen. Noch eine dritte

Schwester war da, die stattliche Anna, die bald heiratete und Gendarmeriewachtmeisterin wurde. So viele Kinder, Gesellen und Dienstboten machen ein Haus lebendig. Aber wenn sie alle in der Stube waren, und noch ein paar Bauern und Gemeinderäte dabei, dann wurde es immer mäuschenstill, sobald der Heilige Vater den Mund öffnete, um eine seiner sanften Weisheiten von sich zu geben. Wenn er sprach, durfte nur ein einziges Menschenkind dazwischen reden: meine Nagelschmieds-Mammi. Das war eine ruhig heitere Frau von bezwingender Herzensgüte. Und wie nett sie immer gekleidet war! Das runde, hübsche, freundliche Gesicht hatte immer ein geduldiges und nachsichtiges Lächeln. Ein feines Spiel von Zucken und Schmunzeln ging um den Mund herum. Und die stillen braunen Augen konnten so ehrlich schauen und so herzlich glänzen, daß man sich immer wohlfühlte in der Nähe dieser Frau. Jede Narretei und Tollheit, die ich in ihrem Hause anstiftete, verzieh sie mir schnell und lachend. Nur ein einziges Mal wurde sie ernstlich böse. Da war ich eines Mittags mit der Karlin in den Keller gegangen, um Erdäpfel zu holen. Ich bombardierte das Mädel mit den Kartoffeln, die Karlin wollte sich das nicht gefallen lassen, und als ich vor ihrem Angriff retirierte, stieß ich eine Bank um, auf der zwei große Töpfe mit frisch ausgesottenem Schmalz zum Verkühlen standen. Die Töpfe gingen in Scherben, und ein rauchender Schmalzbach plätscherte zum Gußloch des Kellers hinaus. Die Karlin wurde kreidebleich vor Schreck – und da kam auch schon die Nagelschmieds-Mammi über die Kellerstiege heruntergesprungen, sah die Bescherung und jammerte: „Jöises Maaarja!" Im ersten Zorn packte sie einen Besen und hätte auf mich losgeschlagen – wenn ich nicht flinker gewesen wäre als die zitternde Frau. Drei Tage fand ich nicht den Mut, mich in der Nagelschmiede blicken zu lassen. Und immer hatte ich Angst, daß Vater und Mutter etwas von der Schmalzgeschichte erfahren könnten. Aber sie erfuhren nichts. Und eines Nachmittags, in der Schule, sagte der Domini: „Du, da schickt dr d'Mueder ebbes!" – und zog aus dem Schulranzen zwei von den guten, knusprigen Rohrnudeln der Nagelschmieds-Mammi heraus. Nach der Schule ging ich mit dem Domini und bat seine Mutter um Verzeihung. Sie streichelte mir das Haar, tat einen Seufzer und sagte: „Vierevierzg Pfund Schmalz! Büeble, Büeble! Awer en anderschmal, da muescht hald besser owachtgeawe! Gell, du Schliffele?" Solche Worte hängen sich fest in einer Kinderseele – und wirken und werden alt.

Und jenes andere liebe Dach, unter dem ich mancherlei für mein Leben lernte? Das war ein kleines Haus an der Laugna, mit nur zwei Stuben, einer kleinen

Dachkammer und einer großen Werkstätte. Schon wenn man zum Zaungatterchen hereinging, roch man den 'Ferneiß' und die Ölfarben. Es stand da unter freiem Himmel auch immer was zum Trocknen: ein grün gestrichener Tisch, buntbemalte Bauernstühle, eine lackierte Kommode, blaue Kästen mit roten Herzen, ein schmiedeisernes Grabkreuz mit vergoldeten Rosetten und vielfarbigen Schnörkeln, eine Kinderwiege mit Engelsköpfen oder auch ein schwarzer Sarg mit weißem Totenkopf und gekreuzten Knochen.

Außer meinem Kameraden, dem Alfons, waren da noch zwei ältere Schwestern; die Maler-Nanni, die als bildsauberes Mädel in die Stadt ging und die Frau eines Künstlers wurde, der ihr nach einem wahnsinnigen Ende ein schweres Schicksal hinterließ – und die Maler-Rosa, die nach der Mutter Tod bei ihrem Vater die halbe Jugend verpaßte. Und durch zwei Jahre war in diesem Hause auch der lungenkranke 'Onkel Xaveri', der ein witziges Dorfgenie war und mein Lehrmeister im Fischen wurde, im Pfeilschnitzen und Ballesterschießen, im Drachenbau und Vogelfang. In meiner Skizzensammlung 'Die Jäger' hab ich von ihm eine kleine merkwürdige Geschichte erzählt, bei der ich lernte, daß Dinge, die man häßlich nennt, sehr schön sein können – eine Erfahrung, aus welcher der Xaveri für mich die Lebensregel prägte: „Vor nix mueß ma si ferchte!“

Trat man in die große Werkstätte, so glaubte man in einer Vorstube des Himmels zu sein; denn an den Wänden hingen dutzendweis die geflügelten Engelsköpfchen, und zwischen reparaturbedürftigen Altarsäulen drängte sich eine Volksversammlung von hölzernen Heiligen, deren steif drapierte Mäntel nach neuer Farbe und frischer Vergoldung verlangten; deren Gesichter neue Nasen nötig hatten; und deren Heiligenscheine dringend der Politur bedurften. An den zwei Fensterwänden standen die Schnitzbank, der Malertisch und die Hobelbank; zwischen den Fenstern waren die vielen Werkzeugkästen, die Regale mit den Farbentöpfen und der geheimnisvolle Wandschrank, der alle zur Vergoldung nötigen Dinge barg. Und durch ein halbdutzend Fenster fiel eine Flut von Licht herein, in dem die Farben leuchteten, der Lack und Firnis glänzte, und das alte und neue Gold seine traumhafte Schimmersprache redete.

Zwischen diesen Herrlichkeiten stand der Maler-Papi an der Schnitzbank oder saß auf einem niederen Schemel – ein langer, magerer Mann, hemdärmelig, mit grüner Latzschürze, überall mit Farbenflecken gesprenkelt. Eine große Hornbrille saß ihm ganz vorne auf der schmalen, blassen Nasenspitze. Was seine Hand erreichen konnte, sah er über die Gläser an; was darüber hinaus lag, betrachtete er durch die Brille; drum ging das Gesicht immer so ruhelos auf und nieder. Dieses hagere Faltengesicht bekam durch einen graublonden Napoleonsbart eine komische Länge, hatte einen strengen Mund mit versteinertem Lächeln und zwei graue Augen, die ernst und dennoch freundlich schauten. Wenn er schwieg, hatte ich immer ein bißchen Angst vor ihm; aber gleich wurde ich zutraulich, wenn er nur ein paar Wörtchen sprach; denn seine Stimme war wie eine liebe, gute, leise Glocke. Und wenn ich manchmal Unheil in seiner Werkstätte anrichtete, wurde er nicht ärgerlich, sondern schob die Brille auf die Stirn hinauf und sagte in seiner milden Art: „Ludwigle, tu mer da nix versaue! Schau, dees muescht sooo mache!" Und dann ließ er seine Arbeit liegen und zeigte mir, wie man Farben reibt, wie man sie reinlich in die Töpfe spachtelt, wie man streicht und malt, wie man die zarten Goldhäutchen auf dem Lederpolster schneidet und auf die Mäntel der Heiligen legt, und wie man das matte Gold poliert mit dem Achat. Beim Schneiden des Goldes mußte man fest den Mund schließen. Ein leiser Hauch nur, und das feine, glitzernde Häutchen flog in die Luft, bildete wundersame Formen im Flug, schimmerte und funkelte – aber wenn es niederflatterte, war es verkrüppelt, zerrissen und unbrauchbar. Und der Maler-Papi sagte: „Gell, hascht wieder e Schnauferle gmacht!"

Diesem ruhigen Manne hab' ich viel zu danken – nicht nur das eine, daß ich geschickte Hände bekam.

Ein seltsames Zittern fiel mir immer ins Kinderherz, wenn er plötzlich das Goldmesser oder den Achat fortlegte, eine kleine grüne Tür öffnete und mit seiner kummervollen Herzlichkeit, die noch immer ein Lächeln war, in die stille Stube hineinfragte: „Muederle, tuescht ebbes brauche?"

Dann antwortete eine feine, müde Frauenstimme: „Noi(n), Männdle, Vergealsgod, 's isch älles guet!"

Es war aber *nicht* alles gut. Schon seit langer Zeit bewegte sich das Leben der kleinen, lieben, zierlichen Maler-Mammi zwischen Bett und Lehnstuhl. Ich weiß nicht, was ihr fehlte. Sie konnte nimmer gehen, nimmer stehen. Jede Bewegung war ein Schmerz für sie, und immer mußte sie so sitzen, in dem braunen Lederstuhl, mit den weißen Händen im Schoß. Aber sie klagte nie, behielt ihr stilles Lächeln und diesen herzlichen Blick – und wenn ich neben ihrem Sessel auf dem Schemel sitzen durfte, wenn sie mit mir plauderte und was Heiteres erzählte, während das Leiden in ihrem guten Gesichte zuckte und wühlte – das waren Stunden, die ich unter die zärtlichsten meiner Kinderzeit zu zählen habe. Und diese Stunden waren froh, auch wenn ich Tränen in den Augen hatte.

Saß ich bei dieser Frau, so blieb ich immer sitzen, bis es Nacht wurde. Und daheim, wenn die Mutter schelten wollte, brauchte ich nur zu sagen, daß ich bei der Maler-Mammi war – und die Mutter nickte: „No ja, in Gottsname, da bist gut aufghobe gwese!"

Als die Maler-Mammi gestorben war, sah ich zum erstenmal den 'Gottsacker' von Welden. Der lag eine halbe Stunde weit vor dem Dorfe draußen, auf einem Hügel zwischen Weizenfeldern. Eine weiße Mauer umschloß ihn, und eine kleine Kirche mit schrill tönender Glocke stand zwischen den vielen schiefen und aufrechten Kreuzen, unter denen manch ein neues war, dessen Rosetten ich in der Werkstätte des Maler-Papi vergoldet hatte.

Ich erinnere mich, daß ich nicht weinen konnte, als der Sarg dieser lieben Frau da drunten in dem schwarzen Ding verschwand. Aber seltsam übel war mir, in allen Sinnen zitterte mir eine namenlose Angst, und um mein verstörtes Kinderherz war etwas Drückendes her, wie eine eiserne Faust.

In dem kleinen Malerhause war dann alles anders als früher. Ich fühlte mich da nimmer wohl, konnte nicht mehr lärmen, konnte den leeren Sessel nicht sehen. Der stille Meister war stiller als sonst, achtete nicht drauf, wenn ich die Goldhäutchen in die Luft hauchte, und immer hatte er an der Stirn einen sonderbar gesträubten Haarschopf. Gelang ihm etwas an seinen Heiligen nicht recht, so strich er mit der Hand nach aufwärts über das Gesicht und drehte diesen grauen Haarschopf ein paarmal um den Finger. Und manchmal ging er auf die kleine grüne Tür zu, kehrte aber auf halbem Wege wieder um. Und der Alfons hockte hinter den Heiligen in einem Winkel und tat, was er sonst noch nie getan hatte: er lernte im Katechismus – und wollte mit mir, mit dem Muckl und mit dem Domini nicht mehr in den Wald laufen, nicht mehr fischen und pfeilschießen, nicht mehr sandfahren und Birnen stehlen. Aber das dauerte nicht lange. Dann kam er wieder und war der Unsrige wie einst – und war doch ein anderer geworden.

Wir Viere! Man mag da draußen im Holzwinkel wohl oft gesagt haben: daß uns die Tauben nicht besser hätten zusammentragen können. Was dem einen fehlte, das hatte der andere; und wenn den drei anderen was nicht einfiel, kam immer der vierte drauf. So ergänzten wir uns und hielten bei allen Streichen wie Eisen zueinander. Der Muckl, derb und knallgesund, war ein kleiner, fester und grober Bub, der sich nie den Kopf zerbrach, bei allem ohne Überlegung mittat, durch dick und dünn marschierte, nie vom Gewissen geplagt wurde, keck und selbstbewußt ins Leben guckte, sich von nichts rühren und durch nichts erschrecken ließ. Ich weiß mich einer einzigen Geschichte zu erinnern, die dem Muckl einen jähen Schreck durchs dicke Leder jagte. Da hatte ich daheim vom Vater was gehört von der Gewitterbildung, von der Elektrizität der Wetterwolken und von den Blitzableitern. Und da kam ich auf den Einfall: Himmelsfeuer zu fangen. Was ich damit machen wollte, wußte ich nicht. Nur haben wollt' ich es. Und der Muckl war gleich dabei. Unten am Blitzableiter des Kirchturmes feilten wir ein spannenlanges Stück aus dem Draht heraus. Und als ein Gewitter aufzog, hockten wir vor diesem Drahtloch neugierig auf der Lauer. Es fing zu blitzen und zu donnern an, ein Platzregen durchweichte uns bis auf die Haut, und der Muckl wurde schon ungeduldig, weil sich mit dem Himmelsfeuer nichts rühren wollte. Ich erinnere mich noch, daß er sagte: „Narret, es kommt ja koins!“ Im selben Augenblick fuhr unter krachendem Geprassel etwas Fürchterliches und Blendendes im Bogen um das Drahtloch herum. Damals erschrak der Muckl. Ich aber auch. Und mit weißen Gesichtern rannten wir durch den Regen davon. Und hielten schön vorsichtig den Schnabel. Nur dem Alfons sagten wir's. Aber vor dem Domini trauten wir uns mit dieser Himmelsfeuergeschichte nicht heraus, weil er doch der Sohn des Heiligen Vaters und Bürgermeisters war, und weil die Leute, als man den Schaden am Blitzableiter entdeckte, einen bösen Spektakel erhoben.

Erst in späteren Jahren hab' ich begriffen, in welcher Gefahr wir zwei Buben vor jenem Drahtloch waren. Aber an Gefahr dachten wir damals nicht, nur an etwas Schönes. Uns *konnte* doch auch nichts passieren! Wir hatten ja unser ‘Sprüchle’ und waren ‘fest’. Ohne schwimmen zu können, bin ich ein paarmal in die Laugna gefallen, wo sie am tiefsten war, und bin nur naß geworden. Als wir das Nest eines Turmfalken ausnehmen wollten, glitschte ich über das Kirchendach, blieb an einem Fensterflügel hängen und konnte mit der Leiter heruntergeholt werden. Wenn ich von einem Baum oder von einem Heufuder purzelte, war's immer mit einigen Beulen abgetan. Mit dem Kapfer-Uerle stocherte ich ein Hornissennest aus dem Heu heraus; den armen Uerle richteten die gelben Bestien zu, daß er fast gestorben wäre und viele Wochen krank lag – mich hatte keine einzige gestochen. Als ich eines Tages dem Vater ein Pulverhorn stibitzte und das Pulver in unser ‘Wachtfeuer’ schütten wollte, explodierte mir das Pulverhorn in der Hand, ohne mir auch nur die Haut zu ritzen. So glücklich sind mir auch alle bedrohlichen Sekunden meines späteren Lebens immer ausgegangen, obwohl ich das 'festmachende' Sprüchlein schon längst vergessen hatte. Ich möchte mich noch gerne darauf besinnen. Aber es fällt mir nimmer ein. Nur das eine weiß ich noch, daß man zum Schlusse dieser Zauberformel die Daumen einziehen, die Fäuste nach rückwärts strecken und dabei mit geschlossenen Augen gegen die Sonne rufen mußte:

„Fescht! Fescht! Fescht!"

Mit geschlossenen Augen! Ich glaube, das war das wichtigste an diesem Zauber.

Und diesen festmachenden Spruch hatten wir vom Maler-Alfons gelernt, der alles wußte. Er hatte Ohren wie ein Wiesel und schnappte alles auf. Aber die meisten seiner Weisheiten kitzelte er wohl aus sich selber heraus, wie die Grillen aus ihren Schlupfen. In unserem Quadrumvirate war er der kluge, erfinderische Ulysses, der Geisteserbe seines künstereichen Onkels Xaveri. Und war ein schlanker, geschmeidiger Bub, flink wie eine Wassernatter, immer etwas spähend Erwartungsvolles in den hurtigen Augen, als Sohn seines Vaters geschickt in allen Dingen, als Kind seiner Mutter stets geneigt, das Schmerzende heiter zu nehmen und auch nach groben Hieben und unter Nasenbluten noch unverdrossen zu lachen. Doch er verstand sich auch auf die Vorsicht, stürmte nicht drauf los, wie der Muckl, sondern machte schlaue Seitensprünge und kannte nützliche Finten. Er war ein Meister im Beinstellen und im Bauchtritt; viel mehr, als den berserkerischen Muckl und den mit Gemütsruhe dreschenden Domini, fürchteten die Feinde aus der Kirchgasse diesen flinken, lustigen Akrobaten. Er war aller Wandlung fähig und doch verläßlich, war plauderlustig und doch verschwiegen. In der Krankenstube seiner Mutter hatte er's gelernt, die Stimme zu dämpfen; und weil er so heimlich sprach und dabei so flink, bekam alles, was er sagte, einen geheimnisvollen, anreizenden und verführerischen Klang. Und immer fiel ihm was ein, immer hatte er was Schlaues zu raten, immer wußte er uns auf einen neuen Streich zu hetzen. Der mußte lustig sein! Das war für den Alfons die Grundfrage bei allen Dingen. Denn er machte sehr genaue Unterschiede zwischen langweilig und fidel; aber sein Differenzierungsvermögen zwischen gut und böse war etwas mangelhaft entwickelt; nach dem Sprachgebrauch von heute müßte man sagen: er war eine allzu starke Persönlichkeit, um seinen Wunsch, sich auszuleben, durch engherzige Rücksicht auf den Nutzen oder Schaden von anderen Leuten beirren zu lassen. Und der Muckl und ich, wir waren immer bereit, in der Schule des Alfons zu profitieren.

Aber da wirkte der bedächtige Domini als bremsendes Element in unserem Viererzug. Nagelschmieds Jüngster war körperlich der gleiche feste Bub wie der Muckl. Doch sein Blick war klug und ruhig; und sein Lächeln, so gutmütig es war, hatte immer ein bißchen was Spöttisches und Überlegenes. Nie tat er etwas, ohne vorher die Sache gründlich und nach allen Seiten hin zu überdenken. Die Erinnerung läßt mich nicht entscheiden, ob der Hang zum Guten und Vernünftigen als absolutes Ding im Domini steckte, oder ob das nur ein Resultat seiner Erziehung war, fügsame Rücksicht auf die frommen und zivilen Lebensanschauungen seines Heiligen Vaters, auf die bürgermeisterliche Amtswürde des Papa Nagelschmied, und stetes Denken an die klaren und hellen Augen seiner Mutter. Es wirkte wohl in ihm das eine mit dem anderen zusammen. Und das gab ihm eine Art, die ihn fast immer das Rechte treffen ließ. Planten wir einen Streich, der etwas Bedenkliches hatte, so sagte der Domini: „Dees därfe mer it toa(n)!“ Manchmal hakten wir drei anderen nach solchem Wort wie zornige Gockel auf den Domini los. Doch wenn er ruhig erklärte: „Noi(n), da maag i nit mitmache!“ – dann war die Sache in der Regel auch für uns erledigt.

Zwischen den dreien, die ich da geschildert habe, stand ich als vierter, ihr Schützling und doch ihr Führer: minder robust als der Muckl und Domini, minder schlau, doch ebenso flink und geschickt wie der Alfons; und erfüllt von einem trotzigen Knabenmut, der immer stärker war als meine Kraft; immer durchzappelt von einer ruhelosen Aufregung; unersättlich in der tollenden Freude; leichtgläubig und vertrauensselig; immer mit einem surrenden Traum im heißen Bubenköpfl, immer durchzittert vom brennenden Erwarten einer schönen Sache.

So waren wir Viere, so vertrugen wir uns ohne Mißverständnis, so hielten wir zusammen, und so eroberten wir uns den Wald und das Feld, den Bach, die Gasse und eine kreuzfidele märchenselige Knabenzeit. Unser Spielplatz maß zwei Stunden in die Länge und in die Breite und hatte Sächelchen, wie sie in keinem Nürnberger Baukasten zu finden sind. Alles war da ein Lebendiges, ein lachendes Stück Natur. Und alles, auch das Ernste und Gefährliche, zeigte uns ein harmlos vergnügtes Gesicht. Denke ich zurück an jene Zeit, so steigt eine Herrlichkeit um die andere aus der Erinnerung herauf: rauschend fliegende Drachen mit den bunten Flatterschwänzen; weiße, fein geglättete Flitschpfeile, die so hoch emporstiegen ins Blau, daß sie auch dem schärfsten Auge verschwanden; zischende Ballesterbolzen, mit denen man das Schießen fleißig üben mußte, bevor man mit Sicherheit die Nasenspitze des heiligen Nepomuk, den Wetterhahn auf dem Kirchendach, die Enten des Wangers oder die Hennen der Schmiedin traf; zappelnde Fische an der Angel und zappelnde Fische im Tunkerkorb; und unter der Brücke der Kroppenfang und die Grundeljagd; Eidechsen und Ringelnattern, die man mit den Händen haschte, und Kreuzottern, die man mit gegabelten Haselnußzweigen hinter den Ohren erwischte; das Grillenkitzeln in der Sonne, und an Regentagen das Anmäuerln und das Kluckerspiel unter den triefenden Scheunendächern; das Eierstehlen auf den riesigen Heuböden des Rollewirtes, die Kartoffelbraterei auf dem Felde und das Feuermachen im Walde; bei Tag das Sonnengucken durch berußte Gläser, und bei Nacht das Sternschnuppenzählen; die Böller und Schlüsselbüchsen, die Speiteufel und Pulverfrösche; das Barfußlaufen, Staudenschlupfen und Baumklettern; das grillende Geschrei der Mägde, wenn wir in den Spinnstuben den Flachs an den Kunkeln in Feuer steckten; das Geisterspiel in weißen Leintüchern und mit den Teufelsfratzen der ausgehöhlten Kürbisse, die durch eine brennende Kerze zwei glühende Augen und ein Feuermaul bekamen; das Holleklopferslaufen und Dreikönigsreiten, von dem man schwere Säcklein voller Nüsse, Äpfel, Birnen, Dörrzwetschgen und Hutzelbrot mit heimbrachte; die Fasnachtsgaudi und das Marktgedudel; der Kriegspfad mit den Indianertänzen und Marterpfählen; der Schmetterlingskasten und die Käferschachtel; die Leimruten für die schönen Stieglitze und die Schlaghäuschen für die Finken; die Falkennester auf dem Kirchturm und die Rabenhorste in den Tannenwipfeln; zahme Elstern, zahme Dohlen, zahme Nußhäher, zahme Eichkatzerln und zahme Rehe; nur die Füchse blieben immer wild, bissen und stanken.

Aber wenn man eins von diesen roten Satansbiestern um seiner Unerträglichkeiten willen totschlagen mußten, fingen wir gleich wieder ein paar neue und waren des festen Glaubens, daß wir sie diesmal zahmkriegen würden. Und es gab im Revier meines Vaters keinen Fuchsbau, dessen Röhre so eng gewesen wäre, daß wir den mageren Alfons mit einigem Nachschub nicht hineingebracht hätten. Wenn wir ihn an den Beinen wieder herauszerrten, war er von den Fußknöcheln bis zum Halse gelb von Sand, hatte ein blutendes Gesicht, blutende Hände, und streckte uns lachend in den zerbissenen Fäusten zwei rote, zappelnde Wollknödel entgegen, die sich als junge Füchse entpuppten.

Und weil wir gerade bei einer roten Sache halten – wißt ihr, was 'Lausbüeweleseziegel' sind? Das sind rote Ziegelsteine, die vom Maurermeister wegen ihrer formstörenden Merkzeichen nicht gerne gekauft wurden; doch er mußte sie im Hundert mit dreinnehmen. Hinter den Karpfenweihern des Theklaberges lag inmitten einer großen Waldrodung die Ziegelei; nach Tausenden wurden da die gelben, schönen, frischgeformten Ziegel zum Trocknen in die Sonne gelegt; sie dunsteten in der Mittagshitze, waren so prachtvoll warm, und da sprangen wir, zu Vieren hintereinander, mit nackten Füßen über dieses linde, feingeheizte Trottoir. Mit den Siegelzeichen unserer Fersen und Zehen wurden die Steine im Feuer gebrannt. Und es steht in der Gegend von Welden manch ein Haus, in das die Spur unseres Erdenwallens eingemauert ist für einige Jahrhunderte. Auch eine Gattung von Unsterblichkeit! Bei solchen Versuchen, sich ein bißchen Ewigkeit zu sichern, geriet man freilich mit dem schimpfenden Ziegler manchmal in Konflikt und bekam am Hinterkopf einen sichergezielten Lehmpatzen schmerzlich zu spüren, der sich schwer aus den Kreuzerschneckerln herauskratzen ließ. Dann hetzte uns der erfinderische Alfons gleich wieder zu einer neuen, schönen Sache, und hatte man sich müdgelaufen, heißgetollt und heisergeschrien, so wühlte man sich zu süßer Rast in einen duftenden Heuschober, oder warf sich zwischen schattigen Stauden ins linde Gras, oder kugelte sich in einem Kornfeld zwischen den wogenden Ähren herum, verschnarchte ein Stündchen oder guckte träumend ins leuchtende Blau hinauf und in den Silberglanz der schwimmenden Glockenwolken.

Und der Wald!

Du rauschende grüne Seligkeit! Du redendes Buch des Werdens und Vergehens! Du unerforschliches Geheimnis, du lachende Klarheit! Brunnen aller Dinge, die gesund sind! Heimat aller schönen und zufriedenen Träume! Und jeder Tod in dir ist neues Leben!

Ich habe mich als Kind im Walde nie gefürchtet. Er war mir ein Vertrautes, bevor ich ihn noch kennen lernte. Denn eh' ich zum erstenmal in seinen stillen Schauer trat und lachend nach seinen Farben und Früchten griff, hatte ich schon zu hundertmalen das schwärmerische Wort der Mutter gehört: „Mein Wald!" Und der Vater, der nicht leicht zu Zärtlichkeiten neigte, hatte immer etwas Frohes und Mildes in der Stimme, wenn er von 'seinem' Walde sprach.

Wo ich zu einem Fenster unseres Hauses auch hinausguckte, gegen Norden oder Süden, gegen Osten oder Westen, überall sah ich diese blaugrünen Wogen locken und gewahrte hinter Wiesen und Feldern diese zierlichen Gipfelsägen, die schattendunkel oder sonnenhell hineinschnitten in das Blau des Himmels.

Es mag wohl bald im ersten Sommer zu Welden geschehen sein, daß ich sehnsüchtig diesem winkenden Grün entgegenzappelte. Des Tages, der mir den Wald gegeben, weiß ich mich nicht mehr zu entsinnen. Aber ich glaube, daß dieser Tag mir den ersten Seelenrausch, das erste klingende Gefühl meines Lebens gab. Denn so weit ich mit klarem Erinnern zurückschaue in die Kindheit: immer steht mir zwischen schönen Dingen der Wald als das Schönste, und immer war mir da ein frohes Zittern im Blute, ein Jubelschrei in der Kehle, ein Staunen in den Augen, ein Gefühl der Erlösung in allen Sinnen, ein geflügelter Traum in all meinem Leben. Und das ist seit meiner Kindheit so in mir geblieben bis zum heutigen Tage – durch ein halbes Jahrhundert. Wenn ich nach müden, kranken Stadtmonaten hinaufreise zu meinem lieben, einsamen Waldhause da droben im Wettersteingebirge – ich kann euch nicht sagen, was da in mir lebendig wird! Immer wieder ist das wie ein heilendes Wunder, wie frische Kraft, wie neuer Glaube an alles, was Leben heißt. Schon auf halbem Wege, noch sieben Stunden weit von meinem Wald, da fangen meine Augen schon zu suchen an. Und tauchen *meine* Berge hinter fremden Steinen heraus, und seh' ich an einer blaufernen Höhe ein Stücklein meines Waldes hängen wie ein Schwalbennest, dann beginnt in mir ein Sehnen, Brennen, Zittern und Dürsten, bei dem mir eine Stunde zu einem unüberstehbaren Zeitraum wird. Aber rollt der Wagen hinein in meine stillen wundersamen Bergwaldshallen, so werde ich ruhig und fange zu schauen an. Da steht mein Haus, das liebe, das weiße im dunklen Wald! Das einemal grüßt es mich in Sonnenhelle, das anderemal mit Lichterglanz in der Dämmerung. Ein Lachen, und aus dem Wagen heraus! Und das Stadtgewand herunter und meinen grauen Waldkittel an den Leib! Und bevor ich noch einen Bissen esse, und ob es Tag oder Nacht ist – ich springe hinüber zu den nächsten Bäumen, die nur zwanzig Schritte vom Haus entfernt sind – und stehe lange und atme tief – das ist wie Stillung aller Wünsche, die in einem Herzen schreien konnten – und in meinem Walde bin ich wieder ein Gesunder, bin froh und zufrieden.

Mein Wald! Dieses Possessivum will nur sagen: ein Wald, den ich kenne. Neue Wälder sind mir immer wie fremde Menschen, deren Inneres wir erst entdecken müssen – wie ungelesene Bücher, die noch nicht reden zu uns. Um einen Wald so kennen zu lernen, daß ich ihn *mein* nennen kann, dazu brauche ich lange. Es geht mir da, wie es Thorwaldsen mit Rom erging. Als ihn eine Dame fragte, was in Rom denn alles zu sehen wäre, gab er zur Antwort: „Das weiß ich noch nicht; da müssen Sie jemand fragen, der Rom kennt; ich bin erst sieben Jahre hier." Oft sagen mir Leute: „Die Natur, die du schilderst in deinen Büchern, ist lebendig und spricht." Wenn das so ist, dann hat es nichts zu schaffen mit irgend einem Können in mir. Es ist eine dankbare Folge der vertrauenden Geduld, die ich mit dem langsam sprechenden Walde habe. Durch viele Jahre bleib' ich immer an der gleichen Stelle – Frühling, Sommer, Herbst und den halben Winter – und schaue mir immer wieder, wieder und wieder das gleiche Stück Natur an. Im vierten oder fünften Jahre wird es *mein* – das heißt, es beginnt für mich lebendig zu werden. Dann kann ich von ihm erzählen – wie ein Kind von dem Bache, der ihm rauschte, von der Sonne, die ihm leuchtete, von den Schatten, die ihm blau erschienen. Seit zwölf Jahren hause ich dort oben im Waldgrün hinter dem Wettersteine, kenne da jeden Weg und Steg, das Nahe und das Ferne, jede Farbe und jeden Klang, jeden hellen Platz und jede dunkle Stätte – und weiß doch, daß ich diesen meinen Wald nicht besser kenne, als ein Kind sein Leben kennt – und weiß auch, daß ich mit jedem neu erblühenden Jahre noch tausendmal mehr zu sehen bekomme, als ich schon gesehen habe.

Was gäb' ich drum, wenn mein Erinnern heute noch klar überschauen könnte: wie das in meiner Kindheit für mich begann? Dieses Hängen am Walde? Und was mein erster Tag in dieser grünen Lebenskirche an staunenden Freuden in meinem Kinderherzen weckte, an fragenden Gedanken in meinem Knabengehirn? Aber ich sehe da kein Zusammenhängendes mehr, sehe nur getrennte Bilder. Unter ihnen das älteste, das ist der stille prachtvolle Hochwald, der zwischen Welden und Hegnenbach grünte. Der ist wohl lange schon niedergeschlagen. In mir aber grünt er noch. Ganz klein bin ich; und diese zweihundertjährigen Bäume sind so riesengroß! Das Gehen zwischen ihnen ist eine linde, lautlose Sache; und kein Baum ist da, den ein Mensch mit den Armen umfassen könnte; und die Stämme haben keinen Ast bis hoch hinauf; und hoch da droben, unerreichbar, hängt das grüne Dach, an dem die vielen kleinen Sonnenlichter funkeln wie tausend Tagsterne. So oft ich in späteren Jahren Märchen las und von Zwergen hörte, ist mir immer dieser Hegnenbacher Hochwald eingefallen.

Dann seh' ich die sonnige Erdbeerlehne im Mühlgehau. Da lag man mit schlenkernden Beinchen auf dem Bauche und hatte eine Stunde lang an der roten Süßigkeit zu schmausen, die man mit kurzen Ärmchen erreichen konnte, ohne sich vom Fleck zu rühren. Und wollte man leckere Arbeit für eine weitere Stunde haben, so brauchte man sich, ohne aufzustehen, nur ein paarmal herumzukugeln. Einmal blieb ich da so liegen und schluckte, bis es dunkel wurde. Auf dem Heimweg kam ich zu einem tiefen Wassergraben, sah ein weißes Brett als sicheren Steg, wollte drübertappen und plumpste bis übers Haar ins Wasser hinunter. Das 'weiße Brett' war ein Spiegelbild des Mondlichtes. Und ich erinnere mich noch, wie prachtvoll kühl mir in der schwülen Sommernacht der weitere Heimweg wurde.

Dann seh' ich das dicke, endlose Jungholz neben dem Hochwald des Schwarzbrunnenberges. Auf Spannenweite wuchs da ein junges Fichtenstämmchen dicht am anderen. Die Äste waren wie ein festes undurchdringliches grünes Netz. Blieb man aufrecht auf den Beinen, so war da kein Durchkommen. Man mußte sich auf allen Vieren vorwärtszwängen, sich mühsam zwischen dicken Zäunen durch die schmalen Gäßchen winden, die das Wild gefunden und ausgetrippelt hatte. Und manchmal sprang ein erschrockenes Häschen aus dem Lager, manchmal huschte ein roter Fuchs davon, manchmal schreckte ein Reh mit schallenden Lauten. Und so kroch man und krabbelte, kam zu keinem Ende, kam nicht mehr an den hellen Tag, blieb mit Kittel und Höschen hängen und fing vor Zorn zu schreien an, vor Wut zu heulen – und lachte wieder, wenn man zerkratzt und zerrissen endlich doch einen Ausweg fand.

Neben dieser Qual meiner Waldliebe zeigt mir die Erinnerung gleich ein wundersames Erlebnis. Damals verwandelte sich der Hochwald des Schwarzbrunnenberges für fünf Minuten in einen Wald von brennenden Christbäumen. Ich glaube, das war zwischen Frühling und Sommer. Und tagsüber muß wohl ein Gewitter, das sich nicht entlud, am Himmel gehangen haben; denn der Abend hatte etwas Dunkles, Schweres und Trauriges. In der Dämmerung kam ich mit Vater und Mutter irgendwoher und wir gingen über die Wiesen bei der Laugna nach Hause. Plötzlich stammelte die Mutter: „Jesus, Gustl, so schau doch!“ Auch der Vater erschrak, weil er zuerst an einen Waldbrand dachte. Aber dann verstand er's gleich. Doch was er sagte, weiß ich nimmer. Ich staunte sprachlos immer da hinaus zu der dunklen Waldhöhe, die von rötlichem Schein umglastet war. Und jeder Wipfel glänzte wie von hundert strahlenden Wachskerzen. Dieses Himmelschöne dauerte so lange, daß man drei Vaterunser hätte beten können. Dann erlosch es langsam. Eine elektrische

Entladung war's, ein Elmsfeuer. Aber das verstand ich damals nicht. Ich hielt es für ein Wirklichkeit gewordenes Märchen. In den folgenden Jahren spähte ich wohl an viel hundert Abenden zum hohen Schwarzbrunn hinauf. Doch dieses Leuchtende kam nicht wieder. Ist aber doch immer noch da! Und glänzt! – Gibt es im Leben ein Verlieren? Nur die Schmerzen wird man los. Das Schöne behält man.

Zu den ältesten Waldszenen, die in meiner Erinnerung haften blieben, gehört auch das Bild einer heimlichen, geheimnisreichen und aufregungsvollen Frühlingsjagd. Und da seh' ich den dunklen Zieglerwald und die lange, schmale, viereckige Zieglerwiese zwischen schwarzen Fichten. Und im Dorfe war ein alter Bauernjäger, der 'Lumpeschuster'. Mein Vater sah es nicht gerne, daß ich mit diesem Alten Freundschaft hielt. Aber wenn der Schnee zerfloß und die Veilchen blühen wollten, und wenn mir um diese Zeit der Lumpeschuster begegnete und mit den schlauen Augen zwinkerte, wußte ich gleich, daß wir vor Anbruch des Abends auf dem Theklaberge sein mußten, der Muckl, der Domini, der Alfons und ich. Da gab's kein Halten, pünktlich war ich droben bei der Ziegelstätte. Und wenn die Sonne über den fernen Gottsackerberg hinunterging, kam der Lumpeschuster über den Theklaberg herauf, einen schweren Sack auf dem Rücken schleppend. Erst mußten wir Buben Stillschweigen geloben, mit dem Schwur: „Auf Ehr und Seligkeit!“ Dann ging es zur Zieglerwiese. Und der Lumpeschuster holte aus dem Sack ein großmächtiges, spinnefein geflochtenes Netz heraus. Wir Buben mußten links und rechts von der schmalen Wiesenmitte auf zwei hohe Bäume klettern, die Rollen an den Wipfeln festbinden und die Schnüre durchziehen. Bevor es dämmerte, war das feine Netz turmhoch durch die Luft gespannt, quer über die Wiese hin. Neben dem Lumpeschuster, der am Waldsaum hockte und die Fallschnüre festhielt, huschelten wir Viere uns lautlos zusammen, guckten in die Luft und lauerten. Es dämmerte mehr und mehr. Die letzten Amselrufe schwiegen, die kleinen Meisen wurden still, manchmal brummte unsichtbar ein großer Käfer an uns vorüber – alles in der Dämmerung Verschwimmende wurde zu einem rätselhaften Ding, das man mit erregter Neugier betrachten mußte – und wenn das Netz schon nimmer zu sehen war und ein großer Stern am blaßgelben Himmel aufbrannte, pflegte der Lumpeschuster unter leisem Kichern zu flüstern: „Jetz bald! Jetz bald!“ Wir Buben zitterten im Fieber der Aufregung. Drunten im fernen Dorf ein sanftes Glockenläuten, bei dem wir zu beten vergaßen. Und nun in der bleigrauen Luft ein merkwürdiges Räuspern, immer näher, ein hohes Gezwitscher, doppelstimmig – über den Waldsaum huschen zwei schwarze, schwebende Kugeln herüber, jede so groß wie eine Faust, und senken sich gegen die nebelnde Wiese, steigen wieder und fallen, scheinen miteinander zu spielen, verwandeln sich in runde, fette Vögel mit hurtig schlagenden Flügeln – mitten im kosenden Fluge scheinen sie plötzlich stillzustehen – ein leises Rauschen, ein sachter Klatsch – das Netz ist gefallen, hat die zwei Schnepfen unter seinen Maschen begraben, und wir Buben stürmen mit dem Siegesgeheul von Indianern auf die Beute los. Die kam natürlich in den großen Sack des Lumpeschusters.

Weshalb man bei solch einer herrlichen Sache Stillschweigen 'auf Ehr und Seligkeit' geloben mußte, das hab ich erst späterhin begriffen. Der Lumpeschuster war ein Wilderer und stahl die Schnepfen in meines Vaters Revier – und da nahm er mich mit, um sich für den Fall der Entdeckung einen Blitzableiter zu sichern. Das darf ich ihm nicht übel nehmen. Weil ich selber ein schlechtes Gewissen habe. Acht Jahre später wurde ich in meines Vaters Gehege zum Wilddieb, ohne daß mich der Lumpeschuster dazu verführte.

Mein Vater wollte mich von der Jagd so lange wie möglich ferne halten. Während der ersten Jahre im Holzwinkel nahm er mich niemals mit, wenn er die Büchse trug. Und den Forstgehilfen verbot er's, auf mein Gebettel zu hören. Aber da gab's für mich keinen Zügel. Im Hause sprach man immer von der Jagd, die Hunde waren da, die Flinten hingen am Nagelbrett und man konnte ihre Schäfte streicheln, das erlegte Wild wurde heimgebracht – und ich war doch mit der Jagdlust erblich von zwei Geschlechtern her beschenkt. So rannte ich eben allein oder mit einem von meinen vier Getreuen in den Wald hinaus, schnellte meine Flitschpfeile in die Buchenkronen und verschoß meine Ballesterbolzen auf Nimmerwiederfinden. Und dann kam eines schönen Sommers der große Tag, an dem mich der erfinderische Alfons auf den Einfall brachte, daß man beim Forstgehilfen Stubenrauch zum ebenerdigen Fenster ins Zimmer hineinsteigen und eine Flinte herausholen könnte. So geschah's. Was ich erwischte, war ein nagelneuer, doppelläufiger Lefaucheux. Und vier Patronen krabbste ich aus der Schublade. Die Flinte war so lang und schwer, daß ich sie nicht an der Wange festhalten konnte. Aber der Schlosser war ja doch mein Freund. Und als ich zu ihm kam und bettelte: „Du, schneid mir das lange Gwehrle vorn und hint ein bissele ab!“ ... da lachte er und tat, was ich haben wollte. Nun gingen wir pirschen, der Alfons und ich. Furchtbar stolz! Doch wir hatten noch keine zwanzig Schritte in den Wald gemacht, da ging das Gewehr schon los, ohne daß ich schießen wollte. Und dem Alfons fuhr das Feuer und der Schuß so dicht am

Bauch vorbei, daß er ein Brandloch ins Kittele bekam, und daß an seinem 'Schilehweschteleible' ein Tuchfetzen und zwei Knöpfe fehlten. „Noi(n), du!" sagte der vorsichtige Freund, machte einen seiner berühmten Seitensprünge und ließ sich an diesem Tage nicht mehr in meiner Nähe blicken.

Mir war ein bißchen absonderlich zu Mut. Und weil sich nur der Alfons aufs Laden verstanden hatte, wußte ich für mich allein nimmer, was ich tun sollte. Ging also heim. An dem roten Hause sah das verstörte Gesicht meiner Mutter zum Fenster heraus. Und noch bevor ich – um ein klassisches Wort zu gebrauchen – den Hof erreichte, tauchte der Vater mit zornheißer Stirne in der Haustür auf. Mit der Linken faßte er mich am Handgelenk, und die Rechte hielt er hinter seinem Rücken versteckt – drum konnte ich nicht sehen, daß er in dieser Hand die Hundspeitsche hatte. Und dann bekam ich in meines Vaters Kanzlei die ersten schweren Hiebe meines Lebens. Mit dieser Hundspeitsche! Und dem Forstgehilfen Stubenrauch mußte Papa einen neuen Lefaucheux kaufen.

Diese Hiebe hab' ich noch eine Woche später rings um die Beine herum gespürt. Die Sorge, daß solch eine schmerzende Prozedur sich wiederholen könnte, führte mich bald darauf einem Abenteuer unter Blitz und Donner zu.

Da war der Vater in Augsburg. Und bei uns in Welden saß eine alte bucklige Base zu Besuch, die mir schrecklich war – nicht nur deshalb, weil sie die Manie hatte, mich täglich aus allen Schulbüchern zu verhören. Ganz besonderen Eifer gab sie sich mit dem Einmaleins, das trotz aller Mühe und Geduld der Base in meinem zerstreuten Köpfl nicht haften wollte. Um ihr die Antwort nicht immer schuldig zu bleiben, spickte ich aus dem Blatt, das ich unter dem Tisch verborgen hielt. Die Base konfiszierte meinen Nothelfer. Und da kam ich über Nacht auf einen Einfall, der mir rasendes Vergnügen machte. Ich nahm einen Gulden aus meiner Sparbüchse und kaufte dafür beim Kirchgasseleskrämer sechzig gedruckte Einmaleins. Die brachte ich in meinen neun Taschen unter. Da konnte nun die Base am Nachmittage fragen und konfiszieren, so viel sie wollte – ich hatte immer wieder einen neuen Nothelfer in der Hand, unter dem Tisch oder auf dem Knie. Die bucklige Dame bekam vor Zorn ihre Nervenzustände, und schließlich weinte sie hilflos: „Das sag ich deinem Papa, wenn er kommt." Ich weiß nicht, ob der Vater in diesem Augenblicke wirklich heimkam, oder ob nur meine Phantasie beim Gedanken an die Hundspeitsche eine Kutsche rollen hörte. Sicher weiß ich nur das eine, daß ich erschrocken in den dunklen Kanzleigang flüchtete, zum Scheunenfenster hinaussprang und die Bachgasse hinunterjagte, um mich in den Hegnenbacher Hochwald zu retten. Aber ich kam in einen andern Wald, wo es Himbeeren in roter Menge gab. Während ich da speiste, merkte ich gar nicht, wie dunkel der Himmel wurde. Ein Platzregen machte mich springen – ich sah einen alten, hohlen Baum – und da kroch ich unter. Gefiel mir's in diesem trockenen Versteck, oder traute ich mich nimmer heraus, oder schlief ich vor Müdigkeit ein? Ich erinnere mich nur, daß plötzlich die Nacht im Walde lag; daß rauschender Regen mit prasselndem Hagel wechselte; daß der ruhelose Donner alles zittern machte; daß bei jedem Blitz der Wald in Feuer zu schwimmen schien, und daß in diesem blendenden Licht die Luft vor meinem Baumloch wie mit tausend weißen, ruhigen Punkten getüpfelt war. Und zwischen dem Rollen der Donnerschläge hörte ich schreiende Stimmen, bald ferner, bald wieder näher. Sie riefen meinen Namen: „Luuuudwigle!“ Aber ich rührte mich nicht. Und als es wieder einmal blitzte, war der flammende Nachtschreck verwandelt in ein Waldmärchen. Zwischen den gleißenden Bäumen sah ich graue, gebeugte Zwerge huschen. Wieder die Nacht. Und ein rotes, gaukelndes Sternchen ganz am Boden. Und wieder ein Blitz, daß alles waberte. Jetzt waren zwei von den Zwergen ganz in meiner Nähe, ein großer und ein kleiner. Und in der Finsternis, die der blendenden Helle folgte, klang eine schrillende Bubenstimme: „Luuuudwigle!“ Diese Stimme hätte ich unter hundert anderen herausgekannt. So grillen konnte nur der Maleralfons. Da sprang ich natürlich gleich aus meinem trockenen Baumstübchen in den Regen heraus – und sah beim roten Schein einer Laterne die triefenden Gesichter des Alfons und des Maler-Papi, die zum Schutze gegen den Regen dicke Hafersäcke über Kopf und Schultern gezogen hatten.

Meister Vogel schrie ein paar Worte, die ich nicht verstand, und leuchtete mir mit der Laterne ins Gesicht, während der Alfons in Freude grillte: „Herr Revierferschtner! Herr Revierferschtner!“

Von irgendwo eine gellende Stimme, die mich zittern machte: „Habt ihr ihn?“

Die beiden hielten mich an den Händen fest und fingen mit mir zu laufen an. Schwimmendes Feuer, in dem wir taumelten. Und im gleichen Augenblick ein Gerassel, als wäre ein Haufen Blechgeschirr vom Himmel heruntergefallen.

Der Blitz hatte zwanzig Schritte hinter uns in den hohlen Baum geschlagen.

Ich war wie betäubt und kam erst wieder halb zu mir, als wir draußen auf den Wiesen waren und das Gewitter schwächer wurde. An die zwanzig Menschen gesellten sich nach und nach zu uns. Aber sie redeten nicht viel, sondern machten flinke Beine unter den triefenden Säcken. Der Vater, den ich im Walde hatte schreien hören, kam nicht zu uns. Und ich hatte nicht den Mut, nach ihm zu fragen.

Als diese zwanzig Sackläufer mich heimbrachten in der nassen Nacht, empfing mich vor der Haustür die bucklige Base und tat furchtbar zärtlich mit mir. Im Hausflur saß die Mutter auf der Stiege; sie konnte nicht aufstehen und nicht reden, streckte nur die Arme nach mir; und als ich ihren Kummer sah, als ich fühlte, daß die Mutter zitterte, kam die Reue wie etwas Betäubendes über mich. So schob mich die bucklige Base ins Zimmer. Hier saß der Vater, schon trocken umgekleidet, neben der Lampe am Tisch und las seine Augsburger Abendzeitung. Bevor ich ein Wort herausbrachte, sah Papa über die Schulter und sagte: „Du Kamel! Du weißt wohl gar nicht, was dir heute hätte passieren können? Marsch, weiter! Laß dir die nassen Kleider herunterziehen und geh in dein Bett!" Das hatte strengen Klang. Aber ich hörte aus seiner Stimme doch auch die Freude heraus. Und als ich dann trocken in den Federn lag und duselte, war mir unbeschreiblich wohl.

Am andern Morgen guckte ich vergnügt zu der Hundspeitsche hinauf, die ruhig und ungefährlich am Zapfenbrette hing. Aber was mir der Schreck der Eltern bei dieser Gelegenheit erspart hatte, kam mir bei der nächsten doppelt herein. Und da hab' ich eine dunkle, mir selbst ganz unbegreifliche Geschichte zu erzählen. Sie fällt mir immer ein, wenn ich davon reden höre, wie Menschen zu Verbrechern werden, ohne daß sie es wollen oder wissen – und wie plötzlich in uns Menschen etwas erwachen und handeln kann, wider alle Vernunft und wider jeden Willen, etwas Fremdes und Unerklärliches, über das wir keine Macht besitzen, und das nur Macht hat über *uns*.

Wißt ihr, was ein 'Bachkätzelespfeifle' ist? Am Bache wachsen die Weiden, die im Frühling mit grauen Sammetkätzchen blühen. In dieser Blütezeit, wenn in den Stauden die ersten Säfte treiben, kann man aus den Rinden der Weidenzweige prachtvoll trillernde Pfeifen schneiden. Auf dem Schenkel wird der Zweig eine Weile sacht mit dem Messerhefte geklopft. Dann geht die Rinde glatt vom Holz herunter. Man schneidet die Schallkerbe und die Fingerlöcher hinein, schnitzelt ein genau passendes Mundstück, und dann bläst man lustig drauf los. Wir vier Getreuen verstanden uns gut auf das Schneiden dieser 'Bachkätzelespfeifen'. Aber Buchbinders Alysi, ein scheuer und schwächlicher Bub, verstand die Sache noch besser als wir. Oder hatte ihm nur das zufällige Glück in jenem Frühling einmal geholfen, unter allen Pfeifen die am schönsten klingende fertig zu bringen? Wenn zwanzig Buben am Bache dudelten, hörte man den feinen, zärtlichen Klang des Alysi gleich heraus. Und diese seltene Wunderpfeife hätte ich ums Leben gerne gehabt! Ich wollte sie dem Alysi abhandeln. Der gab sie aber nicht her. Ich bot ihm Schätze, die ich gar nicht besaß. Doch der Alysi schüttelte stumm den Kopf, ging mir aus dem Wege und blies nur noch auf seiner Pfeife, wenn er ganz allein war. Der halbe Sommer ging darüber hin. Und die Pfeife, je älter sie wurde, klang immer schöner, von irgendwo aus einem Weidenversteck.

Eines Mittags kam ich vom Maler-Papi herauf. Vor dem Buchbinderhause saß der Alysi zwischen den Weidenbüschen, ließ die nackten Füße ins Wasser hängen und zwitscherte auf seinem unverkäuflichen Märchenrohr. Und da begann dieses Fremde in mir. Der Anfang war noch eine verständliche Sache: daß ich auf den Alysi zuspringen und die Pfeife packen mußte. Dabei bekam der schwächliche Bub einen Schreck und Stoß, daß er ins Wasser purzelte. Wäre die Laugna an dieser Stelle tief gewesen, so hätte der Alysi ertrinken müssen. Aber das Wasser ging ihm nur bis unter die Arme, und während er sich schreiend herauszappelte, rannte ich mit meinem Raub davon. Daheim verbarg ich die Pfeife im dunklen Kasten von Urgroßvaters Uhr und stellte mich ans Fenster und lauerte, ob die Buchbinderin nicht käme. Richtig kam sie. Wie eine Verrückte surrte sie über die Brücke her. Ich blieb in der Dämmerung des Abends am Fenster stehen, und das Herz schlug mir bis zum Hals herauf. Kein Gedanke war in mir; ich horchte nur. Es dauerte auch nicht lange, so hörte ich draußen auf der Stiege den schnellen Schritt des Vaters; und ich erinnere mich, daß mir kalt wurde bis in die Zehen hinunter, und daß sich plötzlich etwas wie ein Eisenreif um meinen Kopf legte. Als der Vater in die Stube trat, hatte er wieder die rechte Hand hinter dem Rücken – so, wie ich es später noch öfters bei den Zahnärzten gesehen habe, aber niemals wieder beim Vater.

„Ludwig! Gib die Pfeife her!“

Bis zu dieser Stunde hatte ich dem Vater und der Mutter noch nie eine Lüge gesagt; ich hatte nur manchmal etwas verschwiegen, um was ich nicht gefragt wurde. Jetzt blieb ich am Fenster stehen und sah den Vater an, als hätte ich nicht verstanden, was er sagte.

Papa wurde ungeduldig: „Die Pfeife gib her!“

Ganz ruhig war ich; aber ich konnte keine Hand rühren, keinen Finger bewegen. „Was für ein Pfeifle?“

„Das von Buchbinders Alysi."

„Ich weiß nix von em Pfeifle."

„Bub!" Der Vater bekam die rote Stirne. „Die Buchbinderin war da und sagt, du hättest dem Alysi die Pfeife genommen und hättest den Buben ins Wasser geworfen."

„Net war isch!"

Papa wurde blaß. „Kind! Lüg mich nicht an! Wenn du's getan hast, sag mir's!"

„Net wahr isch! Ich hab kein Pfeifle. Ich hab den Alysi gar net gsehe, verlogen isch alles!"

„Du!" Der Vater wollte nach mir greifen. Im gleichen Augenblick schob Mama das bleiche Gesicht zur Türe herein: „Aber Gustl, wenn's der Bub doch sagt! Er hat uns doch nie noch angelogen!"

Mir lief, als ich die Mutter sah, etwas Brennheißes über die Brust herauf und über das Gesicht. Und da hatte mich der Vater schon beim Genick, hob mich mit seiner starken Faust in die Luft und schlug auf mich los. Dabei schrie er immer: „Die Pfeife gib her! Die Pfeife gib her!" Und ich, zwischen Heulen und Schlucken, hatte immer nur den einen gleichen Schrei: „Ich weiß nix von em Pfeifle ... ich weiß nix... ich weiß nix..."

Hielt der Vater von selber im Schlagen inne? Oder hatte die Mutter seinen Arm gefangen? Daran erinnere ich mich nimmer, weiß nur noch, daß mir etwas Erstickendes die Kehle zuschnürte, als Papa, ein heftiges Zittern in den Händen, stumm aus der Stube ging, in der es schon dunkel wurde.

Auch die Mutter schwieg; sie entkleidete mich, wusch mir den Körper und schob mich ins Bett. Dann nahm sie meine Hände. „Kindele! Sag mir's! Schau, deiner Mammi! 's Lügen ist das Allerabscheulichste. Wirst doch dein Mutterle net anlüge! Gelt, nein? ... Sag mir's! Hast du das Pfeifle?"

Ich biß die Zähne übereinander und schüttelte den Kopf.

Die Mutter atmete auf. „So bleib in deinem Bettle liege! Ich geh zum Papa hinunter und sag ihm, daß dir unrecht geschehen ist, und daß der Alysi gelogen hat."

Sie ging.

Und da soll mir nun ein Psycholog erklären, was jetzt geschah. Ich selber verstehe das nicht, obwohl es in meinem eigenen Leben war.

Ich stieg aus dem Bett, holte das Bachkätzelespfeifle des Alysi aus Urgroßvaters Uhr heraus, stellte mich mitten in die dämmerige Stube und fing wie von Sinnen zu pfeifen an, immer zu, und immer in den schrillsten Tönen. Und so blies ich noch immer weiter, als Papa mit der Hundspeitsche schon wie ein Irrsinniger zur Türe hereinstürmte.

Er schlug auf mich los, daß ich zu Boden stürzte. Und ich weiß noch, daß die Mutter unter diesen klatschenden Hieben immer schrie: „Jesus, Gustl, schlag ihn nicht tot! Jesus, Gustl, du schlagst den Buben ja tot!" Dann fiel ich in Ohnmacht.

Als ich erwachte, war es finster in der Stube. Und auf dem Fenstergesimse brannte das kleine Nachtlicht. Ich drehte mich um, hatte Schmerzen und schlief wieder ein. Und wurde wieder wach – sah, daß der Vater und die Mutter schwarz vor meinem Bette standen, und hörte, daß sie leis miteinander sprachen. Unter Schmerzen hatte ich ein Gefühl, das wie Freude war. Und so schloß ich die Augen wieder und schlief. –

Zwanzig Jahre später, als ich Vater meines ersten Kindes geworden war, kam meine Mutter zu uns nach Königssee. Und Abend war's. Mama saß neben mir vor dem Schlummerkörbchen meiner kleinen Lolo. Wir kamen auf Kindererziehung zu sprechen. Dabei erinnerte mich die Mutter an die Geschichte vom Bachkätzelespfeifle. Und sagte: „Ach, Gottele, Bub, was hab ich damals durchgemacht, mit dem Papa und mit dir! Hundertmal hab ich dich gefragt, wie du nur so was tun hascht könne. Und du allweil wieder: Mutterle, ich weiß net! Und mit Papa hab ich die halben Nächt verschwätzt. Und hab einmal gesagt: Schau, Gustl, ich glaub jetzt wirklich, daß der Bub da nichts dafür hat könne! Und da sagt der Papa: ‘Ja, ja, vielleicht hast du recht; es gibt schon solche Sachen im Menschen; aber ich kann dann *auch* nichts dafür, daß ich den Lausfratzen halb tot geschlagen hab'." Die Mutter lachte. „Bub, da hab ich nacher zum Papa nie mehr ein Wörtle gesagt vom Unverantwortliche im Mensche." Sie schwieg und streichelte zärtlich das Lockenköpfchen des kleinen blonden Weibleins im Schlummerkorb. Nach einer Weile sagte sie: „Ich glaub aber doch, es geht auch ohne Schläg. Man müßt halt allweil das richtige Wörtle finde. Das sitzt nacher schon am richtigen Örtle."

Ob ich meinen Kindern gegenüber immer das richtige Wort gefunden, weiß ich nicht. Aber ich habe sie nie geschlagen. War's die richtige Methode? Oder waren meine Kinder so glücklich geartet, von ihrer Mutter so glücklich geführt, daß ihnen eine Portion väterlicher Hiebe nie so nötig war wie mir? Das ist schwer zu entscheiden. Und ich muß an die kalten Füße eines meiner Jagdfreunde denken. Dem froren auf den herbstlichen Pirschgängen immer die Zehen halb weg. Wir rieten ihm, zwischen Strumpf und Schuh eine Hülle von japanischem Reispapier zu tragen. Als er nach dem ersten Versuch von der Pirsche heimkam, fragte ich: „Nun, hat das Reispapier gegen die Kälte geholfen?“ Er sagte: „Das kann ich heute nicht entscheiden, heute sind mir die Füße nicht kalt geworden.“ –

Damals nach jener bösen Pfeifernacht mußte ich mehrere Tage das Bett hüten. Als ich wieder sitzen, stehen und gehen konnte, nahm mich der Vater zum ersten Male mit auf einen Pirschgang. Mit keinem Worte kam Papa auf die Geschichte vom Bachkätzelespfeifle zurück. Er zeigte mir allerlei merkwürdige Dinge im Wald und erzählte mir von Pflanzen und Tieren. Was? Ich weiß es nimmer. Aber ich muß aus dem, was er sagte, wohl einen absichtlichen Sinn herausgefühlt haben, der seine Wirkung tat. Denn daheim, vor dem Bettgehen, nahm ich Papa um den Hals, bat um Verzeihung und versprach alle heiligen Berge. Er sagte: „Das Halten wäre mir lieber als das Versprechen.“

Vielleicht steht es damit in Zusammenhang, daß ich aus der nächsten Zeit keinen ‘unverantwortlichen’ Streich zu erzählen habe – ausgenommen die Geschichte von den verhexten Enten des Wangers. Der hatte an die vierzig von diesen schönen, weißen, geduldigen Vögeln. Daß ich den Erpeln am Schwanze die reizenden Ringelfederchen auszupfte, das hätte ihnen weiter nicht viel geschadet. Aber sie bekamen eine sonderbare, auch für den Viehdoktor ganz unerklärliche Krankheit. Ihr weißes Gefieder bedeckte sich mit zahlreichen, schwarzgrauen Tupfen. Und alle paar Tage wurde solch ein getüpfeltes ‘Entavögele’ traurig und krank. Die Nachbarsleute glaubten an Zauberei. Kein Weihwasser half. Doch die unheimliche Hexengeschichte hatte plötzlich ein Ende – als die Mutter mein Blasrohr in den Ofen schob. Die schmerzenden Projektile, die ich zu Hunderten aus dem Versteck der Stachelbeerstauden nach den Enten verschossen hatte, bestanden aus gekautem Zeitungspapier, das nach festem Puster auf jeder weißen Fläche einen kleinen Spritzfleck von Druckerschwärze zurückließ. Und meine Mutter fragte mich damals immer, ob ich schon wieder Heidelbeeren gegessen hätte.

Sensible Kritiker werfen dem Meister von ‘Max und Moritz’ vor, daß seine lustige Kunst die Kinder zur Grausamkeit erziehe. Solcher Vorwurf ist Unsinn.

Busch ist nur *wahr*. Denn die meisten Kinder sind grausam aus natürlicher Anlage. Aber sie pflegen ihre Grausamkeit als eine Art von Humor zu empfinden. Mein Pusterspiel, vom Standpunkt der leidenden Enten betrachtet, war gewiß keine löbliche Sache; aber ich, in meinem Staudenversteck, habe Tränen dabei gelacht. Wenn solch ein ahnungsloses Wackelvögele den Schuß bekam, tat es erschrocken einen drolligen Flattersprung, sagte sehr schnell und aufgeregt: Gwack wack wack wack! ... und guckte dann unglaublich dumm in der Welt umher und zum Himmel hinauf. Das war immer so wahnsinnig komisch, daß ich mich vor Lachen schüttelte. Aber die Enten? Ich bin überzeugt, daß viele von den Enten des Wangers bei dieser für mich so lustigen Sache den Glauben an den Entengott verloren und Pessimisten wurden – bis sie wieder einen fetten Regenwurm aus dem Grase zogen. Aber dann zweifelte wohl der Wurm an Gottes Weisheit und Güte? Gott muß ein schweres Handwerk haben. Er kann es niemand recht machen.

Aus der Zeit dieser Entenkomödie ist noch eine Vogelgeschichte zu erzählen, die ich als Trauerspiel empfand. Ich hatte aus einem Raubvogelnest zwei junge, fast flügge Gabelweihen ausgenommen. Von der Schwarzwälderuhr des Wangers zwickte ich die Messingkettchen weg und fesselte damit im Hundezwinger meine 'Falken' an den Dachgiebel der Hundehütte. Ich wollte die Stoßvögel 'abrichten', träumte von 'Falkenjagd' und fühlte mich als 'Falkner'. Mir war's eine Freude. Aber die zwei Vögel hatten unbehagliche Zeiten. Vor den bellenden Hunden kamen sie vom Morgen bis zum Abend nicht aus einer nervösen, federsträubenden Aufregung heraus. Das behagte ihnen nicht auf die Dauer. Und eines Morgens – als sie an langen Schnüren schon prächtig das Fliegen gelernt hatten – waren sie mitsamt ihren Messingkettchen aus dem Hundezwinger verschwunden. Denkt euch meinen Kummer! Und am Vormittage gab's einen Aufruhr im Dorfe. Die eine der beiden Gabelweihen hing mit ihrem Kettchen am Wipfel einer Pappel, die andere am Kreuz des Kirchendaches. Herunterholen konnte man die Vögel nicht, man mußte sie totschießen. Und nun hing durch viele Monate da droben auf der Pappelspitze und da droben auf dem Kirchdachkreuz ein brauner Federklumpen und dann ein weißes Vogelskelett.

In der Trauerzeit um meine geliebten 'Falken' verfaßte ich – im Alter von acht Jahren – mein erstes Theaterstück: 'Die heilige Genoveva'. Ein Stück, das nicht auf meinem Figurentheater und mit Pappfigürchen, sondern von lebendigen Menschen auf einer wirklichen Bühne gespielt werden sollte! Wie die Sage von der treuen Ritterdame Genoveva da mißhandelt war, das weiß ich nimmer. Aber das äußerliche Schicksal dieser Dichtung ist mir im Gedächtnis geblieben. Sie wurde nur ein einzigesmal und nur zur Hälfte aufgeführt und erlebte einen blutigen 'Durchfall'. Ich spielte den frommen Ritter, und der Maleralfons den bösen Golo; das Malernannele, das bei meinem kleinen Bruder Kindsmädel war, gab die heilige Genoveva mit dem Knäblein Schmerzenreich, und weil wir keine Hirschkuh hatten, nahmen wir als Ersatz des Wangers weiß und schwarz gefleckte Ziege. Es mag eine schwere Arbeit gewesen sein, diese 'Hirschkuh' über die zwei steilen Treppen auf den Dachboden hinaufzubringen, wo Alfons und ich das Theaterpodium aufgeschlagen und mit alten Fenstervorhängen drapiert hatten. Das schöne Spiel begann. Doch als die flachshaarige Genoveva, die mein Brüderchen am Herzen und die Ziege am Stricklein hatte, ihre Rolle deklamierte, brach das Podium. Die fromme Dulderin plumpste zwischen die geknickten Bretter hinunter und schlug sich die Nase blutig, das Knäblein Schmerzenreich fing jämmerlich zu schreien an, und die zahme Hirschkuh wurde scheu. Nach solcher Gefährdung der öffentlichen Sicherheit wurde das Stück verboten.

Ich vermute, daß die Sprache dieses meines ersten dramatischen Versuches, so unbehilflich sie auch geklungen haben mag, doch manche Wendung enthielt, die aus guter Quelle stammte – aus Goetheschen Gedichten. Goethe war Mutters Liebling, den sie mit leidenschaftlicher Zärtlichkeit verehrte. Diese kleinen Bändchen, die in blaßgrünes, mit Rosenknospen bedrucktes Papier gebunden waren, pflegte sie ihre 'Gebetbüechle' zu nennen. Und wenn sie aus diesen Bändchen vorlas oder, was häufiger geschah, mir eins von den Goetheschen Liedern auswendig vorsagte, das war immer wie Gottesdienst. Deutlich erinnere ich mich noch des tiefen Eindrucks, den, als ich ein sechsjähriges Bürschlein war, die schaurig-heitere Ballade von der Wandelnden Glocke auf mich machte. Manches, was die Mutter gerne zwitscherte, lernte ich ihr bald nachsingen: Jägers Abendlied, das Heidenröslein, Mignon, die Ballade vom Fischer und das Liedchen vom guten Damon, der die Flöte blies. Daneben behielt aber auch der Struwwelpeter sein festes Recht, der Münchener Bilderbogen und das Märchenbuch. Als ich erst lesen konnte, begann ich alles, was mir schön war, zu verschlingen, wie ein hungriger Wolf die großen Bissen schluckt. Ganz besonders liebte ich die Geschichte vom Bäumchen, das andere Blätter haben wollte; diese schöne lange Sache mit den vielen Strophen blieb mir sicher im Köpfl und auf der Zunge. Für alles, was Wort hieß, was in Versen klang, hatte ich ein flinkes und dauerndes Gedächtnis. Große Gedichte brauchte ich nur ein paarmal zu lesen oder zu hören, um sie auswendig zu behalten. Mit diesem hurtig schnappenden Gedächtnis sammelte ich freilich auch manches in mein Gehirnchen ein, was nach Meinung der Eltern besser draußen geblieben wäre. Brachte ich eins von den unverstandenen Liedern heim, die von den Bauernburschen beim Gasseleslaufen oder in den Spinnstuben gesungen wurden, dann sagte der Vater, manchmal lachend und manchmal ärgerlich: „Da hast du wieder was Sauberes gelernt!“ Oder die Mutter riet mir: „Bub, das kannst du wieder vergessen!“ Fragte ich: „Warum?“, so sagte Mama: „Weil's nicht nett ist!“ Aber mehr als die Ruhe dieses ästhetischen Urteils wirkte auf mich die fromme Drohung unserer Köchin: „Pfui Deifl! Dees muescht beichte!“

Vor dem Beichtstuhl hatte ich einen herzbeklemmenden Respekt, obwohl der gute Pfarrer Hartmann außerhalb der Kirche ein sehr freundlicher Herr war. Doch als ich zum erstenmal mein Gewissen vor ihm erleichterte, wollte er wohl erzieherisch auf mich wirken – und das trug mir einen schrecklichen Nachmittag ein. Nach mancherlei kleinen Sünden hatte ich schließlich auch bekannt, daß ich auf dem großen Heuboden der Rollewirtin schon viele Eier ‘gefunden’ und ausgetrunken hätte. Deutlich ist mir in Erinnerung geblieben, wie der Pfarrer hinter dem Gitter nickte, und mit seiner Flüsterstimme sagte: „Gfunde? So, so? Gfunde? Meinscht net, da müeßte mer ‘gstohle’ sage?“ Ich hatte das Gefühl, als wäre dicht vor meinem Gesicht ein glühender Ofen. Der Pfarrer fragte mich nach dem siebenten Gebot, setzte mir gründlich den Unterschied von Mein und Dein auseinander und erklärte, daß der liebe Gott mir diese abscheuliche Sünde erst vergeben würde, wenn ich die Rollewirtin wegen des Schadens, den ich ihr zugefügt, um Verzeihung gebeten hätte.

Im Gemütszustande eines geknickten Menschenkindes verließ ich die Kirche. Beim Mittagessen brachte ich kaum einen Bissen hinunter. Von der Mehlspeise, die nach Eiern schmeckte, wurde mir fast übel. Und fünf Minuten später stand ich atemlos und mit klopfendem Herzen auf der steinernen, mit einem Eisengeländer versehenen Freitreppe des Rollewirtes. Weiter kam ich nicht. Beim Anblick des offenen Hausflurs hatte ich ein Gefühl, als sollte ich in die Hölle springen. Leute kamen und Leute gingen. Ich blieb auf der Treppe stehen oder turnte, um unverdächtig zu erscheinen, am Geländer hin und her. Drinnen im Hausflur tauchte die runde Rollewirtin immer wieder zwischen Schänkstube und Kellerstiege auf. So oft ich sie gewahrte, wurde mir kalt oder heiß. Endlich fiel es ihr auf, daß ich immer da auf der Treppe stand. Sie kam und fragte freundlich: „Ludwigle, willschst ebbes?“ Aber ich brachte keinen Laut heraus, schüttelte nur den Kopf – und turnte wieder. Stunde um Stunde verging. Es wurde fünf Uhr nachmittags, und die Herren kamen zum Tarock, einer nach dem andern, der Doktor, der Aufschläger, der Lehrer, der Förster Rauschmeyer und Papa. Jeder fragte so was ähnliches: „Ludwigl, was treibst du denn da?“ Ich hatte immer die gleiche Antwort: „Nix!“ Und turnte immer aufgeregter. Und jetzt – mir stand das Herz heroben im Halse still – jetzt kam der Pfarrer mit dem lustigen Benefiziaten Troll. Ich wollte davonrennen, doch meine Füße waren wie angewachsen. Der Pfarrer legte mir die Hand auf das Köpfl und fragte genau so neugierig wie die anderen: „Ludwigl, was treibscht du denn da?“ Ich sah ihn verzweifelt an und stotterte: „Awer Sie wisse doch, Herr Pfarr ...“ Er machte ein erstauntes Gesicht und sagte: „Ich? Was soll ich denn wisse? Nix weiß ich. *Gar* nix!“ Dann tätschelte er meine Wange und trat ins Haus. Ich konnte nimmer turnen, alles am Leibe war mir wie tot. Und der frühe, kühle Frühlingsabend fing schon zu dämmern an. Da kam die Rollewirtin plötzlich aus dem dunklen Hausgang heraus, nahm mich bei der Hand, führte mich in ihre Schlafstube, die neben der Kellertüre war, und beugte sich zu mir herunter: „Ludwigle, muescht mer ebbes sage?“ Ich nahm die Frau mit beiden Armen um den Hals und fing herzbrechend zu schluchzen an. „No, no no“, tröstete die Rollewirtin, bevor ich noch ein Wörtlein bekannt hatte, „weischt, es ischt it so arg! Muescht hald meine Henneneschter jetzt bissele in Rueh lasse, gell?“ Ich fühlte, daß an meinem Kittelchen die Tasche schwer wurde. Und als ich aufatmend draußen auf der Treppe stand und durch den Abend davonrannte mit federleichtem Gewissen, fand ich in meiner Kitteltasche vier gefärbte Ostereier, zwei rote und zwei blaue. Mir war unbeschreiblich wohl zumute. Aber ich konnte an diesem Abend lange nicht schlafen – weil mich immer die Frage beschäftigte: „Warum sind die anderen nicht zur Rollewirtin gekommen, der Muckl und der Alfons?“ Das Rätsel löste sich am nächsten Morgen. Alfons und Muckl hatten nicht beim Pfarrer, sondern beim lustigen Benefiziaten ihre mit vielen Eiern beschwerten Seelen erleichtert. Der hatte ihnen nur zwei Vaterunser und einen Rosenkranz als Buße aufgegeben. – Das nächstemal beichtete ich beim Benefiziaten. So lernt man im Leben.

Langsam begann ich zu werden, was man ‘klug’ nennt. Und dennoch blieb ich noch immer kinderdumm für viele Dinge, ging mit geschlossenen Augen, geschützt von einem segensvollen Zauberspruche der Kindheit, an offenen Geheimnissen vorüber, die der Alfons und der Muckl schon lange verstanden, ohne sie mir erklären zu können.

Meine Schwester war nach Ottobeuren in die Mädchenschule gekommen und brachte im Kloster Wald mit ihren Streichen die frommen Frauen zur Verzweiflung. Ihren Platz in der Kinderstube zu Welden hatte mein kleiner Bruder Emil eingenommen, ein lungenkräftiger Schreihals. Meine Mutter erzählte mir in späteren Jahren, daß ich bei der ersten Nachricht von der Ankunft eines Bruders gefragt hätte: „Kann er schon kraxeln?" Ich führe das an, weil es zeigt, wie viel ich damals von den Quellen des Lebens wußte. An der Erscheinung der Mutter war mir keine Veränderung aufgefallen. Ich sah nur plötzlich: der neue kleine Kerl ist da, und die Mutter ist vor Freude krank geworden und dazu ein bißchen mager. An den Vogel mit dem langen Schnabel glaubte ich nimmer – und zwar deshalb, weil es mir schrecklich zu denken war: der dumme Storch hätte sich im Schornstein irren und mich in ein anderes Haus bringen können – und dann wären Mama und Papa für mich zwei wildfremde Menschen gewesen. Aber für den Storch, der mir nimmer gefiel, mußte ich einen Ersatz haben. Und so begann der schöne, geheimnisvolle Kindlesbrunnen in meiner Phantasie zu rauschen. Hatte der Vater diesen Brunnen im Walde gefunden? Immer dachte ich darüber nach. Aber ich sprach zu keinem Menschen davon und fragte niemand – weil mich beim Denken an diese Dinge immer eine seltsame Angst erfüllte, eine wunderliche, unbezwingbare Scheu – so ähnlich wie das quälende und dennoch neugierige Zittern, das mich jedesmal befiel, wenn ich in der Weihnachtswoche durch das Schlüsselloch einer verriegelten Türe guckte. Manchmal zweifelte ich auch am Kindlesbrunnen und hatte Ahnungen, die der Wahrheit nahekamen. Die Lieder, die ich von der Gasse heimbrachte, und was meine Kameraden mit Geschmunzel schwatzten, und was ich die erwachsenen Burschen in den Spinnstuben und auf dem Felde reden hörte, und was man im Dorfe an den Tieren sah – all diese Dinge wurden zu einer heimlichen Schule des Wissens. Man wußte alles und wußte dennoch nichts. Die Augen sahen, die Ohren hörten; aber das schwül angehauchte Knabengehirn zog immer falsche Schlüsse, tat nie einen geraden Sprung, sondern machte immer wieder märchenduselige Umwege, auf denen die Blumen verzauberter Gärten blühten.

Man soll die Kinder rechtzeitig aufklären. Verschleppte Unwissenheit in natürlichen Dingen ist eine latente Lebensgefahr. Aber einen vielfarbigen Kinderglauben auszutauschen gegen eindeutige Lebenswirklichkeiten – das erscheint mir als eine der schwierigsten Erziehungskünste. Wie viele Väter, Mütter oder Pädagogen gibt es, die da immer das rechte Wort zu finden wüßten?

Denn ein falsches Wort zerstört da mehr, als es baut. Und wer weiß für solch ein Wort, wenn es schon das rechte ist, auch immer die rechte Zeit zu finden? Kommt es zu spät, so ist es überflüssig und lächerlich. Kommt es zu früh, so wird dem Kinde mehr genommen als gegeben.

Ich glaube, daß von allen Aufklärungsmethoden jene die beste, gesündeste und ungefährlichste ist, die sich am absichtslosesten zu geben weiß, keines schwer zu findenden Wortes bedarf und keine Zeit zu wählen braucht – das heißt also: jene Aufklärung, die gar nicht nötig wurde. Lügt man dem Kinde, bevor es zu denken versteht, nicht diesen läppischen Unsinn vom gefährlichen Storchenschnabel und der gebissenen Mutter vor, so braucht man, wenn das Kind zu denken und zu fragen beginnt, nicht um neue Lügen verlegen zu werden. Hört ein Kind von Anbeginn nichts anderes, als daß die Menschen geboren werden, so wird es dieses heiligste aller Schöpfungswunder so harmlos hinnehmen wie jede andere unverschleierbare Natürlichkeit seines kleinen Leibes. Freilich darf man dann auch das zarte Schamgefühl, das die Natur jedem werdenden Geschöpfe mit ins Leben gibt, nicht dadurch verbilden, daß man ihm predigt, sein Hemdchen wäre unanständiger als sein Gassenkleidchen, und ein nackter Mensch wäre was anderes als ein bekleideter. Ist denn die Wahrheit in diesen Dingen nicht tausendmal schöner und reinlicher als jede Lüge, die ihr für das Kind ersinnen könnt? Märchen, die dem Kinde eine schwerverständliche Härte und Bitternis des Lebens verhüllen, sind Wohltaten. Aber es gibt auch Märchen, die für die Entwicklung einer jungen Menschenseele gefährlich und von unberechenbarem Schaden sind. Solch ein mörderisches Märchen ist die Storchenfabel. Während der Jahre, in denen die Liebe zu Vater und Mutter im Herzen eines Kindes Wurzel schlagen soll, unterbindet ihm diese Lüge den zärtlichsten seiner kindlichen Lebenstriebe, stiehlt ihm das liebeschaffende Bewußtsein, daß es Blut vom Blute seines Vaters und Fleisch vom Herzen seiner Mutter ist – und verzerrt ihm die Kindesliebe zu einer gedankenlosen Gewohnheit, zu einer Utilität, zu einem ablohnenden Danke für Futter und Wärme, für unbegreifliche Opfer und für den Zufall grundloser Liebkosungen. Kommt dem Kinde die Erkenntnis der Wahrheit, so kommt sie in vielen Fällen zu spät. Ich befürchte, daß unter hundert Elternpaaren ein erschreckender Prozentsatz den Unverstand solcher Lügen mit vorzeitiger Vereinsamung büßen muß, mit einer verfrühten Loslösung ihrer Kinder aus der Blut- und Seelengemeinschaft der Familie. Ich erinnere mich mit süßem Zittern eines Tages meiner Kindheit, an dem – zwei Jahre nach der Geburt meines Bruders –

eine Kuh im Vatikan des Heiligen Vaters kälberte. Ich stand dabei und sah erschrocken dieses nicht sehr reinlich sich vollziehende Lebenswunder mit an. Und mußte ratlos fragen:

„Wo kommt denn das Kälble her?“

Der Domini mit seinem klugen achtjährigen Lächeln sagte: „Aus der Kueh kommt's raus.“

„Wie isch es denn da hineingekomme?“

„Narrle, 's isch gwaxe in der Kueh, wie du in deiner Muedr gwaxe bischt!“

Als ich an jenem Tage heimkam, mußte ich die Mutter immer ansehen. Und mußte die Arme um ihren Hals klammern, mußte sie küssen und liebhaben. Die Mutter fragte immer: „Kindle, was hast du denn?“ Aber ich konnte nicht antworten, konnte nur in Freude weinen, nur küssen in heißer Zärtlichkeit. Und als ich hinaufkam in die Kinderstube, wo das kleine zweijährige Kerlchen in seinen Kissen lag, da nahm ich dieses winzige Händchen an meine Wange und begriff zum erstenmal, was das heißt: ein Bruder, ein Geschwister!

Man rühmt den Familiensinn der Juden, ihre treue, jede Not des Lebens und auch das Grab überdauernde Kindesliebe. Dieser kostbare Besitz der jüdischen Familie quillt aus keiner Eigenart der Rasse. Nein! Ich war zehn Jahre Journalist in Wien. Da lernt man Juden kennen. Sehr viele. Und ich habe gefunden, daß in jüdischen Familien alle Wichtigkeiten der Menschwerdung vor den Kindern viel natürlicher und verständiger genommen und besprochen werden, als die verkrüppelte Sittlichkeit unserer ‘christlich-arischen Kultur’ das zuläßt. Die jüdischen Väter und Mütter genießen in der tieferen Liebe ihrer Kinder die Frucht des Vernünftigen.

Die schönen Wunder und Geheimnisse, die seit Ewigkeiten die Entstehung des Lebens umweben, sind ungefährlich für das Kindergemüt. Gefährlich sind nur die läppischen Tuscheleien, zu denen man aus falscher Scham dieses ewig Schöne entstellt. Man soll nicht Experimente machen, keinen Versuch unternehmen, dem Kinde ein verfrühtes Verständnis aufzuzwingen, für das es noch nicht reif geworden. Aber man soll das Aufblühen dieses Verständnisses auch nicht durch törichte Verschleierungen hindern, soll nicht ein Kind durch systematische Lügen auf dunkle Wege führen, auf denen eine schwüle, beklemmende Furcht, die das Resultat eurer Geheimniskrämereien ist, dem Kinde das verwehrt: offen und ehrlich mit Vater und Mutter zu sprechen, wenn es ein Unverstandenes bei Menschen und Tieren sieht oder von Wunderlichkeit seines jungen Leibes befallen wird.

Nennt vor dem Kinde – schon von der Zeit an, in der es noch nicht hört, in der es noch auf euren Armen und an eurem Herzen ruht – alle natürlichen Dinge des Lebens bei ihrem rechten Namen! Dann wird dem Kinde, wenn es zu hören beginnt, alles Natürliche schon eine harmlose Gewohnheit sein, und es wird nicht Ursache zu Fragen finden, die euch verlegen machen, und deren Beantwortung euch widerstrebt. Kommen solche Fragen doch, dann sollt ihr, wenn ihr eine unbedenkliche Antwort nicht zu finden wißt, statt einer Lüge lieber sagen: „Ich weiß das nicht!“ Es ist mir in Erinnerung geblieben, daß mir in der Kinderzeit einmal das unerklärliche Gebaren zweier Hunde auffiel; und ich fragte die Mutter: „Was macht denn das Hunderl da?“ Sie sagte ruhig: „Da mußt du das Hunderl fragen! Wie soll ich denn wissen, was ein Hunderl tut und will!“ Man kann um die Klippe einer Kinderfrage immer herumkommen, ohne daß man lügenhaften Unsinn sagen muß. Und wachsen die Kinder heran, und redet ihr gelegentlich von Dingen, die man vor Kindern nicht gerne erörtert, so sprecht, wenn ein Kind zur Türe hereinkommt, ohne Sorge weiter, ohne Verlegenheitspause, die dem Kinde auffällt und seine Neugier weckt. Hütet euch aber auch, in Gegenwart eines Kindes von Dingen sprechen zu wollen, bei denen ihr das Kind aus der Stube schicken müßt, weil euch die Nähe seiner Ohren unbehaglich ist. Seid reinlich in euren Worten, reinlich in eurem eigenen Leben, so wird auch euer Kind bei mählich wachsendem Verständnis seine natürliche Reinheit ungetrübt bewahren. Dann ist keine Aufklärung nötig und ihr könnt alles Weitere dem Kinde selbst überlassen. Es wird hören, hören und wieder hören, wird fragen oder schweigend denken, wird alles Natürliche mit gesunder Harmlosigkeit hinnehmen, wird im Verständnis dieser Dinge Schritt halten mit seiner geistigen und körperlichen Entwicklung, und wird ohne Gefahr erkennen, was es wissen soll, bevor die Regungen seines Geschlechtes beginnen.

Freilich, die Offenheit in natürlichen Dingen genügt für sich allein noch nicht, um die Erziehung eines Kindes auf gute und gesunde Wege zu führen. Dazu ist noch manches andere nötig. Statt dieses Notwendige zu erörtern, will ich ein Wort zitieren, das mir lieb ist. Seit mehr als zwanzig Jahren verbindet mich mit Franz von Defregger eine herzliche Freundschaft, die mir aus Bewunderung für den heiter schaffenden Künstler und aus Verehrung für diesen seltenen Menschen entsprang. Er ist Vater von glücklich gearteten und prächtig geratenen Kindern, die man nur eine Minute zu sehen braucht, um sie liebzugewinnen. Und da fragte meine Frau einmal: „Sagen Sie mir, lieber Herr Professor, wie machen Sie das nur, daß Ihre Kinder so famos erzogen sind?“ Mit einem Lachen in den brunnenklaren Augen sagte er in seiner ruhigen Art: „Das ist sehr einfach. Vormachen muß man's ihnen halt!“

Ich glaube, das ist die goldene Regel der Erziehungskunst. Freilich, es gibt auch Ausnahmen. Vater und Mutter haben mir es vorgemacht, was Mensch sein und redlich atmen heißt. Wenn ich zurückdenke an ihr Zusammenleben, sieht immer etwas Schönes, Reines und Friedliches vor meinem Blick. Ich habe nur die Kunst des Nachmachens nicht immer verstanden. War wohl auch im Dorf ein bißchen zu viel mir selbst und der Gasse überlassen. Der Vater hatte seinen Beruf, der ihn vom Morgen bis zum Abend festhielt, und die Mutter war mehr und mehr durch die Sorge für meine jüngeren Geschwister in Anspruch genommen. So spreitete die Freiheit meiner jungen Jahre die Ellenbogen immer weiter auseinander. Lustig war das freilich: dieses schrankenlose, jubelnde Hintollen durch die Knabenzeit. Aber dabei verwilderte man auch ein bißchen. Und dann kam eine Zeit, in der ich immer müde war. Eines Nachmittags auf dem Theklaberge, wurde mir merkwürdig übel. Grüne, gelbe und rote Kreise tanzten vor meinen Augen. Auf dem Heimwege hatte ich Schmerzen, hatte das Gefühl, als wäre ein wachsendes Feuer in meinen Gedärmen. Ich glaubte, daß ich im Wald etwas Giftiges gegessen hätte. Um der Mutter keine Angst zu machen, wollte ich das daheim verschweigen, wollte mir von der Köchin heiße Milch geben lassen – weil ich wußte: das ist ein Mittel gegen alles Giftige. Doch vor der Haustür fing ich zu taumeln an, fiel irgendwo auf den Boden hin, und alles wurde grau vor mir. In dieser Dämmerung, in der ich nichts mehr erkannte, hörte ich die Mutter wie in weiter Ferne sagen: „Ach Gottele, das Kind hat ja schweres Fieber!“ Dann wußte ich nimmer, was mit mir geschah, alles ging mir unter in einer brennenden, wirbelnden, grauenhaften und dennoch wohligen Finsternis.

Viele Tage später, als ich wieder sehen und hören konnte und klappermager in meinem Bette lag, sagte mir eine fremde Frau, daß ich sterbenskrank gewesen wäre. Ich wunderte mich, daß die Mutter nicht bei mir war; die Frau sagte mir, daß Mama eine Reise gemacht hätte und noch lange nicht zurückkäme. Auch Papa guckte nur jeden Tag ein paarmal zur Türe herein und blieb nicht lange; er hatte immer so müde Augen, sagte aber doch ein paar lustige Worte und lächelte mir mit blassem Gesichte zu. An jedem Morgen und Abend kam der Doktor Gerber, der aus seinem langen, rostbraunen Vollbarte neugierig und so ernst herausguckte, daß man nicht den Mut fand, viel mit ihm zu reden. Zu essen bekam ich, was mir nicht schmeckte. Und schrecklich langweilig war das: immer so halb allein im Zimmer sitzen zu müssen. Dann wickelte mich Papa eines Morgens in die Bettdecke; er hatte nasse Augen und war so aufgeregt, daß er kaum sprechen konnte: „Komm, ich trag dich hinunter zum Mutterle! Heut darfst du hinein zu ihr!"

In ihrem Schlafzimmer lag sie weiß und mager in den Kissen. Ihr schönes Haar war so kurz abgeschnitten, als hätte sie sich wie der Lehrermuckl vor den Kirchgasselesbuben in acht zu nehmen. Die Hände konnte sie nicht so heben, wie sie wollte. Aber sie lachte, ein frohes Glänzen war in ihren Augen – und vor dem Bette lag unser zahmes Reh, mit einem roten Bändchen um den braunen Hals herum. Und wenn das Reh eine Bewegung mit dem Köpfchen machte, bimmelte leis die kleine Schelle.

Ich kann euch nicht schildern, was ich immer sah und dachte, wenn in unserem Hause während der folgenden Zeiten diese zwei fremden Silben ausgesprochen wurden: Typhus.

Aus den feuchten Mauern war das graue Ungeheuer heraufgestiegen. Und mit der Maler-Rosa, die als Pflegerin zu meiner Mutter gekommen, war es hinausgewandert in die Bachgasse und war da von Haus zu Haus gesprungen. Vierzehn Leute starben im Dorf. Durch viele Wochen ging alle paar Tage unter schönem Glockengeläute solch ein schwarzer Zug an den Fenstern unserer Kinderstube vorüber, in die man auch meine Geschwister wieder heimgeholt hatte.

Jetzt erfüllte sich die Prophezeiung der Mutter: die Regierung mußte „Füeß mache". Im Oberdorfe – dort, wo gegen Ehgarten hinaus die Kirchgasse begann – wurde auf schönem, freiem Hügel ein großes Kleefeld angekauft. Und dann fing man flink zu bauen an. Im Herbste stand das neue schmucke Forsthaus unter Dach, und im Frühling gab's einen lustigen Umzug.

Kapitel IV

Für uns Kinder war das neue Haus eine Freude, die keinen Schatten hatte. Aber die Eltern bekamen mancherlei Verdrießlichkeiten zu überstehen. Ein prächtiges Haus mit hübscher Veranda und luftiger Altane. Aber die Baubehörde hatte an den Grundmauern gespart und die drei ebenerdigen Zimmer nicht unterwölbt. Als alle Räume blitzblank eingerichtet waren, mußte man in diesen drei Zimmern die Dielen wieder aufreißen, weil der Mauerschwamm gewachsen war. Ein Jahr lang hatten wir immer die Zimmerleute und 'Mörtelbatzler' auf dem Halse, und immer roch es abscheulich nach Petroleum. Wir vertrugen das; aber die kleinen, filzigen Blättchen, die wieder und wieder aus der Mauer herauswuchsen, hielten auf die Dauer diesen Gestank nicht aus und verschwanden. Nun kam wieder Ruhe und reine Luft ins Haus. Und da war's traumhaft schön!

Ein Garten, so groß, daß man den Atem verlor, wenn man rings um den Zaun herumlief, ohne anzuhalten! Überall hübsche Baumgruppen und blühende Rosenbäumchen. Die zahmen Rehe in der Wiese. Und rings um die Grasflächen schlängelten sich die feinbesandeten Wege, auf denen das Barfußlaufen eine Wonne war. Über duftendem Blumenhügel ein Sommerhäuschen mit wildem Wein und Jerichorosen, umgeben von Starentobeln auf schlanken Stangen.

Auf der Höhe des weitumzäumten Hügels, gegen das Dorf hin, stand das große Ökonomiegebäude, mit der Forstgehilfenstube und der Waschküche, mit Kuhstall, Hühnersteige und Taubenschlag, mit der Tenne, dem herrlichen Heuboden und der prachtvollen Holzlege, in der ich sägen, schnitzeln, feilen, hämmern und bosseln konnte. Und hinter der Waschküche lag meine „Burg" und „Festung" – der tellerförmig in den Boden hinuntergebaute Schweinestall, in dem die Mastferkel vom Morgen bis zum Abend die geduldige Lebensregel verkündeten: „Gwohn's, gwohn's, gwohn's!"

Im Garten wieder ein Garten, der kein Haus mehr vor sich hatte und frei gegen die blauen Wälder blickte: die Domäne der Mutter mit den Gemüsebeeten und Blumenrabatten zwischen den sauber gejäteten Kieswegen, mit den Kugelakazien an den Ecken des Zaunes, mit den Rosenspalieren, den Fliederstauden und zierlichen Tujawipfeln, den Goldregenbüschen und den pyramidenförmig oder fächerartig gezogenen Zwergobstbäumchen.

Zwischen diesem Innengarten und dem großen Ökonomiehofe erhob sich das schöne neue Wohnhaus mit der Haustür gegen den Hof und mit der Veranda gegen das bunte Blumenreich. Zu ebener Erde lag vor der Küche und Speisekammer ein verglaster Korridor, den Hunderte von Blumenstöcken zwischen Herbst und Frühling in einen kleinen Wintergarten verwandelten; neben Papas Kanzlei war Mutters blinkende Wohnstube mit den „lieben

Sächelgen“, die noch aus ihres Vaters und Großvaters Zeiten stammten; und neben der Küche lag die als Speisezimmer dienende Werkeltagsstube mit dem einfach gezimmerten Gerät aus naturfarbenem Eichenholz, mit den Vogelkäfigen, mit den immerblühenden Blumen auf den drei Fenstergesimsen und mit Mutters Spinnrad an jenem Fenster, das die Sonne hatte, sobald sie schien.

Im Obergeschoß war die Schlafstube der Eltern, der ‘grüne Salon’, wieder ein kleiner Wintergarten, dessen Glastür zur Altane führte, dann das Fremdenzimmer, und neben der Magdkammer das ‘Kleinkindleszimmerle’, das so hieß zum Unterschied von meinem ‘Buebelstüble’, einer gemütlichen Mansarde unter dem Dachgiebel, mit schmalem Zwillingsfenster, durch das ich fast alle Häuser des Dorfes, den Theklaberg und das lange Tal der Laugna vom Schwarzbrunnenberge bis hinunter zum Mühlgehau überblicken konnte.

Fein heimlich war's da droben! Aber der Weg bis hinunter zur Küche war immer eine Gefahr. Denn das Treppengeländer hatte drei scharfe, heimtückische Wendungen – da mußte man beim Herunterrutschen sehr genau aufpassen, wenn man das Knie nicht einzwicken und die flinke Drehung ohne folgenschweren Purzelbaum herausbringen wollte. Immer gelang's nicht. Aber den Rat der Mutter, über die Treppe herunter zu *gehen*, konnte ich aus dunklen Ursachen nie befolgen. Ich litt, wie Papa sich auszudrücken pflegte, an der ‘Geländeritis’. Und als ich später den Treppenfahrten entwachsen war, ging's mit den Brücken an; doch in der Stadt äußerte sich die Krankheit nur während der Nachtstunden; kam mir da eine Brücke in den Weg, so mußte ich, statt den Pfad vernünftiger Menschen zu beschreiten, über die Geländerstange hinübergaukeln. Das Leiden blieb mir, bis das älteste meiner Kinder schon ein großes, schlankes Mädchen war; da wurde ich eines Tages von dieser Krankheit durch einen Weinkrampf kuriert, den meine Frau bekam, als ich bei Meran, vor dem Schlosse Tirol, eine tiefe Bergschlucht wieder auf dem Brückengeländer überschreiten mußte. Aber ich wurde damals nicht gründlich geheilt; denn auch heute noch – wenn meine Frau nicht dabei ist – stellt sich manchmal ein Rückfall dieses, für einen mehr als fünfzigjährigen Menschen doch sehr rätselhaften Gehirnleidens ein. Verantwortlich dafür ist der königlich bayerische Baurat zu machen, der in unser neues Haus zu Welden diese ansteckende Treppe hineinbaute.

Alles übrige im Hause war gefahrlos. Nur vom Heuboden konnte man herunterfallen, wenn man in der Tenne beim Fangemanndl die Leiter nicht fest genug erwischte. Und zuweilen brach beim Klettern eine von den grünen Spalierlatten entzwei, mit denen das Haus auf den drei Sonnenseiten bis unters Dach hinauf übergittert war. Der Vater hatte da große Spalierbäume eingesetzt, und gleich im zweiten Jahre gab's Bergamottbirnen, Zitronenäpfel und Aprikosen, die nie die Zeit der Reife erlebten. Auf allen drei Sonnenseiten des Hauses waren Tische und Bänke zwischen Gesträuch und jungen Baumgruppen angebracht – man konnte sich's zu jeder Tageszeit aussuchen, wie man's haben wollte: Sonne oder Schatten. Und vom Frühjahr bis zum Herbste waren da Blumen in blühender Menge. Auf diese duftende Kunst verstand sich die Mutter. Täglich arbeitete sie im Garten vom ersten Morgengrau, bis die Sonne kam, und vom ersten Abendschatten bis in die Nacht hinein. Krämpfige Hände bekam sie, mit schmerzenden Knötchen an den Sehnen; aber sie hatte ihre frohe Freude an dem blühenden Erfolg dieser vielen Mühe; und die hundert kleinen Knoten an den Sehnen der abgearbeiteten Hände nannte sie lachend ihre 'Perleschnürle'. Und wenn ich während meiner Studentenjahre mit dem Ränzlein heimgewandert kam in die Ferien, spürte ich schon immer bald nach dem Weiler Ehgarten, auf eine halbe Stunde weit, den Duft der gefüllten Veilchen, der Rosen, Levkojen und Reseden meiner Mutter.

Das ist mir gleich einer hellen, führenden Lebensglocke, wenn ich in meiner Erinnerung höre, wie die Mutter an schönem Sommermorgen über die Treppe heraufgesprungen kommt und zur Türe meiner Mansardenstube hereinruft: „Auf, du Murmeltierle! Auf! Und raus ins Gärtle! Die Sonn ischt da!“ Sie lacht; und hat die Türklinke mit dem Ellenbogen aufgemacht, weil ihre lieben Hände ganz schwarz von Erde sind; drei Stunden hat sie da schon im Garten geschafft; und trägt eine blaue Latzschürze über dem hellen Perkalkleid; und ihr Haar – das nach der Krankheit nimmer so schön geworden, wie es einst gewesen – ist eingefangen in ein Netz aus hellbraunen Fäden, das überall, wo die Fäden sich kreuzen, eine kleine dunkelblaue Perle hat. Wie diese Perlen in der Sonne, genau so glänzten ihre frohen Augen.

Die Blumenfreude, der Sonnenglaube und das heitere Lachen der Mutter – das waren im Lebensakkord unseres neuen Forsthauses die leitenden Klänge. Und wer da auch immer kam zu uns, ein jeder lachte dieses Lachen mit. An allen hohen Feiertagen gab's vergnügte Gäste. Das Haus wurde einfach geführt, mit bescheidenen Mitteln; aber es war doch immer alles da. Die Mutter verstand sich aufs Einteilen. Und es war ihr liebster Stolz, den Gästen als 'Eigenbau' eine Mahlzeit vorzusetzen, bei der sie aufzählen konnte; „die Eier und die Göckele aus meiner Hennesteig, die Milch von meiner Kuh, das Hasebrätle aus Gustls Jagd, und 's Gemüs und 's Obscht und 's Beerezeug ischt alles aus meim Gärtle!"

An Ostern und Pfingsten kamen aus Augsburg die Verwandten und Freunde der Eltern schwarmweise zu uns nach Welden. Da schliefen oft zwanzig Leute und darüber im Forsthaus, obwohl es nur ein Kanapee und zwei Fremdenbetten hatte. Bevor es in solchen Nächten ruhig wurde, zitterten oft die Fensterscheiben vom Widerhall der lauten Heiterkeiten, die es in den Massenquartieren absetzte. Von den lustigen Streichen, die da getrieben wurden, könnte ich tagelang erzählen. Weil die Mutter auch im heitersten Gewirbel niemals rasten konnte, beim Schwatzen und Lachen immer nadelte oder spann, strickte oder häkelte, drum nahmen sie ihr einmal an einem Pfingstsonntag den Strickstrumpf weg und begruben ihn nach feierlicher Prozession im Garten. Dabei wurden Reden gehalten wie beim Leichenbegängnis eines berühmten Parlamentariers. Und alle Leidtragenden weinten herzzerbrechend. Am Pfingstmontag in der roten Abendsonne wurde Auferstehung gefeiert. Aber da zeigte sich ein sonderbares Wunder. Statt des begrabenen Strickstrumpfes fand man in der Gruft alle abgenagten 'Göckelesknöchele' von den Malzeiten der beiden lustigen Festtage. Auf Grund dieses greifbaren Wunders wurde das verewigte Strickzeug der Mutter heilig gesprochen. Und man feierte diese fidelste aller Kanonisationen bei der dampfenden Krambambulischüssel bis spät in die Nacht hinein – bis die zwei Leiterwagen mit den lachenden und singenden Gästen unter dem Sterngefunkel davonfuhren.

Nicht weniger heiter ging es das ganze Jahr hindurch jede zweite Woche an den 'Konsumvereinsabenden' zu. Die Honoratioren des Dorfes wollten ihre Geselligkeit haben; im Wirtshaus wurde die Sache zu teuer, und häufige Gastereien vertrugen sich nicht mit den mageren Beamtenbörsen. Die engen Häuslichkeiten des Doktors und Aufschlägers eigneten sich auch nicht für viele Gäste, und im Pfarrhofe mußte aller übermütige Heiterkeitslärm respektshalber vermieden werden. Drum gründete man diesen 'Konsumverein', der sich jede zweite Woche abwechselnd beim Benefiziaten und bei uns im neuen Forsthaus versammelte. Der Benefiziat und meine Eltern legten in ihren Kellern ein, was begehrt wurde – es war nicht viel – und das wurde zum Selbstkostenpreise wieder abgegeben. Es ging da bei aller Heiterkeit immer sehr mäßig und bescheiden zu – was aber nicht hinderte, daß man schwelgerische Rundgesänge anstimmte, wie etwa den folgenden:

„Zimmermänndle, Zimmermänndle,
Du versoffes Lueder,
Wann dr nomel en Rausch ansaufst,
So sag i's deiner Mueder!

Zum Zipfel, zum Zapfel, zum Kellerloch nei',
Aelles mueß versoffe sei',
Strümpf und Schueh, Strümpf und Schueh!
Lauf mer em Deifl barfueß zue!

Geld, Geld, Geld,
So schreien die Kanalien
Wenn koine weiß, wie's koiner ischt,
Wenn koine koins mehr hat – schrumm!"

Und dann ging's mit Trommeln und Krugdeckelgeklapper wieder von vorne an, bis die Mutter, unter Tränen lachend, schließlich mahnen mußte: „Jesus, Jesus, ihr wecket mir ja die Kinderle auf!" Aber die hatten den gesunden Kanonenschlaf.

Wie es die Stimmung brachte, sang man auch ernstere Lieder, meist dreistimmige Volkslieder: das Ännchen von Tharau, den Siebenbürgischen Jäger, Hoch vom Dachstein an, den guten Kameraden, das Lied vom hohen Seiling. Oder die Mutter zwitscherte zur Gitarre des Lehrers eins von ihren Lieblingsliedchen aus den kleinen weißen Büchelchen mit den Rosenknospen oder las eine Goethesche Ballade vor; der Vater hielt naturwissenschaftliche Vorträge, der Doktor brachte mikroskopische Präparate, die Forstleute verstanden sich auf fidele Jagdgeschichten, der Benefiziat geigte, sang lateinische Oden und blies die Klarinette mit komischen Gixern – jeder von allen, die da waren, konnte was beitragen zur Unterhaltung der Tafelrunde, Und der musikalische Trumpf war's immer, wenn der Forstgehilf Harlander seine Zither aus der schwarzen Schachtel hervorholte; er wußte die klingenden Liebenswürdigkeiten nach dem Hundert auswendig zu spielen; aber am schönsten klang es immer, wenn er ernst und traurig wurde. Ein prächtiger Mensch! Doch er laborierte an jener bitteren Sache, die man ein 'verkuhwedeltes Leben' nennt. Aus guter Familie stammend, hatte er Forstwissenschaft studiert, war aber vor dem letzten Examen abgeschnappt und mußte sich nun mit den mageren Aussichten des niederen Forstdienstes begnügen. Ein tollfrohes

Korpsstudentenherz, dessen lachender Sanguinismus intermittierend belastet war mit verspäteter Reue und mit der Sehnsucht nach Dingen, die ihm für immer verloren waren. Überkam ihn solch eine trübselige Stimmung, dann spielte er auf seiner Zither gerne jenes Volkslied: Mutterseelenallein. Ein billiger Schmachtlappen! Aber es begann da in seinen Saiten etwas zu zittern, zu klagen und zu schluchzen, daß alle, die es hörten, tief ergriffen wurden. Verhauchte der letzte Ton, so wischte er die Tränen fort, tat einen tiefen Trunk, spielte flott einen gerissenen Walzer herunter und war wieder der unverdrossen fidele Kerl.

In der vergnügten Tafelrunde des Konsumvereins wollen wir uns noch ein bißchen umschauen. Die Forstgehilfen und Eleven wechselten. Aber der Honoratiorenstamm blieb durch ein halbes Jahrzehnt der gleiche. Der Lehrer Gsell mit dem 'Dudelschächtele' auf dem runden Bäuchle und mit dem gefährlichen 'Unnerhösche' – den kennt ihr schon. Den dickbärtigen Doktor Gerber, der es über ein ruhiges Lächeln nicht hinausbrachte, habt ihr an meinem Krankenbett gesehen. Dann war da der Malzaufschläger Heutle, ein mittelgroßes wohlgenährtes Männchen mit klugem Schwabengesicht und hurtigen Augen, ernst oder heiter, wie es die Stunde verlangte, ein schneidiger Liberaler, der sich späterhin zu einem hartnäckigen Altkatholiken entwickelte und die dunkle Pfarrhoftragödie ins Rollen brachte. Dann der Förster Rauschmeyer mit dem rotbärtigen Apostelkopf – ein stilles Wässerchen, das gern in fremden Töpfen heiß wurde. Wenn die Nächte schön waren, stellten sich auch die entfernt wohnenden Förster ein. Da kam mit dem friedlichen, eisgrauen Struwwelkopf der alte Stöger aus Streitheim, der seinem heranwachsenden Sohne den Rat gab: „Bub, wenn du heiratest einmal, so nimm dir eine Schöne, denn eine Wüschte frißt grad so viel!" Es kam der brave, gewissenhafte 'Meister' Ehrenreich aus Hinterbuch, der beim Tarock immer sagte: „I gib net vierezwanzgmal wie der Pfarrer von Apfeldrach!" – und der rassige Nimrod Regenbogen von Emmersacker. Dem hatte der Dokter aus süßen Gründen das Bier bis auf einen einzigen Trostschoppen verboten; während dieser Abstinenzkur trank der Förster bei einem Scheibenschießen neunundzwanzig Halbe, und als er schon gezahlt hatte und den Heimweg antreten wollte, sagte er zur Kellnerin: „Jesus, Mädele, jetz hätt i bald ebbes vergesse! Gib mir gschwind no das Schöpple her, das mer der Doktor verstattet hat!" Wenn sich im Förster Regenbogen manchmal der Jähzorn rührte, pflegte er fürchterlich zu fluchen. Drum sagte eines Tages der Pfarrer zu ihm: „Aber! Herr Förster! Sie sind doch so ein lieber Mensch! Wenn S' Ihnen nur das schauderhafte Fluchen ein bissele abgwöhne täten!“ Die Antwort: „I? Und flueche? Ja Himmelherrgottsbluetsakerment, wer sagt denn, daß i fluech?“

Die Frauen dieser Männer sind in meiner Erinnerung erloschen. Ich weiß nichts von ihnen zu erzählen. Sie kamen nur selten zu den Konsumsvereinsabenden, saßen immer halb im Schatten ihrer Männer, sprachen wenig, und wenn sie kicherten, hielten sie die Hände vor das Gesicht. Nur die gute Pfarrköchin Luis! Die ist mir im Gedächtnis geblieben, wie die Spur eines schwerbefrachteten Wagens lange auf einer Straße bleibt. Doch bevor ich ihr Bild mit weit ausholendem Schwung zu konturieren versuche, will ich von den drei geistlichen Herren erzählen, die man im Konsumverein mit zärtlicher Verehrung ‘unsere drui lieben Pfäffle’ nannte.

Ich erinnere mich eines Wortes, das meine Mutter einmal in lustiger Stunde zum Benefiziaten sagte: „Wie unser Herrgott Ihne nach seim himmlische Ratschluß ins Pfaffegwändle gesteckt hat, ich glaub, da hat er sich hintnach 's Köpfle kratze müsse!“ Und der hochwürdige Herr Troll erwiderte lachend: „Da könne Se recht habe! An dem Kratzplätzle ischt ihm koin Härle nimmer gwaxe. So fescht hat er sich kratze müesse!“ Dieser frohe, von Lebenslust überschäumende Mensch hätte in jedes andere Gewand besser gepaßt, als in den schwarzen Talar. Er benützte auch jede zulässige Gelegenheit, um dieses dunkle Tuch abzulegen, trug daheim einen türkischen Schlafrock, bei der Arbeit in seinem heißgeliebten Garten eine graue Joppe – und an jedem Faschingsmontag maskierte er sich als Bauernmädel und tanzte beim Rollewirt mit allen Bauernburschen seelenvergnügt bis in den närrischen Dienstag hinein. Immer lachend, klein, mit zierlichen Händen und Füßen, von quecksilberner Agilität, mit gesunder Frische im Gesichte, machte er auch noch als Dreißigjähriger den Eindruck eines frühreifen Knaben im Alumnengewand. Und war dabei innerlich doch ein fester und ganzer Mann, anständig und reinlich in all seinem Tun, sicher vor jedem Vorwurf, auf geweihtem Boden stets seines Amtes würdig, von allen Leuten im Dorf als Mensch und Priester geliebt und geachtet.

In der äußeren Erscheinung glich ihm unser vergöttertes ‘Pfarrherrle von Hegnebach’. Wenn ich nicht irre, war sein Name Schmied oder Schmidt. Bestimmt weiß ich es nimmer. In der Anrede sagte man immer: Pfarrle. Und sprach man von ihm, so hatte er keinen Namen, sondern hieß: „Die gute Seel“ – oder: „Die liebe Stund“ – oder: „Der Richtige, wie er sein soll!“ Diese paar Worte zeichnen auch sein Wesen. Er kam nicht oft, weil er von seiner Pfarrei bis zu uns eine gute Stunde zu gehen hatte. Doch wenn er kam, war's immer ein Fest – und da war man fröhlicher als sonst – nicht nur deshalb, weil er lustig und heiter schwatzen konnte und mit hübscher Tenorstimme reizende, uralte Liederchen zur Gitarre sang. Er war von den seltenen Menschen einer, von denen, auch wenn sie schweigen, der Frohsinn und alle Zufriedenheit des Lebens ausströmt, wie der Duft von einem blühenden Baum. Und sein Pfarrhaus hättet ihr sehen sollen, unter den Gaisblattspalieren und zwischen den Obstbäumen, deren Stämme zum Schutz gegen Ungeziefer immer mit weißem Kalk bestrichen waren! In diesem Hause, das weiß und sauber, kühl und friedlich war, schien die ganze Woche Sonntag zu sein. Eine ältere Schwester des Pfarrers, die ein steifweißes, wunderlich geformtes Nonnenhäubchen trug, wirtschaftete zwischen diesen weißen Mauern unauffällig und unhörbar. Und aß man in diesem Hause, so wurden kleine weiße Schüsselchen aufgetragen, als sollten hier nicht Menschen essen, sondern Vögel ein bißchen picken. So sparsam war das Pfarrle! Denn es war der Ehrgeiz seines Lebens, sich eine neue große Kirche für seine arme Gemeinde vom Munde abzusparen.

In diesem weißen Pfarrhaus von Hegnenbach erlebte ich, als ich ein Zwanzigjähriger war, eine abenteuerliche Liebestragikomödie, die ich noch erzählen werde. Seit damals – und das sind nun 33 Jahre – hab ich den guten lieben Pfarrer nimmer gesehen, hörte nur vor einiger Zeit, daß er mit weißen Haaren gestorben wäre. Ob er den Ehrgeiz seines Lebens erreichte und die neue große Kirche seiner Sehnsucht unter Dach brachte? Ich weiß es nicht. Aber ich glaube dran, so fest und unerschütterlich, wie der kleine seelengute Pfarrer an alles glaubte, was er in der Schule lehrte und in dem alten, baufälligen, kaum für hundert Leute ausreichenden Kirchlein predigte. Unter den vielen frommen Menschen, die mir das Leben zeigte, war er der frömmste und gläubigste. Er war gebildet, las Rotteck, Humboldt und Goethe. Doch was es im Alten und Neuen Testament zu lesen gab, was im kleinen Katechismus dämmerte und in seinem großen, reinen Priesterherzen glänzte, das war ihm ein Unumstößliches und Unbeirrbares. Da gab's für ihn keinen Zweifel, kein Zugeständnis, kein Deuten am Buchstaben, kein widersprechendes Resultat der Wissenschaft, kein korrigierendes Ergebnis der menschlichen Forschung. Gottes Wort war ihm Gottes ewige Wahrheit, jedes dunkle Wunder, von dem geschrieben steht, war ihm Gottes helle Tat. Mit dieser unbeirrbaren Festigkeit glaubte er auch an jene Sonne, die nicht unterging, und an jenes Wasser, das sich vor der Bundeslade staute zu einem Wall. Und jeden schreienden Widerspruch zwischen Naturgesetz und Wunder, zwischen Vernunft und Offenbarung löste er mit dem ruhigen Worte: „Gott weiß das. Ich nicht.“ Ihr hättet ihn einmal sehen sollen, wie er im Sommer an schönem Sonntagmorgen nach dem Hochamt aus dem alten armseligen Kirchlein zu treten pflegte, den feinen schlanken Jünglingskörper vom glattgebügelten Talar umschimmert, in der Hand das Brevier, auf dem aschblonden, nach Knabenart gebürsteten Haar das schwarze Käppchen! Und wie er da die Leute freundlich grüßte! Und froh hinaufblickte zur lieben Sonne, lächelnd hinüberträumte zu dem Wiesenhügel, der in zehn oder zwanzig oder dreißig Jahren die neue Kirche tragen sollte, und zufrieden hinausschaute über die goldwogenden Ährenfelder, ein weihevolles Glücksgefühl in den glänzenden Augen, die zu sagen schienen: „Dieses Schöne gab uns Gott, weil er uns heute wieder gläubig, fromm und dankbar sah!“ Er hatte jene seltene Art von Religion, die den Menschen glücklicher, lebensruhiger, froher und zufriedener macht, als ihn die höchste Weisheit und die tiefste Philosophie zu machen vermögen. Solche Religion ist die verläßlichste von allen Lebenskünsten. Man kann sie nur leider nicht erlernen, muß dafür begabt sein und geboren werden wie ein Künstler für seine Kunst, wie ein großer Feldherr für seine Siege. Und genau so selten wie die genialen Staatengründer, wie die großen Künstler und Erfinder, sind in der Geschichte des Menschentums jene unberühmten Helden der kindlichen Andacht, jene restlos frommen und gläubigen Menschen, von denen der kleine Pfarrer Schmidt oder Schmied zu Hegnenbach einer war.

Ich hab' ihn hier geschildert, wie ich ihn damals kennenlernte, als ich jene abenteuerliche Liebestragikomödie erlebte, bei der ihm die Sorge um mein Seelenheil und meinen Lebensfrieden schlaflose Nächte verursachte. Von den heiteren Konsumvereinsabenden in meiner Kinderzeit blieb mir nur die festliche Freude im Gedächtnis, die jeder seiner Besuche in unserem Haus erweckte – und ein deutliches Bild seiner äußerlichen Erscheinung: wie er klein, schlank und schwarz zwischen diesen festen Gestalten saß, ein wenig schüchtern, immer ein bißchen verlegen, und dennoch immer fröhlich, heiter spendend und heiter empfangend, voll rührender Hingebung bei seinem Gesang, zärtlich begeistert für alles, was Musik hieß.

Wie ein feingestricheltes Komma neben einem dicken Fragezeichen, so sah das kleine Pfarrle von Hegnenbach neben unserem hochwürdigen Pfarrer Hartmann von Welden aus, der ein großmächtiges, breitschultriges Mannsbild war, dritthalb Zentner wog, einen runden gesunden Kopf hatte und einen offenen schwarzen Rock trug, zu dem man so viel Tuch brauchte wie zu einer

Bahrdecke. Er war in der Kirche streng und würdevoll, außerhalb der Friedhofsmauer freundlich und leutselig. Aber wegen der Eiergeschichte bei meiner ersten Beichte hatte ich als kleiner Junge immer ein bißchen Angst vor ihm. Drum sah ich ihn vielleicht nicht richtig, und ich muß, um sein Bild gerecht zu zeichnen, die Erzählungen meiner Mutter und die Verehrung zu Hilfe nehmen, mit der mein Vater in späteren Jahren von ihm sprach. Wie es mit seiner Religion aussah, wage ich nicht genau zu entscheiden; ich glaube, er war weniger eine fromme Seele als ein kluger und verständiger Diplomat seines geistlichen Berufes, ein zu Kompromissen geneigter Pädagog, welcher Politik und Religion immer streng auseinander hielt, von seinen Pfarrkindern nur immer verlangte, was sie mit gutem Willen geben konnten, seinem Amte ohne Kanzelradau gerecht wurde und die Leute außerhalb der Kirche denken ließ, was ihnen lieb war. Und sicher war er ein prächtiger, ehrenfester, gesund veranlagter und natürlich empfindender Mensch, der es mit den Leuten gut meinte, das Schwere nicht zu schwer nahm, bei trockenem Humor mit widrigen Dingen schnell fertig wurde, einen Spaß verstand, mit Liebe an der ihm anvertrauten Gemeinde hing, sich um ihr weltliches Wohl nach Kräften sorgte, und drum von allen 'kirchpflichtigen Seelen' des Dorfes verehrt und geschätzt wurde.

In gleicher Verehrung stand bei Bauern und Beamten seine brave, an Menschenfreundlichkeit und Gewicht ihm ebenbürtige Wirtschafterin, das 'Fräule Luis'. Doch statt des genaueren abzuschätzen, wie viel sie wog, will ich zur Charakteristik ihrer imposant geformten Weiblichkeit ein drolliges Wort zitieren. Eines Sonntags, als die Pfarrluis Besuch bei uns im Forsthaus machte, war ein entfernt wohnender Waldaufseher meines Vaters da, der Mayerfels aus Zusamzell. Der hatte die Pfarrköchin noch nie gesehen. Und da riß er nun groß und rund die Augen auf, sprach kein Wort mehr – und als die Pfarrköchin majestätisch davonrollte, in der weiten Krinoline, die zwischen den Türsäulen einen nach rückwärts aufgebäumten Trichter machte, guckte Mayerfels, sich vorbeugend, dieser ungeheuren Sache erschrocken nach, kratzte sich am Hinterkopf und sagte beklommen: „O du mei heiligs Herrgöttle von Biberach! Wenn einer *der* en Haxe ausreiße tät... Herrgott, was müeßt dees für e Loch abgeawe!"

Um diesen grotesken Hüftenschwung dezent zu maskieren, trug die Jungfer Luis noch immer die Krinoline, obwohl dieses monströse Kleidungsstück schon längst wieder aus der Mode gekommen war – und bei ihren kleinen, zierlichen Trippelschritten schwankte das umfangreiche Reifgehäuse wie eine Glocke, die in drehender Bewegung nach der Seite läutet. Umfang und Atemnot ließen dieses freundliche, gutmütige Frauenzimmer stets ein wenig komisch erscheinen. Dazu liebte sie sich schön zu machen, sich jugendlich in geblümelte und rosige Farben zu kleiden, trug das braune Haar in einem Netz *à la* Kaiserin Eugenie und balanzierte schief über der scharlachroten Stirn ein winziges Strohdeckelchen mit neckischer Feder. Aber das Gesicht, trotz Ofenglut und Glanzlichtern, war hübsch und liebenswürdig; und aus den halbmondförmigen Fettpölsterchen guckten zwei ehrliche, wohlwollende Äuglein heraus. Dieses Fräulein Luis war 'sehr gebildet', übte die Umgangsformen einer Dame, hatte Takt und Feingefühl, wirkte bei allem beträchtlichen Luftraum, den ihre Leiblichkeit beanspruchte, niemals aufdringlich, mischte sich in sichtbarer Weise niemals in die kirchlichen und weltlichen Angelegenheiten ihres Pfarrherrn, verstand sich trefflich mit allen Frauen im Dorfe, tat keinem Menschen was zu Leide, tat Gutes, wo sie es tun konnte, war um ihrer freundlichen Eigenschaften willen überall gern gesehen und zählte in der 'Gesellschaft' als gleichberechtigt mit. Auch einen Scherz, wenn er nicht zu derb wurde, ließ sie sich gerne gefallen. Aber dem Mayerfels wurde sie bös, als man ihr das phantastische Gleichnis vom ausgerissenen Schenkel erzählte.

Mit ihrem stattlichen Pfarrherrn führte die stattliche Jungfer Luis ein so friedliches Zusammenleben, wie Philemon und Baucis zu einer Zeit miteinander gelebt haben mögen, in der dieses berühmte Pärchen noch nicht so alt war, um an abgeklärter Freundschaft sein Genügen zu finden. Der Pfarrer behandelte das 'Fräule' sehr nett und übersah geduldig die drolligen Schwächen ihrer verzeihlichen Eitelkeit. Die beiden machten täglich miteinander stundenlange Spaziergänge – der Pfarrer nannte das: 'die Fettmühl treiben' – sie erledigten gemeinsam alle Anstandsvisiten bei den Honoratioren, und pünktlich erschienen sie miteinander zu jedem Konsumvereinsabend. Wären die beiden Mann und Frau gewesen, sie hätten nicht wohliger zusammen hausen können. Man munkelte auch mancherlei. Aber der Bauer, wenn er nur sonst mit seinem Pfarrer zufrieden ist, macht aus dem Allzumenschlichen keinen Gegenstand des Konfliktes, die Honoratioren sahen über die Sache weg, als wäre sie nicht vorhanden, in Gesellschaft war das Benehmen der beiden auch völlig einwandfrei, und aus dem Pfarrhof flatterte nie ein verräterisches Fähnchen heraus. Doch eines schönen Septembertages ereignete sich ein deklarierendes Intermezzo.

Da wurde am Nachmittag bei uns im Garten ein Kaffeekränzchen abgehalten. Acht oder zehn Gäste waren da, unter ihnen die Pfarrluis und der hochwürdige Herr. Der erzählte im Verlauf des Geplauders: er hätte am Morgen die unangenehme Wahrnehmung machen müssen, daß in der Nacht der schönste Birnbaum seines Gartens bis auf den letzten 'Butzen' geplündert worden wäre.

Fräulein Luis, die von den gestohlenen Birnen noch gar nichts wußte, war gleich Feuer und Flamme vor Zorn über den schlechten Kerl, der die Birnen geholt hatte.

„Und denk einer," erzählte Pfarrer Hartmann, „der unverschämte Tropf, wie er den Metzesack voll Birne auf'm Buckl gehabt hat, ischt zu faul gewese, daß er wieder übers Zäunle steigt! Ganz gemütlich ischt er durch unser Höfle raus und hat mir am Gräbele 's Brückebrettle nuntertrete... so schwer hat 'r trage, der Kerl!"

„Aber gelle Se, Herr Pfarr!" fährt die Jungfer Luis in Empörung auf und gibt dem Hochwürdigen einen Klaps gegen die Schulter. „Ich hab Ihne doch in der Nacht noch gstöße, wie ich 's Brettle hab krache höre!" Kaum hatte sie das gesagt, da wurde sie kreidebleich vor Schreck. Rings um den Tisch ein schallendes Gelächter. Und die Jungfer, jetzt so rot wie ein gesottener Krebs, rollte unter grillendem Schrei mit einer Geschwindigkeit davon, wie man sie noch nie an ihren drei Zentnern gesehen hatte.

Nun wurde die Stimmung doch ein bißchen unbehaglich. Niemand lachte mehr, alles schwieg. In dieser Stille sagte der Pfarrer mit Gemütsruhe: „Die Gans, die dumme! Wär's hocke bliebe!" Aber es brannte ihm doch das Gesicht.

Meine Mutter wollte eine Brücke bauen. „Recht habe Se, Herr Pfarr! Deswege hätt 's Fräule Luis net davon renne brauche. Mensche sind mer alle. Darf ich Ihne noch e Täßle einschänke?"

Der Pfarrer nahm Zucker, man sprach sehr eifrig von was anderem, der Zwischenfall war erledigt und hatte keine schlimmeren Folgen, als daß man darüber lachte. Ein paar Tage ließ sich die Jungfer Luis nicht blicken; dann kam sie mit einer sehr geistreichen, aber doch ganz harmlos klingenden Korrektur, die man ohne Widerspruch entgegennahm. Zwei gute Menschen werden doch für vernünftige Augen darum nicht schlechter, weil ein Grabenbrettchen das Gewicht eines Obstdiebes und eines Metzensackes voll Birnen nicht zu tragen vermag. Aber man sprach damals zu Welden, im Gegensatz zur Bibel, gerne von einem *Birn*baum der Erkenntnis. Und wenn es über ein Mädel was zu munkeln gab, so gebrauchte man mit Vorliebe das geflügelte Wort: „Mir scheint, die hat 's Brettle krache höre!"

Das alles weiß ich, weil Vater und Mutter in späteren Jahren noch oft und gerne über die Heiterkeiten lachten, die es aus der 'Weldener Zeit' zu erzählen gab. Ich habe wohl jenes Intermezzo beim Kaffeekränzchen selber miterlebt. Aber damals verstand ich nicht, warum man lachte, begriff nicht, warum das Fräule Luis so 'huidle' davonrannte; ich kapierte nur die Sache mit dem geplünderten Birnbaum und benützte jede Gelegenheit, um 'auf Ehr und Seligkeit' zu schwören, daß ich die Birnen im Pfarrersgarten nicht gekrapst hätte.

Um die Zeit, in der die Geschichte vom krachenden Brettle spielte, bekam ich ein kirchliches Amt, das mir mancherlei Freuden bereitete. Ich wurde Ministrant, trug mit Stolz die rote oder schwarze Kutte und das Chorhemd darüber, lernte mit Vergnügen die lateinischen Floskeln, die ich außerhalb der Kirche bei allen unpassenden Gelegenheiten anwandte, und weil mir das Knien eine sehr unbequeme Sache war, freute ich mich besonders darüber, daß mich die Eigenart meines Ministrantendienstes mehr aus der Kirche entfernte, als in der Kirche festhielt. Denn man hatte mich zum Schwinger des Weihrauchfasses ernannt, das beim Hochamt nur immer in Intervallen und für kurze Minuten in Aktion tritt. In den Zwischenpausen bummelte ich draußen vor der Sakristeitür in der lieben Sonne, im pritschelnden Regen oder im Schneegestöber herum – und während sie drinnen in der Kirche beteten, sangen und musizierten, blies ich mir unter freiem Himmel allen Atem aus der Lunge, um die Kohlen des Rauchfasses rot zu erhalten, schlug mit der Glutpfanne feurige Räder und Schlangenlinien durch die Luft, oder machte den Schürhaken glühend und brannte Jahreszahlen, Buchstaben, Kreuze, Kerzen, Tiergestalten und rätselhafte Arabesken in die Sakristeitüre.

Aus dem Umstande, daß ich keine Freude am Knien hatte und die Kirche gerne schwänzte, darf aber nicht der Schluß gezogen werden, daß ich ein unfrommer Junge gewesen wäre. Ich war ein sehr frommes Kind und wurde von der Mutter zu vertrauensseliger Gläubigkeit erzogen.

Der Vater sprach zu uns Kindern niemals von religiösen Dingen. Er war eine viel zu gerade und ehrliche Natur, um aus dem, was er selber glaubte, eine kleine erzieherische Lüge für die Kinderstube machen zu können. Was unser kleines Gehirn begriffen hätte, das konnte er uns nicht sagen; und was er uns hätte sagen können, das hätten wir Kinder nicht verstanden. Drum schwieg er lieber und dachte: „Das sind Dinge, mit denen ein jedes Menschenkind für sich selber fertig werden muß." Erst in späteren Jahren, als ich schon die Universität besuchte, bekam ich einen Einblick in die religiösen Anschauungen meines Vaters. Doch er liebte religiöse Debatten nicht und pflegte zu sagen: „Das sind Dinge, die ins Herz gehören, nicht auf die Zunge." Nur aus sparsamen Worten, die er darüber sprach, aus kurzen Urteilen und knappen Bemerkungen vermag ich mir das Bild seiner religiösen Anschauungen zu konstruieren. Allen äußerlichen Religionskram schob er von sich weg. Die Bücher des Alten und Neuen Testaments waren ihm ein Gemenge von Geschichte, Sage und Fälschung. In Jesus sah er den 'besten und mildesten aller Menschen', den die Torheit des Lebens immer wieder kreuzigt mit jedem neuen Tag. Er liebte die Nathansche Fabel von den falschen Ringen und glaubte, daß die Menschheit den echten Ring noch einmal finden würde. Es war eins von seinen Lieblingsworten: „Religion *muß* man haben, gleichviel welche, sie muß nur ehrlich sein und muß *suchen* können!" Aller menschliche Glaube erschien ihm als eine Sehnsuchtsform, die sich auf langsamen Wegen der Erkenntnis fortwährend verwandelt und verfeinert. Das Gebot der Nächstenliebe nannte er den sicheren Stab auf diesem Ewigkeitswege, den verheißungsvollen Goldglanz des echten Ringes. Er glaubte an die Ewigkeit der Materie, an einen ewigen Kreislauf des Lebens, an keinen Himmel, an kein besseres Jenseits, aber doch an ein Wiederfinden all jener, die sich auf Erden liebten, und an eine unsterbliche Seele, die sich der Vollkommenheit entgegenbildet. Einmal fragte ich ihn, wie er sich das vorstelle. Da brach er das Gespräch ab: „So was läßt sich nicht sagen, nur fühlen." Je wortkarger er in solchen Dingen war, um so eifriger beschäftigte er sich mit ihnen. Er hatte eine reichhaltige theosophische Bibliothek. Die Bücher, die er am liebsten und immer wieder las, waren Döllingers 'Papsttum', Strauß und Renan, Frohschammers 'Christentum und Naturwissenschaft', 'Die Religion Jesu' von Theodor Rohmer, Melchior Meyrs 'Gott und sein Reich', und 'Der Papst und das Konzil' von Janus. An Döllingers Auftreten knüpfte der Vater große Hoffnungen, erwartete die Loslösung der deutschen Katholiken von Rom, die Gründung eines unabhängigen deutschen Patriarchates und einen allmählichen Ausgleich zwischen Deutschkatholizismus und Protestantentum. Mit leidenschaftlicher Glut beteiligte er sich an den hoffnungsvollen Religionskämpfen der Konzilzeit, und nahm es heiter hin, als ihn der Nachfolger unseres guten Pfarrers Hartmann – jener unselige Herr Andra – mit unflätigen Worten als 'roten Hund und Exkommunizierten' aus der Kirche wies. Aber die Enttäuschung, welche die altkatholische Bewegung brachte, hat der Vater bis an sein Lebensende nicht überwunden. Durch dreißig Jahre besuchte er die Kirche nur im schwarzen Rock, wenn einem geliebten Menschen die letzte Ehre zu erweisen war, und in der Beamtenuniform, wenn Gottesdienst für den König und Regenten gehalten wurde. Erst am vorletzten Tage seines Lebens überbrückte er mit Humor den kirchlichen Konflikt.

Er war von den Ärzten aufgegeben, hatte aber noch immer das Aussehen eines kerngesunden, nur ein bißchen unpäßlichen Mannes. Und wir Kinder glaubten, daß der Vater nicht wüßte, wie es um ihn stand – wir hielten, dem Spruch der Ärzte entgegen, auch selbst noch immer an einer zähen Hoffnung fest.

Und damals, am Vormittage, kam ich in Vaters Wohnung. Meine Schwester Berta, verweint und aufgeregt, erwartete mich an der Haustür und brachte das kaum heraus: „Heute früh ist der Franziskanerprior dagewesen!“

Etwas Schmerzendes krampfte sich um mein Leben, das Blut stieg mir zu Kopf, und im ersten sinnlosen Sturm, der mich durchwühlte, rannte ich ins Franziskanerkloster hinüber und ließ mich beim Prior melden.

Ein feines, liebenswürdiges Mönchsgesicht mit freundlichen Augen beschwichtigte meinen Aufruhr, bevor ich noch eine Silbe sprechen konnte. Ich bat: meinen Vater, der über seinen Zustand nicht informiert wäre und wohl auch noch Hoffnung auf Genesung hätte, durch Besuche nicht zu beunruhigen.

„Das hätte ich nie getan,“ erwiderte der Prior ruhig, „ich kam nur, weil Ihr Herr Vater mich holen ließ.“

Verstört – einem Unbegreiflichen gegenüber – fand ich kein Wort mehr; und auf der Schwelle hörte ich noch, wie der Prior sagte: „Es war mir eine Freude, Ihren Herrn Vater kennen zu lernen. Das ist ein verehrungswürdiger Mann!“

Als ich mit stockendem Herzschlag zu Papa in die Stube trat, saß er bequem auf dem Sofa und sah mich lachend an: „Mir scheint, du weißt es schon?“

„Ja!“ Mir wurde leichter ums Herz. „Aber geh, Vaterle, warum hast du denn das getan? Du bist doch wirklich nicht so krank ...“

„Ich weiß, ja, und ich komm auch ganz gewiß wieder auf. So ein bisserl Influenza! ... Aber es war mir für alle Fälle lieber, daß ich da sauberen Tisch gemacht habe. Bei uns im Lande Bayern wird's langsam duster. Halt wieder so ein Übergang!. Und da hat mich das immer beunruhigt, daß Ihr Kinder nach meinem möglichen Tod allerlei Unannehmlichkeiten haben könntet! Ich war ja doch eigentlich immer noch so quasi exkommuniziert! ... Na also, jetzt ist alles in der schönsten Ordnung!“

Ich brachte kein Wort heraus.

„Eigentlich war es ja auch ganz nett!“ Der Vater lachte und begann in seiner behaglichen Art zu erzählen. „Dieser Prior ist ein ganz famoser und feinfühliger Mensch! Er hat mich ein bisserl an unser liebes Hegnenbacher Pfarrle erinnert. Und da ist mir's natürlich ganz leicht geworden, ihm alle meine fürchterlichen Sünden aufrichtig herzusagen. Ein paarmal hat er gefragt: ‘Wie oft, wie oft?’ ... No, weißt, er hat's halt fragen *müssen*! ... Ja, mein *lieber* Herr Prior, hab ich gesagt, das weiß ich nimmer! ... ‘No’, sagt er, ‘halt so approximativ!’“ Der Vater lachte, daß ihm die Tränen kamen. „Hab ich's ihm halt in Gottesnamen so approximativ gesagt: zehnmal, zwölfmal, zwanzigmal!“

Ich atmete auf. Das Lachen des Vaters war eine Hoffnung! *So* könnte doch ein Mensch nicht plaudern, wenn er empfände oder wüßte, daß der Tod schon vor der Türe wartet?

Papa wurde plötzlich ernst. Und sagte mit jener Wärme, die immer in seiner Stimme war, wenn er ruhig und nachdenklich sprach: „Vielleicht ist das nicht recht, daß ich lache drüber? ... Denn was wahr ist, muß ich sagen: es hat mich gefreut, zu sehen, wie dieser nette, gute Franziskaner sich freute, weil ich Frieden schloß mit *seinem* Herrgott!“ Der Vater schmunzelte wieder. „Na ja! Mit dem *meinigen* wär's nicht nötig gewesen! Ich glaub, der hat mir nie was verübelt!“

Und am folgenden Tage ging Papa mit lächelnder Ruhe hinüber zu dem verträglichen Gott, an den er glaubte.

Das war ein *schöner* Gott! Der machtvolle Schöpfer aller funkelnden und blühenden Wunder im ewigen Getriebe der Natur! Der Atem und die Kraft in allen bewegten Dingen. Der zielbewußte Lenker über allem Wandelsüchtigen des Lebens. Ein harmonisches Gottgesicht – und doch mit Linien, die sich widersprachen. Eine alles umfassende, alles erfüllende Weltseele – und doch ein Gott mit individuellen Zügen, vielgestaltig, dem Menschen nahe, dem Menschen freundlich, gegen alles Leben gerecht und hilfreich. Ein Gott, der ruhelos gegen die Schatten seines eigenen Lichtes, gegen die widerstrebenden Kräfte seiner eigenen Schöpfung rang – Monismus, der sich wundersam vermischte mit pantheistischen Vorstellungen, die das jahrzehntelange Leben in der Natur meinem Vater gegeben hatte, mit buddhistischen und platonischen

Ideen, mit Träumen von einer läuternden Wanderung der Seele. Und in seinem Unsterblichteitsglauben war auch ein Zug von zärtlichem Egoismus – er vermochte sich das nicht zu denken, daß sein Leben eines Tages erlöschen müßte, um für immer von jenen geschieden zu sein, die er auf Erden liebte.

Wesentlich anders war die Religion meiner Mutter geartet, obwohl sie mit den religiösen Anschauungen des Vaters manches gemeinsam hatte. Was ich im 'Hohen Schein' den Forstmeister Ehrenreich von seiner Frau erzählen ließ, das hätte mein Vater fast Wort für Wort von der Lebensreligion meiner Mutter sagen können: „Wieviel Gutes hat sie an den Leuten getan! Was nur immer lebte, Mensch, Tier, Blume ... das war ihr alles ein Einziges. Wie sie die Natur erfaßte und fühlte! Eine Knospe, ein Blatt, eine Mücke, ein Sonnenstrahl, ein Regentropfen ... alles für sie ein tiefes, herrliches Geheimnis, ewig verschleiert und dennoch klar! 'Ach, wie schön!' Das war ihr Wort am Morgen und ihr Wort am Abend. Und vom ersten Licht bis zum letzten unermüdlich, immer bei der Arbeit in Haus und Garten. Und dennoch hatte sie immer Zeit für eine Freude, für Musik und Lied, für ein wertvolles Buch. Und ihr Gott! ... Religiösen Formelkram, das gab's nicht für sie. Und doch war sie fromm und gläubig, war überzeugt von einem wirkenden Zusammenhang zwischen Gott und Leben. Und wenn sie am Abend im Garten saß, mit den abgearbeiteten Händen im Schoß, und so still hinaufschaute zum Himmel in seiner Glut, dann hab' ich immer gewußt, sie betet. Das ist wie ein eiserner Glaube in ihr gewesen: alles Gute an unserem Leben hat sie von Gott erbetet, und jeden Kummer, der uns nahe kam, hat sie durch ihr Gebet erträglich gemacht."

Das war die stärkste Farbe in der Religion meiner Mutter: der Glaube an die Kraft eines frommen Gebetes, bei dem man die Hände nicht zu falten, kein lautes Wort zu reden, kein Kreuz zu schlagen und kein Knie zu beugen braucht. Auch der Gott meiner Mutter hatte ein zwiegestaltiges Wesen: vor einem leuchtenden Zauber der Natur, in schöner und träumender Stunde, war er der unfaßbare nach der Goetheschen Lehre: „Wer darf ihn nennen?" – doch in herzbedrückenden Minuten wurde er eine klare, bestimmte Persönlichkeit, eine verklärte Lebensgestalt mit Augen und Ohren, der allmächtige und liebevolle Vater über den Wolken droben, der alle Schmerzen sieht und geduldig jeden klagenden Schrei der Menschen hört. Von diesem Gotte liebte die Mutter zu sagen: „Mein Herrgöttle ischt ein seelenguts Männdle! Laßt allweil reden mit ihm! Und allweil hilft er!" Und immer redete die Mutter mit ihm, wie mit einem guten, treuen Kameraden. Waren Sorgenzeiten in Haus und Familie, so wurde ihr der ganze Tag zu einem einzigen Gebet; sie betete im Garten bei der Arbeit, in der Küche am Herd, bei der Mahlzeit, unter dem Schnurren des Spinnrades, beim Klang der Zithersaiten – und betete noch in der Nacht, wenn ihr der Halbschlaf schon auf den müden Augen lag. Sie pflegte zu sagen: „Kirch ischt allweil und überall!" Drum hatte sie, um mit ihrem Herrgott in Frieden zu leben, auch keine steinerne Kirche nötig, kein Dogma und keine Formel. Und als der Vater vom Pfarrer Andra als 'liberaler Lump und roter Hund' aus der Kirche gewiesen wurde, verließ sie an der Seite ihres Mannes ohne Erregung und Gewissensstreit das 'Beamtenchörle', nahm die Sache heiter und sagte: „Komm, Gustl! Mach dir nix draus! Unser Herrgott ischt, wo *wir* sind." Und Pfarrer Andra hieß im Sprachgebrauch der Mutter von diesem Tag an 'der biblische Judd' – das sollte heißen: einer von denen, die unter dem Kreuze Christi schreien und nicht wissen, was sie tun.

Mit aller Zärtlichkeit ihres Glaubens und mit aller Innigkeit ihres Gebetes vertrug sich ganz gut auch aller Humor ihres Wesens. Über alle Dinge, die äußerlich als heilig gelten, machte sie ihre heiteren Späße, wußte drollige Geschichten aus dem Wüstenleben und den Versuchungszeiten der guten Heiligen und zitierte lustige Knittelverse über den 'Antonius von Padawa' und über ''s Nepomükle auf'm böhmische Brückle', parodierte die verballhornten Bauerngebete und erzählte gern die Anekdote von jener weißen Taube, die am Pfingstfeste in einer Kirche als heiliger Geist erscheinen sollte; doch statt der flatternden Taube erschien am Guckloch der Kirchenkuppel das blasse Gesicht des Mesners, der herunterkreischte: „Jesusmaarja, Herr Pfarr, jetzt hat die Katz den heiligen Geist mitsamt die Federe gfresse!"

Wie die Mutter aus ihrem eigenen Glauben keine Formel machte, so verlangte sie auch von keinem anderen, daß er sich an Formeln hielt. Als sie an einem Quatemberfasttage dem 'Fräule Luis' einen Besuch im Pfarrhof machte und einen fastenwidrigen Küchenduft bemerkte, sagte sie lachend: „Herr Pfarr, mir scheint, ich schmeck e Brätle?" Die Pfarrluis wollte leugnen, aber Pfarrer Hartmann wußte, wen er vor sich hatte, und erwiderte mit Laune: „Narrle, ich werd ihn doch net stinket werde lasse!"

Das war in der Lebensreligion meiner Mutter die andere starke Farbe: Duldsamkeit in religiösen Dingen und verträgliche Nachsicht, die nie zu einer Grenze kam. So war das von Kindheit auf in ihr, weil sie aus einer Mischehe stammte, in welcher der Vater protestantisch und die Mutter katholisch war, und in welcher die Töchter katholisch und die Söhne protestantisch werden mußten. Aus dieser Kinderstube mit zwei Bekenntnissen trug sie das Wort ins Leben heraus: „Da isch doch kein Unterschied! Soll ein jeds glauben, was es mag! Deswegen bleiben alle Menschen doch Geschwisterleut!“ Und wie das in ihrem Leben wuchs, daß sie alles Natürliche heiter nehmen, alles Menschliche begreifen und drum auch alles Menschliche verzeihen konnte, so wußte sie auch ihren Glauben von der Verschwisterung aller Menschen ins Praktische zu übersetzen, in eine rastlose Betätigung ihrer warmen Nächstenliebe. Pfarrer Hartmann sagte einmal zu ihr: „Fraule, Sie sind in der Seelsorg mein Kamerädle, das allweil 's Bessere wirkt. Komm ich mit'm Gotteswort, so kommen Sie mit'm volle Körble! Das zieht!“ Wer im Dorfe nur immer Hilfe nötig halte, konnte zu meiner Mutter laufen – oder meine Mutter rannte zu ihm. Sie tat da häufig mehr, als die bescheidenen Verhältnisse des Beamtenhauses eigentlich erlaubten. Aus unseren Kästen wanderten Kleider, Wäsche und Schuhe davon, noch ehe sie ‘alt’ geworden. Und manchmal brummte Papa ein bißchen, wenn schon wieder eine Hose oder Joppe fehlte, die er gerne noch ein Jahr lang getragen hätte. Doch die Mutter hatte da ein Wort, gegen das der Vater nicht aufkam: „Geh, Gustl, Gott wird's ersetze!“ Dann lachte Papa: „Freilich, ja, aber die Rechnung bei Schuster und Schneider hab noch allweil ich bezahlen müssen!“ Und ein paarmal in jeder Woche bekamen wir ‘Krankenkost’: eingemachtes Kalbfleisch, Hühnersuppe, Gerstenschleim – weil die Mutter in der Nachbarschaft immer Patienten oder Wöchnerinnen hatte, die nur ‘was Leichtes’ vertrugen. Sie war eine Krankenpflegerin, von der jede barmherzige Schwester hätte lernen können. In jedem Bauernhause, in dem der Doktor sich aus ernsten Gründen täglich sehen lassen mußte, war auch die Mutter täglich zu finden. Und als der alte Armenhäusler Lenhardt – (mein Modell zum ‘Lehnl’ im ‘Herrgottschnitzer’) – an einer schwärenden Fußwunde erkrankte, deren unerträglicher Geruch jede Pflegerin vertrieb, hielt meine Mutter bei dem Kranken aus, bis sie den Genesenden wieder in die Sonne führen und mit Lachen sagen konnte: „Gelt, Lehnle, hawe mer halt mit Bete die Gsundheit doch wieder runtergrisse vom Himmel!“

Der fromme Glaube der Mutter machte auch uns Kinder fromm. Und der schöne Glanz, der immer in ihren Augen war, wenn sie uns die kleinen, heiligen Kinderverse vorsprach, lehrte auch mich mit gläubiger Inbrunst beten.

Die religiösen Bilder, die vor meinen Kinderaugen aus der Dämmerung herauswuchsen, sind mir noch gut in Erinnerung. Mein erster, zärtlicher Glaube galt, wie ja bei allen Kindern, dem schönen Weihnachtsengel, der pünktlich jedes Jahr erschien, wenn am heißersehnten heiligen Abend die Kuhschelle rasselte und das von hundert Lichtern glänzende Zimmer sich auftat. Zuerst sah man nur den brennenden Baum und einen Wirbel von Spielzeugfarben; guckte man aber hinter die Türe, so stand neben dem weißen Ofen der große, schlanke, schimmernde Engel mit dem Palmzweig in der Hand; er hatte schwarze Haare, ein liebes, freundliches Gesicht, etwas Funkelndes um die Stirne herum, ein langes silbernes Kleid und zwei kleine goldene Flügel, von denen ich, wenn er plötzlich verschwunden war, nie recht begriff, wie der große Engel mit diesen kleinen Flügeln fliegen konnte. An einem Weihnachtsabend erkannte ich in diesem Engel unsere Köchin Ottil an ihren 'Fleckelespantoffeln'. Diese Entdeckung machte mir zuerst ein riesiges Vergnügen, aber in der Nacht konnte ich nicht schlafen und mußte weinen. Und von dieser Zeit an wurde ich gegen alles Heilige ein bißchen mißtrauisch und zweifelsüchtig: Ob nicht wieder die Ottil mit ihren Fleckelespantoffeln dahintersteckte? Auch das aus Wachs gebildete Christkinderl sank in meiner Verehrung – was aber nicht hinderte, daß mir in den Wochen vor der Weihnacht allabendlich in der Dämmerung das 'wirkliche' Christkind erschien, ein feines, lächelndes Knäblein, schöner als das schönste Erdenkind, in einem weißen, bis zu den nackten Zehen reichenden Hemdchen, einen bläulichen Schimmer um die blonden Locken her. Wenn ich mich im Bett bewegte und mutig hinsah, verschwand es – wenn ich ruhig lag und mit unbeweglichen Augen in das Dunkel der Stube blickte, kam es wieder und blieb so lange, bis ich atmen mußte. Aber so konnte ich in stillen, finsteren Nächten nicht nur das Christkind, sondern auch alle anderen Dinge sehen, die ich liebte und mir ersehnte. Ich brauchte nur fest an das Ersehnte zu denken, den Atem anzuhalten und aufmerksam in die Nacht zu schauen, dann erschien es mir; erst war's wie eine trübe, violette Sonne; sie verwandelte sich in farbige Ringe, die gegen einander liefen; und innerhalb dieser kreisenden Ringe erschien mir, was ich zu sehen wünschte; ein paar Sekunden schwebte es wie ein Wirkliches in der Luft; dann begann es sich zu verändern, wurde von den kreisenden Farbenringen verzehrt und war verschwunden. Nach einer Viertelstunde konnte ich wieder etwas sehen, aber niemals das Gleiche zweimal in der gleichen Nacht. Diese wunderliche Gabe blieb meinen Augen bis ins zwölfte Lebensjahr; dann erlosch sie, und kam wieder als mein achtzehnjähriges Herz von der ersten tieferen Liebesleidenschaft erfaßt wurde; verschwand mit diesem ersten Frühlingsglück – war wieder da, als mir in reifem Mannesalter die geistige Arbeit bei gesundem Leib die Nerven zittern machte und meiner Müdigkeit den Schlummer versagte – und nun ist dieses Farben- und

Bilderschauen in der Finsternis seit Jahren ein amüsantes Spiel meiner schlaflosen Nächte.

Das Christkind, das ich vor den Schuljahren immer sah, verwandelte sich mir im wachsenden Knabenalter zum guten Hirten mit dem Lammfell um die nackten Schultern und mit dem weißen Hakenstab, begleitet von Johannes, der ihm glich wie ein Zwillingsbruder. Dann kam eine Zeit, in der ich immer den Knaben Jesus sah, wie er im Tempel die Schriftgelehrten staunen macht; und dieser Knabe wurde mir zum schlanken Jüngling, der träumend in der Wüste ruht oder im blauen Mantel wandert und mit sanfter Hand die reifen Ähren streift; auch den verklärten Heiland sah ich, der dem ungläubigen Thomas erscheint; doch niemals sah ich den Sohn Marias in seiner Qual. Und bildliche oder plastische Darstellungen des Gekreuzigten in seiner Marter waren mir von Kindheit auf eine Sache, die ich nicht liebte und nur mit Widerstreben betrachten konnte.

Eine ganz absonderliche Vorstellung hatte ich als sechsjähriger Junge von Gott Vater. Den sah ich als riesenhaften Greis mit wehendem Mantel, mit schönem weißen Barte, doch ohne Gesicht. Statt des Gesichtes hatte Gott Vater ein goldenes Dreieck mit blauem Auge; die grandiose Gestalt bewegte sich immer, doch das funkelnde Dreieck blieb unbeweglich, und das blaue Kyklopenauge rührte sich nie. Den richtenden Gott im flatternden Mantel hatte ich wohl als Kind auf irgend einem Bilde gesehen – und ich glaube, in der Pfarrkirche zu Welden war über dem Altar das goldene Dreieck mit dem strengen Auge. Religiöses Symbol und künstlerisches Bildnis flossen mir in Eins zusammen. Diese groteske Vorstellung, die mich zuerst beängstigte, bekam allmählich etwas Heiteres für mich. Der von den Wolken getragene Riese sah immer aus, als wäre ihm ein zu großer, goldener Generalshut mit blauer Kokarde bis auf die Schultern gefallen. Wenn dieser Riese sich bewegte, glaubte ich immer: jetzt schiebt er den Hut in die Höhe! Doch er tat es nie. Und da kam es so, daß ich immer schmunzeln mußte, wenn von Gott Vater die Rede war. Kein Bild meiner Schulbücher, keine Religionsstunde, keine Kirchenpredigt, kein frommes Wort meiner Mutter, keine der Zärtlichkeiten, die sie von ihrem lieben Herrgott zu sagen wußte, konnte diese sinnlos erscheinende Vorstellung aus meinem Knabenhirn verscheuchen. Sie verblaßte erst, als ich zu denken begann, und wurde durch kein anderes Bild ersetzt. Ein schwer erklärliches Spiel der Kinderphantasie wurde für mich die wunderliche Vorstufe zur Ahnung eines Gottes, der jeder Verbildlichung widerstrebt – eines Schöpfers, den

Menschensinne weder zu schauen, noch zu deuten, noch zu fühlen und zu fassen vermögen.

Jene komisch giganteske Vorstellung Gottes war für meinen Kinderglauben eine zersetzende Kraft. Ich selber merkte das nicht, blieb noch lange ein gläubiger Junge und hatte sogar Neigung zu religiöser Schwärmerei und Verzückung. Obwohl ich als Ministrant Allotria und Dummheiten trieb, die Kirche lieber schwänzte als besuchte, vergnügt jeden 'Unfürm' meiner Chorhemdkollegen mitmachte und von den Banalitäten der Sakristei und des Kirchendienstes ernüchtert wurde, überkamen mich doch immer wieder selig süße Minuten, in denen ich vor dem Altar, beim Rauschen der Orgel und im Duft der Weihrauchwolken, allen irdischen Boden verlor und mit träumerisch verzückter Knabenseele gen Himmel flog. Da sah ich die Jakobsleiter mit den auf- und niederschwebenden Engeln, sah in der geöffneten Höhe einen blendenden Glanz, aus dem mir die silberweiße Gestalt des Heilands in Verklärung zulächelte; und immer höher und höher flog meine glückliche Seele den schimmernden Herrlichkeiten zu – bis ein Schmerz mich weckte und wieder aufs kalte Kirchenpflaster herunterzerrte: weil mein Ministrantenkamerad, der 'Weihrauchbüxelesbub', mich in den Arm oder in den Schenkel zwickte, um mich zu kirchendienstlichem Verstand zu ermuntern – oder weil mir der Mesner unter einem Faustpuff zuflüsterte: „Du Lausbüeble, du verdrehts, paß auf e bissele!“ In solch einer schmerzenden Sekunde kamen mir manchmal vor Zorn die Tränen.

Himmelsträume sind eine Süßigkeit für das Kinderherz. Mir wurden solche Träume doppelt süß, weil sie nur Seligkeitshoffnungen kannten, doch keine Höllenfurcht und keine Teufelsangst. Pfarrer Hartmann, der lustige Benefiziat und das Pfarrle von Hegnenbach pflegten sehr vorsichtig und nur mit christlicher Rückversicherung von der ewigen Verdammnis zu predigen. Drum trug ich aus Kirche und Schule keinen Glaubensschreck heraus, und das schwäbische 'Deifele', das in den bäuerlichen Spinnstuben sein Wesen trieb, war ein viel zu lustiger Geselle, als daß man ihn hätte ernst nehmen können. Im Haus meiner Eltern wurde vom ewigen Feind aller Lebensschönheit nur gesprochen, wenn Vater und Mutter zu einer häßlichen Sache 'Pfui Teufel!' sagten – und so blieb mir der fabulöse Höllenfürst in meiner Kindheit nur immer der dumme Kerl, der sich vom Schmied von Jüterbock die Klauen stutzen läßt, ein Spielzeug mit rotem Zünglein, eine Theaterfigur, die vom Käschperle geprügelt wird, und eine Fastnachtsmaskerade, die man vergnügt mit Schneeballen oder Straßendreck bewarf.

Der Teufelsunsinn hat mein junges, heiteres Kinderleben so wenig beschwert wie der Gespensterglaube, den auch unsere sonst sehr brave und kluge Köchin Ottil mit ihren hundert Geistergeschichten in mir nicht zu wecken vermochte. Diese gruseligen Mondscheingeschichten, die da zur Dämmerzeit in der Küche getuschelt wurden und der hübschen, dicken Stallmagd die Haare zu Berge trieben, machten mich nicht ängstlich, sondern nur zappelneugierig. Ich glaubte nicht an Gespenster, aber ich hätte doch ums Leben gern einmal einen Geist gesehen! Wenn ich in der Nacht hinauf 'rasselte' in mein Mansardenstübchen, spähte ich auf dem finsteren Bodenraum sehnsüchtig in alle Winkel. Aber da blieb alles schwarz, nichts Weißes wollte erscheinen. In warmen Sommernächten hielt ich mich oft so lange wach, bis ich die Mitternachtsglocke schlagen hörte – aber wie weit ich auch das Köpfl zum Fenster hinausstreckte, niemals sah ich etwas Leintuch-Ähnliches um den Dachgiebel fliegen oder durch den Garten schleichen. Und wenn mich der Vater, was oft geschah, noch spät in der Nacht um einen Krug Bier zum Brauhaus schickte, weil die müden Dienstboten ihre Ruhe brauchten – dann machte ich mit Vorliebe den kleinen Umweg durch den Kirchhof, blieb vor der Beinkapelle stehen und guckte aufmerksam die bleichen Knochen und Schädel an, ob sich da drinnen nicht ein bißchen was Geisterhaftes rühren möchte. Es raschelte auch manchmal – aber nur, weil die Mäuse liefen.

Was mich da so stehen und spähen ließ, das war nicht etwa kecker Knabenmut, nur unüberwindliche Neugier, der ich gehorchen mußte. Und wenn ich auch nie einen 'Geischt' gesehen habe, so sah ich doch sonst gar mancherlei. *Eine* von den vielen Beobachtungen, die ich auf dieser ruhelosen Geistersuche machte, verursachte ein Ereignis, das ich nicht verstand. Da wollte Papa eines späten Abends noch etwas mit dem Forstgehilfen bereden, der drüben in der Gehilfenstube des Ökonomiegebäudes wohnte. Der Vater ging, um den Gehilfen zu rufen, kam zornig zurück und schalt: „Das ist doch unerhört! Der Kerl ist aber auch nie daheim!"

Ich hatte den Forstgehilfen lieb und konnte ihn zu meiner Freude auch gleich und gut verteidigen. „Vaterle! Der isch gwies daheim! Der isch nur bei der Kuehmagd drin im Stüble, ja, weischt, die traut sich nimmer alleinig schlafe! So viel Angst tuet's habe vor die Geischter!"

„Wasss?" sagte Papa. Und ging mit seinem langen Schritt aus der Stube.

Die Mutter war sehr ärgerlich und schickte mich ins Bett. Am anderen Morgen übersiedelte der Forstgehilfe mit bleichem Gesicht in ein Bauernhaus, die gute dicke Magd blieb *ganz* verschwunden, und noch vor Abend bekamen wir eine neue Stalldirn, die mager und häßlich war. Warum? Dieses Unerklärliche verstand ich nicht. Und als ich einige Tage später dem geliebten Forstgehilfen erzählte, wie treu und gut ich ihn verteidigt hätte, gab er mir eine fürchterliche Maulschelle. Das war nun *wieder* eine Sache, die ich nicht begriff. Und damals, unter Tränen, empfand ich zum erstenmal, wie schwer es ist, die Menschen in ihren dunklen Regungen klar zu erkennen.

Neben den Geistergeschichten betrieb unsere Köchin Ottil noch eine zweite novellistische Spezialität: die Geschichten von vergrabenen Schätzen. Und mit *diesen* Geschichten erwischte sie mich beim Wickel und träufelte mir etwas Heißes und ruhelos Bohrendes in das neunjährige Gehirn. Vergrabene Schätze? Warum nicht? Schätze gibt es doch! Und da kann man sie auch vergraben. Und wenn sie vergraben sind, so kann sie einer finden. Ich *glaubte*! Und hatte nur noch diesen einen Traum bei Tag und bei Nacht: einen heimlichen Schatz zu entdecken, Vater und Mutter reich zu machen und mir eine Kutsche mit zwei weißen Ziegenböcken zu kaufen. In meiner Phantasie genoß ich das schon voraus: wie ich mit dem Muckl, mit dem Alfons und Domini spazieren fahren würde. Abend für Abend guckte ich mir im Garten, oder auf dem Theklaberg, oder auf sumpfigen Wiesen, oder an den Waldrändern die Augen nach dem Irrlicht aus, das mich führen mußte. Weil nirgends ein Irrlicht flackern wollte, wurde ich ungeduldig. Und wollte selber einen Schatz vergraben. Und wollte dem Domini, dem Muckl und Alfons die Freude lassen, diesen Schatz zu finden. So krapste ich eines Tages alles zusammen, was ich daheim an Gold und Silber erwischen konnte: mein Patenbesteck, die silbernen Löffel meiner Mutter, Papas goldene Uhr und goldene Kette – und diesen ganzen Schatz, ein paar hundert Gulden an Wert, vergrub ich im tiefsten Dickicht des Schwarzbrunner Waldes. Weiß nun der Kuckuck, wie's der Zufall brachte: auf dem Heimweg über die Wiesen, als ich mich umguckte, sah ich in der Dämmerung des Waldes ein helles Lichtlein flackern. Vielleicht hatte da ein Holzknecht sein Pfeiflein angezündet. Aber ich hielt es für ein Irrlicht, das über dem vergrabenen Schatz zu tanzen begann. Und nun stimmte die Sache. Vor seliger Aufregung konnte ich in der Nacht kaum schlafen – und träumte davon, daß der eingegrabene Schatz jetzt goldene und silberne Kinder bekäme und sich ins Ungemessene zu vermehren begänne.

Doch bevor ich dem Alfons, dem Muckl und dem Domini noch sagen konnte, wo sie das tanzende Irrlicht suchen sollten, vermißte Mama ihre silbernen Löffel und Papa seine goldene Uhr. Und weil die neue Stallmagd in Verdacht kam, mußte ich erschrocken beichten. Zuerst gab's eine sprachlose Verblüffung, dann ein lustiges Gelächter. Und Papa sagte wieder: „Du Kamel!" Ich mußte mit dem Vater gleich in den Schwarzbrunner Wald hinaus – kroch da stundenlang im Dickicht herum und konnte den vergrabenen Schatz nicht mehr finden. Als ich in unerschüttertem Vertrauen den Vorschlag machte, auf das ganz verläßliche Irrlicht zu warten, zog der Vater in aufwallendem Ärger zu einer Ohrfeige aus. Doch er gab sie mir nicht. Und als es zu dämmern anfing, trat er schweigsam mit mir den Heimweg an. Weit draußen auf den Wiesen sprach er das erste Wort: „Du! Wenn du dich jetzt *nochmal* umschaust, dann kriegst du aber wirklich eine!" Der Verlust des Gold- und Silberzeuges verdroß ihn viel weniger, als mein hartnäckiger Glaube an das Irrlicht. Daheim, bei den Tränen in den Augen meiner Mutter, wurde mir das Herz schwer. Dann kamen bange Tage. Eine ganze Woche suchte man noch immer nach dem vergrabenen Schatz. Er blieb verschwunden. Und schließlich gab man das Suchen auf. Der Vater verschmerzte seine goldene Uhr viel rascher, als Mama ihre silbernen Löffel.

Die frohen Augen meiner Mutter naß und traurig zu sehen, das war für mich eine schreckliche Sache. Drum stand ich Abend für Abend droben in meinem Dachstübchen am Fenster und spähte nach dem Schwarzbrunner Wald hinaus, ob nicht das Irrlicht wieder käme. Und eines Abends stipizte ich Papas Fernrohr aus der Kanzlei. Doch ob ich in der Nacht auch stundenlang gegen den Wald hinausguckte – das Glas blieb immer finster. Bei diesen Fernrohrstudien erwischte mich der Vater. „Kerl! Was treibst du denn da?"

Ich brachte nur ein einziges Wort über die Zunge: „'s Irrlichtle ..." Und da hatte ich schon eine Ohrfeige – die letzte von der Hand meines Vaters, der mit einer niederschmetternden Verachtung sagte: „So ein Kamel! Und *das* will studieren und aufs Gymnasium gehen!"

Papa befand sich hier in einem Irrtum. Ich wollte gar nicht studieren, wollte viel lieber ein Schlosser, oder ein Vergolder, ein Fischer, ein Jäger, oder sonst was Schönes werden. Nur nicht fort von Welden, nicht fort aus dem Walde, nicht hinein in die Stadt! Bei dem Gedanken an dieses Drohende rieselte mir immer etwas Kaltes durch das junge Leben. Und wenn ich die Mutter so still und ernst an meiner Seminarausstattung nähen sah, dann war mir immer das Heulen nahe. Die bitteren Wässerlein fingen auch gleich zu rinnen an, wenn die Mutter sagte: „Ach, Bubele, im Herbst!" – oder: „Jetzt nur noch zwei Monat und sieben Tag!" – oder: „Kindle, das wird hart werden, für uns alle!" – oder: „Kind, in der Fremd, da wirst du erst merken, was Heimat und Vater und Mutter heißt!" Solche Worte taten mir weh; und ich wußte doch nicht, warum! Denn an diese Reise zur Weisheit glaubte ich einfach nicht – erst recht nicht, als ich während meiner Ministrantenzeit zum lustigen Benefiziaten in die 'lateinische Lehre' kam. Mir war das ein Gegenbeweis. Wenn man das Lateinische auch in Welden lernen kann, so braucht man doch nimmer in die Stadt zu reisen!

Aber allmählich dämmerte doch die Erkenntnis in mir auf, daß es mit dieser fürchterlichen Sache ernst würde. Da wurde ich zuerst von einer hilflosen Verstörtheit befallen. Dann kam etwas über mich, wie ein irrsinniger Rausch – eine unersättliche Gier, mich in Wald und Feld und Garten noch gründlich auszurasen – just so, als wäre unbewußt der Gedanke in mir gewesen: „Genieße, was du noch hast; wenn es verloren ist, dann kommt es nimmer wieder!"

In diesen letzten Monaten trieb ich es, daß sogar der Alfons und Muckl es müde wurden, mir nachzurennen. Und immer war's wie Hunger in mir: zu raufen und mit den Fäusten dreinzuschlagen! Ruhig reden konnte ich nimmer, nur noch schreien mit schrillender Stimme, *so* schreien, daß ich an jedem Abend heiser war. Und am frühen Morgen ging's wieder los. Wenn ich zur Unterrichtsstunde kam, die der Benefiziat mir gab, war ich immer ohne Atem, vom Rennen fieberhaft erhitzt, hatte zerrissene Kleider, hatte blutige Striemen im Gesicht und Beulen am Kopf, hatte zerschundene und verstaubte Hände – und mußte mich immer erst waschen und ausruhen, bevor ich halbwegs fassen konnte, wie *amo* konjugiert wird.

Der sonst so lustige Benefiziat war bei diesem Unterrichte gar nicht lustig. Er gab sich ernstliche Mühe, die großen Zahnlücken meiner Schulbildung zu plombieren und mir das erste Jahr der Lateinschule ein bißchen zu erleichtern. Wenn ihm das nicht gelang, so war's nicht *seine* Schuld. Nur im deutschen Aufsatz brachte er mich ein wenig vorwärts – und immer hatte er sein schmunzelndes Vergnügen an dem wunderlichen Zeug, das ich da zusammenkritzelte. Einmal gab er mir das Thema: „Warum hat der Mensch eine unsterbliche Seele?" Als er las, was ich geschrieben hatte, lachte er hell hinaus und sagte: „Ludwigle, du bischt e Komiker!"

Ich fragte: „Warum?“

Doch er gab mir keine Antwort, sondern sah mich so merkwürdig forschend an, daß ich glühend rot wurde und mich schämte.

Um mir Geschmack an der Klangschönheit der lateinischen Sprache beizubringen und dadurch meinen Fleiß zu beflügeln, las er mir Oden von Horaz und Ovidische Hexameter vor. Die Worte verstand ich nicht, aber der rhythmische Klang ging mir ins Ohr und haftete. Und obwohl ich nur erst ein paar hundert Vokabeln und die Hilfszeitwörter schlecht im Kopfe hatte, gelang es mir, einen lateinischen Hexameter eigener Fechsung zustande zu bringen. Dafür schenkte mir der Benefiziat das einzige Fleißbillett, das ich von ihm bekommen habe; es war ein rotes Hauchbildchen, das sich auf der warmen Handfläche krümmte; und auf meine Leistung war der gute Benefiziat so stolz, daß er gleich am nächsten Konsumvereinsabend allen Honorationen erzählte: ich hätte einen ganz richtigen Hexameter gemacht, aber in den fünfzehn lateinischen Silben wären siebzehn grammatikalische Fehler gewesen.

Seine Freude über diesen „Vers“ und dazu die Heiterkeiten, die ihm meine deutschen Aufsätze bereiteten, das waren für den guten Benefiziaten die einzigen Lichtpunkte neben den vielen tiefen Schatten dieses Unterrichtes. In den Stunden für Katechismus, Geographie und Rechnen brachte ich ihn manchmal um das letzte Restlein seiner liebenswürdigen Geduld. Da konnte er mit der Faust auf den Tisch hauen und schreien, daß die hohen Bücherkästen seiner Studierstube dröhnten. Und weil ich jede Gelegenheit benützte, um durch Tür oder Fenster auszukneifen, drum sperrte er mich immer, bis ich meine Aufgabe fertig hatte, in seiner Stube ein und hakte von außen die Fensterläden zu. In dieser wohligen Dämmerung betrachtete ich stundenlang den Stäubchenflug in den Sonnenbändern, die durch die Herzlöcher der Fensterläden hereinfielen; oder ich legte mich auf das Ledersofa, kaute am Bleistift und hatte schöne Träume; manchmal spielte ich ‘Benefiziat’, zog seinen türkischen Schlafrock an und trug seine lange Studentenpfeife spazieren.

In solch einer Dämmerstunde hinter Schloß und Riegel brachte mich die gedankenlose Langweile auf einen Streich, den ich bitter bereute, als ich merken mußte, wie grob er dem guten Benefiziaten zu Herzen ging. Aus irgend einem Grunde – ich glaube, weil mir die Spitze meines Bleistifts abgebrochen war – suchte ich nach einem Messer. Und fand das Rasiermesser des geistlichen Herrn. Also, das war schon prachtvoll, wie man mit diesem Messer den Bleistift spitzen konnte! Und jeder Schnitt in das harte Holz des Schreibtisches war wie ein Schnitt in die linde Butter! Freilich, aus der feinen Messerschneide sprang manchmal ein kleines Splitterchen heraus. Aber das Messer schnitt deswegen immer noch großartig! Und ganz besonders fein ging der Schnitt durch Pergament und Leder! Da konnte ich mit Schneiden und Schneiden gar nicht satt werden! Aus den hohen Bücherkästen, auf deren Brettern die in Schweinsleder und Pergament gebundenen Kirchenväter zu Hunderten standen, nahm ich Band um Band heraus und schnitt in die Buchrücken und in die Kanten der Lederdeckel die schönsten Ornamente und Zacken hinein.

Als ich schon ein paar Reihen der Kirchenväter in solcher Weise geziert hatte, kam der Benefiziat und gewahrte gleich meine künstlerische Leistung. Sie war *sehr* auffällig! Er schlug die Hände über dem Kopf zusammen und sagte immer: „Jesus ... Jesus ...“ Da begann die Besinnung in mir zu erwachen, und ich fing zu zittern an. Im nächsten Augenblick erwischte mich der unlustige Benefiziat mit beiden Fäusten bei den Kreuzerschneckerln und beutelte mich, daß mir die Zähne klapperten. Als er dieses Richteramtes müde wurde, sah er mich kopfschüttelnd an, zog das am übelsten zerschnittene Buch aus der ornamentierten Reihe, schlug den Deckel auf und sagte kummervoll: „Der heilige Augustin!“ Diesen beschaulichen Moment benützte ich, um flink davonzusausen. Erst spät am Abend fand ich den Mut zum Heimweg und dachte dabei mit großer Sorge an die Hundspeitsche. Aber daheim war's friedlich und still. Der Benefiziat hatte mich beim Vater noch nicht verklagt; er tat es auch später nicht; die Eltern merkten aber doch, daß irgend etwas nicht in Ordnung war; sie brachten nur das Eine heraus: daß ich dem Benefiziaten das Rasiermesser beim Bleistiftspitzen kaput gemacht hätte; und Papa ließ für den geistlichen Herrn ein schönes neues Rasierbesteck aus Augsburg kommen.

Kapitel V

In den Wochen, die nun folgten, war ich rasend fleißig, um den verdrossenen Benefiziaten wieder heiter zu stimmen. Ich weiß nicht, ob mir das gelungen wäre. Doch es kam mir da ein Ereignis zu Hilfe, das für dreitausend Menschen in den sieben Dörfern des Holzwinkels ein unbändiges Gelächter brachte und auch den Benefiziaten lustig herausriß aus seiner stillen Trauer um die mißhandelten Kirchenväter.

Diese Geschichte, die heimlich als zärtlicher Liebestraum in zwei jungen Herzen begann, endete unter Mitleidenschaft von hundert Menschen mit der derben Komik einer schwer zu erzählenden Volksgroteske.

Neben jenem geisterscheuchenden Freunde unserer dicken Stallmagd von einst und neben dem zitherkundigen Harlander hatte mein Vater noch einen dritten Forstgehilfen, einen jungen, schmucken Menschen, welcher Xaver hieß und den Spitznamen 'das stille Wässerle' bekam. Der ging nach fröhlichem Einstand immer so wunderlich verträumt herum, war selten zu sehen und redete wenig. Was Geheimnis seiner Schwermut wurde schließlich eine landkundige Sache. Er hatte sich über Hals und Ohren in eine reiche Wirtstochter aus einem zwei Stunden von Welden entfernten Dorfe verliebt; aber nicht um ihres Geldes willen. Seine Erkorene hieß Babettle und war ein schlankes, frisches und bildhübsches Mädel mit rosigem Madonnengesicht und herzlieben, nußbraunen Augen; auch ein bißchen eitel war sie und liebte es, sich zierlich nach städtischer Art zu kleiden; besonders gerne trug sie jene gestärkten, mit Spitzen besetzten Batistkrawatten, die man 'Bärblen' nannte. Dieses feine Mädel verdrehte nicht nur dem Xaver, sondern noch vielen anderen den Kopf. Auch mir fiel ein heißes Fünklein in das zehnjährige Knabenherz – und bei einem Ausflug, den ich mit den Eltern nach dem 'Wirtshaus zum zuckrigen Mädele' unternahm, machte ich den Versuch, diese niedliche Schönheit zu besingen. Meine erste lyrische Dichtung! Aber sie blieb Fragment. Denn ich fand nur diesen einzigen Reim:

„Babettle, Babettle,
Mit deim nette Krawättle ..."

Der Vers wurde im Holzwinkel populär, und das Babettle hörte ihn so oft zitieren, daß sie die weißgestärkten 'Bärblen' nimmer tragen mochte. Jetzt ging sie mit bloßem Halse – und da war sie noch viel hübscher, und der Xaver wurde noch viel schwermütiger, obwohl er beim Babettle alle anderen Bewerber ausstach und freundliche Gegenliebe fand. Das war eine Liebe, bei der um so weniger herausschaute, je tiefer der Xaver dem Babettle in die glänzenden Augen hineinguckte. Die zwei jungen Leutchen hätten einander gerne geheiratet. Aber der neugebackene Forstgehilfe konnte nicht darauf rechnen, daß ihm die Regierung den Konsens zur Heirat erteilen würde; und die Eltern des Mädels, die das Wirtshaus ihrem großgewachsenen Sohn übergeben wollten, wünschten für die Tochter was Besseres zu finden als einen 'hungrigen Forschtner'. So wurde, was zwischen Xaver und Babettle spielte, ein Glück mit Trauer und Tränen. Man schwatzte viel von der Sache, die Leute nahmen Partei, und Babettle und Xaver wurden als Liebespaar im Holzwinkel so berühmt, wie Romeo und Julia in aller Welt.

Hier aber siegte weder die Liebe noch der Tod. Babettles Eltern setzten ihren Willen durch und verlobten das Mädel, das Wohl auch keinen sonderlich tapferen Widerstand geleistet hatte, mit einem wohlsituierten Bauernsohn, der ein frecher Kerl und ein hochmütiger Lümmel war. Jetzt, nach der Entscheidung, nahm alle Welt im Holzwinkel einstimmig Partei für den verstörten Xaver, der mit dem Gedanken umging, sich aus Liebeskummer totzuschießen. Man mußte ihn bei Tag und Nacht bewachen.

Babettles Bräutigam, der seinen Triumph vor allen Leuten feiern wollte, ließ eine 'große Hochzeit' rüsten, lud hundert Mahlgäste ein – und um seinen Sieg recht gründlich auszukosten, schickte er den Hochzeitslader zu allen Forstgehilfen, Praktikanten und Eleven – und auch zum Xaver. Diese offensichtliche Verhöhnung eines in Liebe trauernden Herzens hatte böse Folgen. Die jungen Forstleute betrachteten die Sache als einen Schimpf gegen die grüne Farbe, beschlossen, sich zu rächen, und suchten nach einem Mittel, um diese hochmütige Hochzeit in einen brüllenden Spott zu verwandeln, unter allen Mitteln, die dazu helfen konnten, fanden sie das allerschrecklichste.

Meinem Vater fiel es auf, daß seine Forstgehilfen und Eleven in dieser Zeit die Fuchsjagd mit besonderem Eifer betrieben. Einen Fuchs um den anderen brachten sie heim. Innerhalb zweier Wochen erlegten sie vierunddreißig Füchse. Darüber freute sich mein Vater um seiner Hasen und Rehe willen. Von der Verschwörung, die da mitspielte, hatte er keine Ahnung.

Dann kam der Hochzeitstag, und weil man eine blutige Prügelei befürchtete, war die Gendarmerie sieben Mann hoch aufgeboten. Doch die vierzehn jungen Forstleute in ihren grauen und grünen Uniformen erschienen manierlich und mit dem Anschein aller Friedfertigkeit zum Feste. Auch Xaver kam, ein bißchen blaß, aber sonst ganz ruhig. Daß ihn die schöne Braut in ihrer Verlegenheit gar nicht bemerken wollte, das erleichterte ihm seine Haltung – und was er kommen sah, schien seinen Liebeskummer schon halb geheilt zu haben.

Nach der Trauung wanderte der festliche Zug hinter den dudelnden Trompeten und Klarinetten, unter Böllergekrach und Flintenschüssen nach dem geschmückten Wirtshaus und über die steile Treppe hinauf in den Tafelsaal, an dessen reichgedeckten Tischen die hundertzwanzig Gäste so enge sitzen mußten, wie die gepöckelten Heringe zu liegen pflegen. Die bedienenden Mägde mußten sich beim Umtragen der Schüsseln mühsam zwischen den Stuhllehnen hindurchzwängen; war eine für diese Schlangenarbeit zu dick, dann gab's allerlei Scherze und viel Gelächter.

Das erste Gericht war die festübliche schwäbische Spätzlessuppe. Dazu trank man süßen Wein. Und der Bräutigam sprach in seiner triumphierenden Freude dem Glase fleißig zu, prostete die Forstleute und den Xaver an, jauchzte und jodelte und war der stolze Held dieser schmatzenden Stunde seines Glückes. Nach dem zweiten Gange, der, wie gebräuchlich, das 'saure Voressen' brachte, hielt der Pfarrer seinen Tafelspruch und ließ das Brautpaar leben. Im Tanzsaal ein Trompetentusch, der die Ohren sausen machte. Und drunten im Wirtsgarten krachten die Böller.

Einer von den Verschworenen soll bei diesem Pulverdonner gesagt haben: „Da herinne weard's au bald krache!" Diesen Scherz begriffen die Mahlgäste nicht; aber die Forstleute verstanden ihn. Sie lachten. Und alle stießen sie freundlich und unter wohlwollenden Segenswünschen mit dem Brautpaar an. Nur der Xaver hielt sich ferne, war blaß und schweigsam.

Nun kam als drittes Gericht, das 'Eahreschüssele', das bei keiner schwäbischen Hochzeit jener Zeit zu fehlen pflegte. Auf einer solchen Hochzeit gab es immer zweierlei Gäste: die Tanzleute, die erst nach Schluß der Tafel erschienen und ihr hüpfendes Vergnügen gratis hatten – und die feierlich geladenen Mahlgäste, die ihren Anteil an der Tafel mit schweren Kronentalern bezahlen mußten. Doch jeder Gast konnte da seinen Besitz nach Belieben dokumentieren und seine 'Eahr' und Würde nach Gutdünken einschätzen. Auf einer großen Zinnplatte wurde eine schöngeschnitzte Holzschüssel mit süßem Milchreis herumgereicht; dieser Brei war fingerdick mit Zimt bestreut – und die braune Zimtkruste war dicht gespickt mit großen Himbeeren aus rotem Zuckerguß. Für jede Himbeere, die ein Gast herausfischte, mußte er einen Kronentaler auf die Zinnplatte werfen. Dabei protzten die Leute gerne. Was ein großer Bauer war, der fischte seine zehn Himbeeren und einen festen Löffel voll Zimt. Und dieses 'Eahreschüssele' wurde nach strenger Etikette herumgereicht. Zuerst nahm der Pfarrer – gewöhnlich nur *eine* Himbeere, aber viel Zimt und Reis – dann nahmen die Eltern des Brautpaares, dann Bräutigam und Braut, die nächsten Anverwandten, der Bürgermeister, die großen Steuerzahler, die kleinen Bauern, dann die Beamten, die Gendarmen und zuletzt der Lehrer und der Hochzeitslader, der die Kasse revidieren und em gereimtes Sprüchlein aufsagen mußte. So war's auch auf der Hochzeit des schönen Babettle – und bei dem mancherlei Hin und Her, das die Ehrenschüssel machen mußte, fiel es nicht auf, daß die Forstleute wohl ihren Kronentaler auf die Zinnplatte warfen, aber den spärlich genommenen Zimtreis mit der Himbeere auf ihrem Teller liegen ließen. Auch gab's gerade am Tisch der Hochzeitsleute einen Zwischenfall, der viel Aufsehen erregte und Spott und Gelächter weckte. Denn als die Braut das Löffelchen mit der ersten Himbeere zum Mäulchen heben wollte, stand plötzlich aufgeregt und blaß der Xaver mit seinem Glas an ihrer Seite, um auf ihr Wohl zu trinken. Dabei benahm er sich so wunderlich und täppisch ungeschickt, daß er Babettles Teller mit dem Zimtreis vom Tisch hinunter auf den Boden warf. Lustiges Gejohle und allerlei Stichelreden über den abgedankten Liebhaber. Der wütende Hochzeiter fischte, damit seine Braut beim Ehrengerichte nicht zu kurz käme, flink ein paar Löffel voll Zimtreis und Zuckerbeeren für sein Babettle auf einen frischen Teller heraus und wurde grob gegen Xaver. Auch ein paar von den Forstleuten schienen sich über Xavers Benehmen zu ärgern, warfen ihm heftige Worte zu und verließen ihre Mahlplätze. Und Xaver sah das schmausende Babettle traurig an – und weil er doch den Teller mit dem Zimtreis nicht ein zweitesmal vom Tisch hinunterwerfen, auch seine Kameraden nicht verklatschen konnte, ging er mit schwülem Seufzer stumm davon.

Nun muß ich das schon halb verratene Geheimnis der Verschworenen völlig entschleiern. Beim Lohnkutscher, der alles für die Hochzeit Nötige aus der Stadt zu liefern hatte, war der Zimt in der großen Blechbüchse heimlich gegen was anderes vertauscht worden. Und Fuchsleber, die man in der Sonne dörrt und dann zerpulvert, sieht genau so aus wie Zimt – und ist ein rapid und grauenvoll wirkendes Erleichterungsmittel. Vielleicht hatten die Verschworenen der Fuchsnatur auch noch ein bißchen nachgeholfen.

Denn kaum war das „Jahreschüssele“ um den letzten Tisch herumgegangen – kaum hatte der Hochzeitslader die Mahlkasse revidiert und seinen Spruch begonnen:

„Älle sein mer guete Zahler!
's feahlt mer bloß e wunzigs Bissele,
Und druihundert Kroanetaler
Liege drin im Kochzetsschüssele – „

da wurde plötzlich der Herr Pfarrer kreidebleich, sprang vom Sessel auf, zog die schwarzen Rockschöße nervös auseinander und steuerte dem Tanzboden zu, so flink, als er zwischen den enggereihten Stühlen nur durchzukommen vermochte. Die Musikanten im Tanzsaal, die just die Reste der Ehrenschüssel verspeisten, fingen fidel zu lachen an, als sie den geistlichen Herrn so angstvoll laufen und im Korridor verschwinden sahen. Inzwischen brach an der Hochzeitstafel die Katastrophe wie der Anfang einer Lawine los. Zuerst bekam der Vater des Bräutigams die weiße Mauerfarbe und mußte springen. Dann fiel das bleichmachende Unglück die beiden Mütter des Brautpaares an. Die anderen lachten und wußten noch immer nicht recht, wie sie daran waren – und brüllten vor Vergnügen, als der Bräutigam, der den langen Umweg durch die engen Sesselreihen nicht mehr wagte, gleich einem Irrsinnigen über den Hochzeitstisch hinübersprang. Er war leichenblaß, fand so himmelschreiende Flüche, wie sie sonst nur der Förster Regenbogen von Emmersacker zu finden wußte, machte Sprünge wie ein aus der Falle befreiter Löwe und erreichte trotz aller Geschwindigkeit die Türe viel zu spät. Während er mit allen Anzeichen hochgradiger Übligkeit gegen die Mauer taumelte, hörte er draußen im Korridor die Stimme seiner verzweifelten Mutter kreischen: „Jöises! Herr Pfarr! O jöises Maaarja! So tean S' doch 's Tüerle aufriegle!"

Der Bräutigam in seinem Elend schien jetzt den Zusammenhang der Dinge zu erraten. Trotz seiner schlotterigen Verfassung machte er wütend den Versuch, den Xaver oder sonst einen von den jungen Forstleuten beim Kragen zu erwischen – und dann hätte es wohl Blut und Mord gegeben, da auch die Gendarmen bereits in ihrer Amtswürde irritiert erschienen. Doch die vierzehn Verschworenen waren vom Hochzeitsfeste verschwunden.

Und das arme, halbschuldige Babettle! Das sich vom barmherzigen Xaver nicht hatte warnen lassen! Zitternd stand es mit Rosmarin und Myrtenschmuck in einer Fensternische, wagte sich aus irgendwelchen Gründen nicht mehr vom Fleck zu rühren und schrie dem sakramentierenden Bräutigam unter Tränen zu: „Jetz hascht es! Gell, jetz hascht es!"

Die katastrophale Lawine rollte streng nach der Etikette weiter. Nach dem Brautpaar erfaßte sie die großen Steuerzahler; dann kamen die kleineren Bauern an die Reihe, die Gendarmen wurden bleich, zuletzt erblaßten der Lehrer und der Hochzeitslader und zu allerletzt die Musikanten, die das „Eahreschüssele" sauber ausgelöffelt hatten. Auf dem Tanzboden und draußen im dunklen Korridor staute sich die hilfesuchende Menge – der bedrängte Pfarrer hatte noch immer nicht „aufgeriegelt“ – ein ohrenbetäubendes Geschrei erhob sich im ungeduldigen Belagerungsheere, alle Gesetze der guten Erziehung begannen sich zu lösen, es gab ein fürchterliches Gedränge und auch sonst noch mancherlei Dinge, die schrecklich waren. Die Weibsleute bekamen Ursache, ihre Kleider wie beim Menuett zu schürzen und auf den Fußspitzen zu gehen – wenn ein Bauer seinen Hut verlor, dann hob er ihn nicht mehr auf – und die steile Treppe, auf der sich die Flüchtenden und Festgewurzelten stießen, verwandelte sich in eine Kaskade der menschlichen Verzweiflung.

Draußen vor dem Wirtshaus standen die Ungeladenen mit schadenfrohem Halloh und endlosem Gelächter und guckten zu, wie Hof und Garten sich in allen Winkeln mit den Flüchtlingen des gestörten Mahles bevölkerten, und wie die Dienstleute des Wirtes immer wieder mit großen Schäffern zum Brunnen liefen, um rettendes Wasser zu holen. Doch keine Wasserflut war groß genug, um dieses Unheil fortzuschwemmen. Alles, was Hochzeitsfreude hieß, war zunichte gemacht, den ganzen Nachmittag wurden die blassen Ehrengäste auf dem Laufenden erhalten, und als es Abend wurde, konnten die Musikanten dem Hochzeitspärchen nach ländlicher Sitte nicht zum Heimweg blasen. Denn der Bräutigam mußte flink vorausspringen, und von den Trompetern und Klarinettisten mußte einer nach dem anderen in den Stauden des Wegrandes zurückbleiben. Auch die Nacht bescherte den bewegten Seelen keinen Frieden. In allen Bauerngehöften sah man unter den ruhigen Sternen der Finsternis die trüben Laternen des irdischen Lebens ruhelos hin- und hergaukeln zwischen den Haustüren und jenen kleinen Nebengebäuden, die nach dörflicher Sitte hinter dem Stall zu stehen pflegen.

Durch viele Wochen hatten die dreitausend Menschen in den sieben Dörfern des Holzwinkels was Ausgiebiges zu lachen. Kein Wunder, daß auch der gekränkte Benefiziat seiner ausgezackten Kirchenväter vergaß und wieder lustig wurde. Aber die jungen Forstleute – die den Spitznamen ‘die vierzehn Nothelfer’ bekamen – mußten die Augen fleißig offen halten und hatten gefährliche Zeiten. Der Xaver war von seinem Liebesleid kuriert. Aber das Babettle und ihr Angetrauter konnten sich dieses tausendstimmigen Gelächters nimmer erwehren, verkauften ihr Bauerngut und verzogen sich in eine entfernte Gegend. Hinter den beiden blieb – wie nach dem ‘Hornberger Schießen’ – ein Sprichwort im Holzwinkel zurück. Wenn es irgendwo eine recht üble und unsaubere Wirtschaft gab, dann pflegte man zu sagen: „Da geaht's ja zue wie auf'm nette Krawättle seiner Hochzet!“

In die Zeit dieses großen Lachens fiel für mich zehnjährigen Jungen ein wunderlicher Todesschreck. Eine schwerkranke Schwester meines Vaters, mit der die Ärzte in der Stadt nichts mehr anzufangen wußten, war zu uns aufs Land herausgekommen und wohnte im Oberstock des Benefiziatenhauses. Damals suchte man sterbende Menschen noch mit Schröpfköpfen und Blutegeln im Leben festzuhalten. Bei solch einem unsinnigen Aderlaß wurde die Kranke vom Starrkrampf befallen. So lag sie viele Tage, stumm und starr und weiß, mit geschlossenen Augen und weit offenem Munde. Ich begriff das nicht: wie man so ruhig liegen konnte und leben, ohne was zu essen und zu trinken. Während die Kranke im Starrkrampf unmerklich atmete, wurden ihr immer die Lippen trocken; und da mußte man alle paar Stunden mit einem Ölpinselchen ihren Mund befeuchten. Ich hatte mir's erbeten, der armen Tante am Tage diesen Samariterdienst erweisen zu dürfen. Und als ich wieder einmal pinselte, tat die Tante plötzlich einen merkwürdigen Schluckser, öffnete die weißen Augen und schloß den grauen Mund. Mir fuhr ein jäher Schreck bis ins innerste Blut. Ich rannte aus der Stube, sprang die Treppe hinunter und schrie in meiner wirbelnden Verstörtheit: „Herr Ben'ziat, Herr Ben'ziat, mir scheint, die Tant will ebbes z'esse hawe!" Das war eine falsche Vermutung. Die Tante hatte keinen Hunger mehr. Weil sie tot war.

Da fällt mir nun gleich eine andere gruselige Sache ein. Der Waldaufseher Mayerfels – der Erfinder des Gleichnisses vom ausgerissenen Schenkel – erschien eines Abends in meines Vaters Kanzlei, mauerbleich und an allen Gliedern zitternd: er hätte im Mühlgehau den leibhaftigen Teufel gesehen, am hellen Tage, kohlrabenschwarz, mit glühenden Augen und großen schwarzen Hörnern. Papa sagte: „Mayerfels! Sie Kamel! Oder sind Sie besoffen?" Aber der zitternde Mensch war völlig nüchtern und beschwor die Wahrheit seiner 'dienstlichen Meldung' mit allen Eiden. Am andern Morgen klärte sich die Sache auf. Der Teufel, den der Mayerfels gesehen hatte, war ein von der Drehkrankheit befallener Gemsbock, der sich vom fernen Hochgebirge hundertfünfzig Kilometer weit bis in den schwäbischen Holzwinkel heruntergedreht hatte. Wäre er dem Mayerfels nicht erschienen und hätte ihn mein Vater nicht erschossen, so wäre der Gemsbock mit seiner Drehkrankheit vielleicht bis nach Berlin gekommen. Und auf dem Kreuzberg hätten die Berliner eine Gemsjagd halten können.

In das letzte Jahr meiner Schulzeit im Dorfe fallen meine ersten politischen Erinnerungen. Da wurde an den Konsumvereinsabenden viel über Krieg und Frieden debattiert, und mit Begeisterung sang man:

„Schleswig-Holstein, meerumschlungen ...“

Auch erinnere ich mich, daß der Vater die Stunde nie erwarten konnte, in der ihm der Postbote die Augsburger Abendzeitung brachte. Manchmal mußte ich dem Postboten halbwegs bis Zusmarshausen entgegenlaufen, damit der Vater die Zeitung schneller bekam. Und wenn der Vater diese Zeitung las, schlug er zuweilen mit der Faust auf den Tisch und sagte: „Es ist doch unglaublich ...“ Im übrigen bekamen wir Schulkinder vom deutsch-dänischen Kriege nur einen alten, auf einem hölzernen Beine wackelnden Invaliden zu sehen, gegen den wir den Verdacht hegten, daß er den Krieg gar nicht mitgemacht hätte. Jedes Kind mußte einen Kreuzer mit in die Schule bringen; dann spielte der Invalide auf einer Drehorgel und zeigte 'illuminierte Bilder' vom Kriegsschauplatze. Eines dieser Bilder hielt er gegen die Sonne, und da sahen wir die rotglühenden Bogenlinien der Bomben und das mit gelbem Papier unterlegte Spritzfeuer der platzenden Granaten. Das war 'die Erstürmung der Düppler Schanzen'. Diese kriegerische Sache war sehr langweilig. Die Kriege, die wir Buben im Dorfe führten, waren viel interessanter und wichtiger.

Einen tiefen Eindruck verursachte mir die Nachricht von der Erkrankung unseres Königs. Man erzählte: König Max wäre vom Rotlauf befallen, und nun würden im ganzen Lande Bayern alle Turteltauben gesammelt und nach München in das Krankenzimmer des Königs gebracht, weil die Turteltauben den Rotlauf 'anziehen' – die Tauben müßten davon sterben, aber der König würde gesund. Ich hatte damals neben einer zahmen Elster und einem hinkenden Nußhäher auch ein Turteltaubenpärchen. Und da wartete ich Tag für Tag in wachsender Ungeduld, ob die Abgesandten des Königs nicht kommen würden, um meine Tauben zu holen. Doch niemand kam, und ich faßte den Entschluß, dem kranken König meine Tauben durch die Post zu schicken. Begann auch gleich den Reisekäfig zu zimmern. Aber bevor ich ihn fertigbringen konnte, kam die Nachricht, daß der König gestorben wäre. Ich machte mir bittere Vorwürfe, weil ich die Turteltauben nicht *gleich* geschickt hatte. Denn *meine* Tauben hätten den guten König doch sicher gerettet!

Ich erinnere mich noch der schwarzen Fahne, die vom Kirchturm lang herunterhing – und sehe noch, wie Mama dem Vater einen schwarzen Flor über die Goldstickereien der Uniform nähte und um den Griff des Hirschfängers wand – und höre noch, wie die großen Glocken durch viele Stunden geläutet wurden. Auf der Gasse standen die Bauern in Gruppen beisammen, hatten ernste Gesichter und sprachen leis.

Dann eines Tages zeigte die Mutter mir und meinem Brüderchen das Bild eines schönen Jünglings mit dunklen träumerischen Augen – und sagte: „Schauet, Kinderle, das ischt unser neuer König! Ach Gottele, was muß doch *der* für ein liebes Mannsbild sein!"

Bald besaßen alle Frauen und Mädchen im Dorfe das schöne Bild. Und alle schwärmten sie für den jungen König. Im Album meiner Mutter hatte dieses Bild den ersten Platz. Ich glaubte was Besseres zu sein als die anderen Jungen, weil ich Ludwig hieß wie der neue König. Und in den letzten Tagen vor meiner Reise zur Lateinschule war unter meinen Trostwünschen auch dieser eine: daß ich neben den Bildern von Vater und Mutter ein Bild des schönen jungen Königs in die Fremde mitbekäme. Die Mutter erfüllte mir diesen Wunsch, und das wurde späterhin die Ursache meiner ersten schweren Rauferei im Seminar.

Ungefähr anderthalb Jahre vor meiner Reise war meine Schwester Ida zur Welt gekommen. Nun wußte ich schon, daß ein Kind unter dem Herzen seiner Mutter wächst. Und dennoch fiel mir auch jetzt wieder, wie vor der Geburt meines Bruders, an Mamas verändertem Aussehen nicht das geringste auf. Das Kind war plötzlich da, wie am Morgen ein Ei im Hühnernest liegt. Und von diesem Familienereignis blieb mir nur das eine in Erinnerung, daß Papa immer lachte, daß ich beim Taufgang dabei war, daß ich beim Schmaus einen kleinen Schwips bekam, und daß ich mich riesig über das neue Schwesterlein freute. Es war ein winziges, feines, zartes Dingelchen, dessen Köpflein wie ein kleiner rosiger Apfel im Wickelkissen lag. Und das Kind wog so wenig, daß ich auf meinen zehnjährigen Armen kaum ein Gewicht verspürte, wenn ich mein Schwesterchen stundenlang in der Sonne herumschleppte.

Bevor ich das Elternhaus verlassen mußte, wollte die Mutter 'uns alle noch schön beisammen' haben. Man schrieb nach Ottobeuern, daß meine Schwester Berta für ein paar Wochen in die Ferien heimkommen sollte. Aber der Großvater antwortete: „'s Bertele kann ich nicht hergeben. Die brauch' ich notwendig. Die muß meiner Frau die Gall' aufriegeln. Wenn meine Frau nicht allweil ein bissele geärgert wird, so ist sie nicht recht gesund."

Und dann kamen schwere Tage und schwüle, unruhige Nächte. Der stete Gedanke an den nahen Abschied setzte mir so übel zu, daß ich elend aussah, obwohl mich die Mutter in dieser 'Henkerszeit' mit all meinen Lieblingsspeisen fütterte. Papa war gleichmäßig ruhig, und Mama, die sich beherrschen wollte, war lustiger und scherzhafter als sonst. Aber wie es ihr ums Herz war, das merkte ich, wenn sie mich schweigend ansah. Eines Abends, als sie beim Spinnrad saß, umklammerte ich ihren Hals. Sie preßte mich fest an sich und sagte wie mit ersticktem Schrei: „Ach, Kindle, wie wird man dich aus der Fremd wieder heimschicken zu mir!" Und dann mußte ich ihr 'bei Gottes Lieb und Barmherzigkeit' versprechen: brav zu bleiben und kein schlechter Mensch zu werden. Ich habe diesen Schwur nur halb gehalten. Denn ich blieb nicht, was man 'brav' zu nennen pflegt. Aber ich glaube doch, daß ich kein schlechter Mensch wurde. Einen ganz neuen Koffer bekam ich, mit meinen Namensbuchstaben auf dem Teckel und mit meiner Seminaristenziffer: Elf! Die Mutter nannte das, wenn sie lachen konnte, meine 'Sträflingszahl'. Doch während sie diesen Koffer packte und die schöne neue Wäsche, die im halben Dutzend mit blauweißen Litzen zusammengebunden war, so Päcklein um Päcklein mit Sorgfalt hineinlegte, fiel eine glitzernde Perle um die andere in die tiefe Kiste hinunter. Innen am Kofferdeckel befestigte die Mutter einen Weißen Karton, auf welchem Papa mit seiner festen Handschrift Stück um Stück die ganze Habe verzeichnet hatte, die ich mitbekam. Und die Mutter sagte: „Schau, Bubele, da hast du jetzt alles schön und sauber in Ordnung! Jetzt tu mir halt auch ein bissele drauf Obacht geben, auf das teure Sach! Und denk halt allweil: da hat dein Mutterle viel Tag und Nacht dran nähe müsse! Gell?" Ich sagte: „Ja!" Aber ach, du lieber Gott! Wie sahen die 'teuren Sachen' nach einem Vierteljahr schon aus!

Während der letzten Tage gab mir die Mutter Nähstunden, damit ich mir selber richtig helfen könnte, wenn ein Knopf abgesprungen, ein Knopfloch ausgefranst oder ein Strumpf zerrissen wäre. In den Koffer kam eine Nähschachtel, die alle zur Kur einer leidenden Wäsche nötigen Dinge nett und zierlich enthielt. Was ich in Mutters Nähstunde profitierte, das nützte ich später, um einem Professor die Ärmel seines Winterrockes so drahtfest zu vernähen, daß man die Naht mit dem Messer kaum aufzuschneiden vermochte.

Am Abend nach dem Essen gab's immer eine lange Lehrstunde für mein Verhalten in der Fremde. Was der Vater predigte, läßt sich in zwanzig Worte zusammenfassen: was Tüchtiges lernen, fleißig sein, aufrichtig und ehrlich, sich ordentlich waschen, nie eine Lüge sagen und lieber eins hinter die Ohren kriegen, als sich von einer Strafe losschwindeln durch ein erlogenes Wort! Auch mußte ich immer hören, welch eine kostbare und rare Sache das Geld wäre. Der Vater legte mir ein 'Ausgabenheftle' an, mit einem sauber geschriebenen Lehrbeispiel, wie man das bescheidene Taschengeld als Einnahme zu registrieren und dann alle Ausgaben bis auf den Kreuzer zu buchen hätte. Während des ersten Monats in der Fremde machte ich die Sache auch ganz genau so, wie mir's der Vater gewiesen hatte, im zweiten Monat rundete ich ab, und im dritten Monat hatte das 'Ausgabenheftle' seine ungestörte Ruhe. In meinem späteren Leben Hab' ich noch mehrmals den Versuch gemacht, mich an regelrechte Buchführung zu gewöhnen. Es ist mir nie gelungen.

Unter den guten Lehren meiner Mutter lautete das Grundgebot: „Denk allweil heim! Schreib, so oft du Zeit hast! Und vergiß das Beten nie! Bei Gott ischt Hilf für jeden Kummer. Man muß nur mit dem Herzen reden, net bloß mit dem Mäule plappere! Und sei beim Essen allweil mäßig! Daß du gesund bleibst! Und wird im Seminar der Tisch ein bissele knapp, so denk dir halt: es ischt schon oft ein Säckle zubunden worden und ischt net voll gewesen!" Nach jedem Ratschlag machte mir die Mutter auch immer wieder Mut. Wie schön das wäre, die Welt zu sehen! Und was für ein lustiges Leben das werden würde, hundert fidele Studentlein unter einem einzigen Dach! „Sei nur immer gut und freundlich mit allen!" Diesem Rat der Mutter gab Papa den Nachsatz: „Aber laß dir auch kein Unrecht gefallen!"

Es dauerte eine ganze Woche, bis ich überall Abschied genommen hatte – Abschied von den Honoratioren und Kameraden, Abschied von allen Türen des Torfes, vom Malerhause und vom Vatikan des Heiligen Vaters, Abschied von all meinen Lieblingsplätzen, von der Muckelsbruck und vom Theklaberge, von den Bachkätzelesstauden an der Laugna und von meinem Wald, in dem die Buchenblätter wie tausend goldfarbene Kerzen zu leuchten begannen. Und Abend für Abend stand ich stundenlang an meinem Mansardenfenster und guckte mit umflorten Augen zu den Sternen hinauf – im bangen Herzen den verstörten Gedanken: ob die Sterne in der Fremde wohl auch so goldschön leuchten würden, wie über Haus und Garten meiner Mutter?

Am letzten Tage waren die drei Getreuen – Alfons, Muckl und Domini – meiner Mutter Gäste vom Morgen bis zum Abend. Wir tobten durch Hof und Garten und schrien dazu, daß wir das Echo unserer Stimmen herüberklingen hörten vom Theklaberge und vom hohen Schwarzbrunner Wald. Unsere zwei zahmen Rehe, die gackernde Elster, mein Nußhäher 'Hinkefüeßle', die beiden Teckel, der Hühnerhund und wir vier vor Schmerz und Freude trunkenen Jungen – das sprang und flatterte, rannte und kollerte in ruhelosem Wirbel durch die Wiese hin und her. Der Tag war so schön, daß wir trotz der späten Jahreszeit im Garten Mittag halten konnten. Da wurde neben dem lodernden Wachtfeuer ein richtiges Indianerlager aufgeschlagen. Aber die Mutter zog den stolzen Apachen die Kappen über die Köpfe und band ihnen warme Schlipse um die verschwitzten Hälse. Nach dem Schmause, bei dem wir 'Ränzlein wie die Kürbisse' bekamen, ging das Tollen wieder los. Zuerst ein 'Jagdzug' in den Wald, wobei wir freilich nur Brombeeren zur Strecke brachten und tintenschwarze Mäuler bekamen. Dann wurden, wieder daheim im Garten, noch ein letztesmal alle Herrlichkeiten unserer Knabenjahre durchgerast. Der Drache stieg nicht, weil kein Wind wehte. Aber die Flitschpfeile flogen, die Ballesterbolzen knallten am Scheunentor, die flachen Kieselsteine flogen übers Hausdach – ein Fenster ging in Scherben, und die Mutter lachte dazu – wir rangen nach Athletenart mit nackten Oberkörpern, hielten Wettlauf, zankten um den Sieg, walkten und prügelten uns im Grase, alles in schönster Freundschaft, und zum 'Veschberbrötle' schüttelten wir die letzten 'beinah reifen' Äpfel und Birnen von den Spalierbäumen. Der Knalleffekt des Tages kam bei Anbruch der Dämmerung. Papa, der sonst seinen Gewehrkasten fest verschlossen hielt, gab uns, ein ganzes Pfund' Pulver und überwachte selber die Anfertigung des 'Speiteufels'. Das mit Wasser angefeuchtete Pulver wurde im Mörser zu dickem Brei zerrieben, Kohlenstaub und Eisenfeilspäne wurden beigemischt, und in den Fuß des kegelförmig aufgebauten 'Speituifele' wurde ein 'Kanonenschlag' eingebettet. Wir konnten vor Ungeduld nicht warten, bis es völlig dunkel wurde. Der Himmel war noch rot, als wir Feuer an den Zunder legten. Mit grillendem Geschrei begrüßten wir das Aufbrennen des zischenden Funkensprudels. Aber plötzlich wurden wir still und guckten schweigend in die aufsprühende Feuergarbe, neben deren Glanz der blaue Abend wie schwarze Nacht erschien. Immer kleiner wurde der schwarze Kegel, von dem die strahlende Funkenfontäne hinaufsprang in die Nacht. Dann riß der explodierende Kanonenschlag die letzten Feuerflocken auseinander – und finster war's – nur auf dem Boden glühten die ausgestreuten Funken noch. Und droben am Himmel begannen die Sterne zu flimmern.

Die Mutter legte den Arm um meinen Hals. „So, Kinderle! Jetzt isch es gnueg! Jetzt tuet einander Adjeh sage!"

Wir waren nicht traurig und nicht gerührt, nur ein bißchen wortarm. Jeder von den Dreien sagte das Gleiche: „Gell, tue fein bald wieder hoimkomme!“ Ich antwortete: „Freili, jaa! Weischt, an Oschtere!“

Der Vater trat durch den ganzen Hof hin die glimmenden Funken aus.

Und als die Drei schon lange davongegangen waren, mußte ich plötzlich hinüberspringen zur Gartenhöhe und mit aller Kraft der zehnjährigen Lunge unseren Bundesruf hinausbrüllen in die kühle Nacht: „Hoihulladuuuuh!“

Drei Stimmen antworteten, eine von der Kirche her, eine von den schwarzen Wiesen herüber, eine vom Bach herauf.

Dann kam's noch wie eine feine, zarte Stimme vom Theklaberg herunter und vom hohen Schwarzbrunner Walde: „Duuu!“ Es klang, als hätten auch Wald und Berg mir noch ein zärtliches Wort zum Abschied sagen wollen.

Als ich das Echo aus dem Walde hörte, mußte ich an den verloren gegangenen Schatz denken. – Ob ihn wohl einer noch einmal heben wird? –

Eine stille Mahlzeit in der kleinen lieben Stube, in der die Nelken und Geranien auf den Fenstergesimsen blühten, das Spinnrad in der dunklen Fensternische stand und die Schwarzblättchen und Grasmücken beim Sprunge leis in ihren Käfigen klippten.

Dann kamen der lustige Benefiziat, der Lehrer Gsell, Herr Pfarrer Hartmann und das Fräule Luis. Alle brachten mir was mit – die gute dicke Pfarrersköchin hatte mir ein kleines ‘Geldbeutele’ gehäkelt, in dem ein Kronentaler als Viatikum lag. Es wurde heiter um den Tisch. Mein Ben'ziat hielt eine lateinische Rede, die gewiß sehr lustig war, weil Papa und der Pfarrer immer lachten – ich selber verstand nur die beiden letzten Worte: „ *Prosit, Ludowitschele*“ Nun erzählte der Pfarrer aus seinen ersten Studentenjahren allerlei lustige Schnurren. Doch als der Lehrer mit seinem ‘Dudelschächtele’ wieder einmal das Liedchen vom schwanzlosen Kätzle sang, fielen mir vor Müdigkeit die Augen zu.

Ich weiß nimmer, wie ich ins Bett kam. Und ich hatte schon fest geschlafen, als ich plötzlich wach wurde und in der Finsternis zwei heiße Hände an meinen Wangen fühlte.

„Mutterle?“

„Ja, Kind! Und komm, heut bete mer nochmal miteinander!“

Nach dem Amen küßte sie mich in der Dunkelheit auf beide Augen, deckte mich sorglich zu und ging aus der Stube. Ich weinte, bis ich einschlief.

Vom anderen Morgen ist mir ein wirres Bild geblieben. Ich weiß nur noch, daß wir in der milden Septembersonne auf der Altane frühstückten; daß ich bei meinen zwei Geschwisterchen im Kleinkindleszimmerle war; daß die Köchin Ottil und die magere Stallmagd ein komisches Geschrei erhoben, als die Kutsche kam und der Koffer mit der Ziffer Elf verladen werden mußte; und daß ich, als ich mit Papa schon im Wagen saß, verstört die Mutter suchte, die nimmer zu sehen war. Sie hatte sich den Abschied schwer gemacht, um ihn mir zu erleichtern.

Die Kutsche rollte über die sonnige Straße hinaus. Obwohl mir das Bild des Hauses und des Gartens wie unter Wasser flimmerte, sah ich doch die Mutter auf der Altane stehen. Ich wollte aus dem Wagen springen. Aber der Vater hielt mich fest. Und als ich vernünftig wurde, sprach er ruhig und ernst mit mir während der ganzen dreistündigen Fahrt bis Augsburg. Nun stellte ich auch zum erstenmal die Frage: warum ich denn nicht in Augsburg studieren dürfte? Da wär's doch so nahe bis heim! Ich merkte, daß es dem Vater schwer wurde, mir das zu sagen: es wäre für ihn bei seinem mageren Beamtengehalte kein leichtes Stück, vier Kinder gut erziehen zu lassen; drum käme ich nach Neuburg in das reiche Seminar: dort könnte ich einen Freiplatz bekommen, wenn ich fleißig wäre. Ich klammerte mich an Vaters Arm und fragte nicht weiter.

In Augsburg kaufte der Vater noch mancherlei für mich, und am Abend nahm er mich mit ins Theater. Aber davon weiß ich nichts Rechtes mehr – weiß nur noch, daß wir im Gasthaus zum Weißen Lamm übernachteten. Am Morgen, als ich mich fertig machte, fand ich auf meinem Hut fünf rote Nelken. Die Mutter hatte sie mir hinter den Hut gesteckt – und ich sah sie erst jetzt. Rote Nelken waren die Lieblingsblumen meiner Mutter. Es sind auch die meinigen.

Wir fuhren zum Bahnhof. Der Lärm, die Menschenmenge, dieses Dampfen, Sausen und Pfeifen – das machte mich ganz verdreht. Und ich verstand nicht, was der Vater sagte, als er mich einem großen, langen Studenten übergab, dem Sohn eines Forstmeisters. Papa selber brachte im Coupé mein Ränzlein und meinen Regenschirm unter – nahm mich fest in seine Arme – und dann waren elf Studenten mit mir in dem engen Raum, und der Vater war nimmer da. Der Boden des Wagens fing zu brummen und zu wackeln an. Ich wollte Papa noch einmal sehen, ich schrie, aber die Elfe drängten sich Kopf über Kopf so dick ums Fenster, daß für mich kein Ausguck blieb.

Ich bekam meinen Platz in der Mitte des Wagens. Vor den Fenstern, bei denen die größten Studenten saßen, liefen die Felder und Wälder spazieren. Nach einer Weile wurde mir so übel, daß es immer ums Magenumdrehen herging, Und immer kugelten mir die Tränen um den Mund. Die anderen machten Witze über mich – aus Ärger und Scham vergaß ich die Üblichkeit, verfiel in einen gereizten Übermut und trieb so tolles Zeug, daß die Elfe immer was zu lachen hatten. Auch grob wurde ich. Einer hatte mir die fünf roten Nelken vom Hütlein heruntergerissen. Dem sprang ich zornig an den Hals, und er mußte mir die Blumen wieder geben. Während ich die Nelken in meiner Brusttasche verwahrte, gab mir der andere eine 'Kopfnuß' und sagte: „Was sich so ein *Homo novus* erfrecht!“ Es wäre zu einer Rauferei gekommen; aber der lange Forstmeisterssohn stiftete Frieden und setzte mir auseinander, daß ich als *Homo novus* bescheiden sein und das Vorrecht der älteren Klassen respektieren müßte.

Unter den Jungen im Dorfe war ich immer der erste gewesen. Nun sollte ich plötzlich unter vielen der letzte sein. Diese *res nova* begann mir sehr zu mißfallen. Und in Donauwörth, wo an die sechzig Studenten mit Geschrei aus den Eisenbahnwagen herauskrabbelten, mußte ich bei der lärmenden Abfütterung, obwohl ich doch sicher den größten Hunger hatte, richtig so lange warten, bis alle die anderen schon in die Knödel bissen. Das Essen schmeckte mir nimmer. Ein Gefühl namenloser Vereinsamung begann mich zu quälen. Ich sah nichts von der Stadt, nichts von diesem neuen Stück Erde – dachte nur immer heim. Und in meinem erschrockenen Herzen schrie unablässig eine Stimme: Mutter, Vater! Mein Welden! Mein Wald!

Eine lange Reihe gelber Omnibusse. Die Postillone mit blauen Fräcken und blinkenden Hörnern. In den 'Marterkästen' waren alle guten Plätze schon besetzt. Mich schubbsten sie ganz zu hinterst in einen Winkel. Und als ich klagte, daß mir übel würde und daß ich Luft haben müßte – hieß es: „Der *homo novus* soll das Maul halte! Und wenn er speit, wird er nausgeschmisse.“

Ich merkte aber bald, daß diese 'höherklassigen Menschen' viel gefährlicher redeten, als sie in Wirklichkeit waren. Und mit dem Speien kam es anders.

Bei der Losfahrt bliesen die acht oder zehn Postillone zusammen das gleiche Stücklein. Das war ein schöner lustiger Klang. Und mir wurde gleich wieder ein bißchen wohler ums Herz. Die Sieben, die mit mir zusammen im Omnibus waren, fingen zu singen an. Sie sangen Lieder, die ich nicht kannte. Eins war darunter, bei dem jede Strophe mit den zwei Worten endete: *Ergo bibamus!* Da wollte ich zeigen, daß ich schon ein bißchen Latein verstünde. Und sagte: „*Ergo bibamus*, das ischt doch falsch, *bibamus* ischt Plural, mit dem das Subjekt übereinschtimme mueß, und drum mueß es heiße: *Ergines bibamus!*" Die Sieben lachten fürchterlich. Und da bekam ich meinen ersten Spitznamen: *Ergines!* In dem Städtchen Rain, wo die Postpferde gefüttert wurden, begannen viele Studenten zu rauchen und mit schrecklichem Durst zu trinken. Im Omnibus gab's dann üble Folgen. Immer wieder mußte einer aussteigen oder den Kopf zum Fenster hinausstrecken. In der Gegend zwischen Rain und Neuburg roch es nicht gut. Und als es Abend wurde, war ich in unserem Omnibus der einzige, dem nicht übel geworden.

In der Dunkelheit fuhren wir an einer endlos langen Mauer vorüber, über die man viele und große Baumgruppen emporsteigen sah. Das war der Seminargarten. Ein Garten wie ein Wald! Und die Freude schoß mir heiß in die Stirne.

Die Omnibusse holperten über grobes Pflaster, an Laternenpfählen und enggereihten Häusern vorüber. Dann kam ein mächtiger Bau mit großen, schwervergitterten Fenstern. Und ein riesiges Tor. Auf der Schwelle stand ein altes, freundliches Männchen mit einer Laterne: der Seminarpförtner. Gewirr und Geschrei, kräftige Kehlen und bange Stimmchen – und hinter den sechzig Studenten und ihren Koffern fielen die schweren Torflügel zu.

Die Weisheit hatte mich an ihre Brüste genommen. Das war eine kalte Zärtlichkeit – eine Milch, die man nicht gerne sog. Die Eindrücke des ersten Abends sind wie huschende Bilder in mir. Ein langer Präfekt in schwarzem Rock; große, gewölbte Korridore, auf deren Steinfliesen die Schritte hallten; eine breite Treppe; der weite Studiersaal der Lateinschüler, mit den dreizehn Pulten, jedes zu vier Plätzen; hinter dem Studiersaal der Kastenflur mit den zweiundfünfzig Schränken, unter denen ich die Nummer Elf bekam. Der Koffer mußte gleich geleert, Kasten und Pult gleich eingeräumt werden. Die *homines novi* guckten einander mißtrauisch und sehnsüchtig an. Die älteren Seminaristen lärmten und fuhren Tür aus und ein. Hundertundzwölfe unter dem gleichen Dach! Eine Mahlzeit, bei der ich keinen Bissen hinunterbrachte – ich konnte nicht schlucken, nicht reden. Das gemeinsame Nachtgebet, bei dem die Hundertzwölfe, unter denen ich der Jüngste war, im großen Studiersaal der Gymnasiasten Schulter an Schulter und mit geduckten Köpfen auf den Knien lagen. Dann der „Schlafsaal I“ im zweiten Stocke; vierzig Betten; zwischen je zwei Betten ein hölzerner Sessel, um die Kleider draufzulegen; in der Mitte des Raumes der ungeheure Waschtisch, vierzig Krüge und zinnerne Becher im Kreise – und der große, mit Kupfer ausgeschlagene Trichter des Waschtisches funkelte unter der Nachtlampe. Ein paar Minuten, und die vierzig Jungen lagen in ihren Nestern, die hölzernen Bettgestelle knarrten, die Matratzen raschelten. Kichern und Geflüster, hier und dort ein leises Weinen – dann die Stille, ein schweres oder leichtes Atmen.

Ich zitterte an allen Gliedern. Und niemals in meinen Kinderjahren Hab' ich mit solcher Inbrunst gebetet, wie zu Anbruch dieser Nacht. Während ich, schwitzend, mit Kopf und Haaren unter der Decke lag, wurde in der Finsternis vor meinen Augen alles Verlorene lebendig und hell: mein Wald, mein Welden, unser Haus, mein Stübchen unter dem Dach. Zwischen den fließenden Farbenringen sah ich den Vater, wie er am Morgen von der Pirsche heimzukommen pflegte: schlank, in der grauen Joppe, lang ausschreitend, die linke Schulter vom Gewicht der Büchse ein wenig heruntergezogen, das hagere Gesicht mit dem schmalen Knebelbart ein bißchen erhitzt, über der Stirn die schiefe dunkelblonde Haarsträhne, die Augen halb heiter und halb nachdenklich. – Schwarze Nacht. – Und dann kam in kreisenden Farben das Bild der Mutter: wie sie am Fenster in der Sonne spinnt; Sonne liegt auf ihrem Schoß und auf ihren ruhelosen Händen; die verwaschene blaue Latzschürze ist wie eine Glocke um ihre Füße her, und seine, schimmrige Flachsfäden hängen an ihrem Gewand; ihr Fuß geht mit dem Tritt des Rades pochend auf und nieder, und das gescheitelte Blondhaar hüllt sich mit zwei dunkelgoldenen Schalen um das liebe gute Gesicht, in dem die blauen Augen träumen. – Von wem? –

Eine rasselnde Glocke. Und der Morgen ist da. Vierzig junge Kerlchen raufen sich in Hemd und Unterhosen um die Plätze am Waschtisch. Gelächter und Wassergepritschel. Nach dem Morgengebet das gemeinsame Frühstück – eine schreckliche Brennsuppe, die an Sparta erinnerte. Und dann eine Freude, die mich schreien machte: ein Brief von der Mutter! Den hatte sie geschrieben, während ich noch daheim war. Und nun wurde mir alles leichter.

Vormittags verlas man die Seminargesetze. Dann mußten wir alles Geld abliefern – ehrlich gab ich meinen Kronentaler und die elf Gulden her; und drum mußte ich in den Wintermonaten immer ein bißchen entbehren, während die anderen von ihrem verschwiegenen Gelde heimlich knapperten.

Die Pulte wurden revidiert. Innen am Pultdeckel hatte ich mit Reißnägeln den Stundenplan befestigt, darüber das Bild des schönen Königs, links und rechts die Bilder von Vater und Mutter. Das waren zwei schlechte, graue, trüb verschwommene Photographien, wie bei Regenwetter gemacht. Ich weiß das, weil ich die Bilder heute noch besitze. Aber damals vor dreiundvierzig Jahren, wenn ich sie betrachtete in meiner Sehnsucht, hatten sie helles Leben für mich, Farbe, Sonne und Liebe.

An diesem Pulte, das die Nummer Elf hatte, schrieb ich meinen ersten Brief. Dann kam die Mittagsstunde mit dem Geklapper von zweihundert Zinntellern. Beim Geläut der Glocke ein Wettlauf nach dem Speisesaal zu ebener Erde. Das war ein mächtiger weißer Raum, durch zwei Säulen in eine größere und kleinere Hälfte geteilt. Zwischen Tür und Ofen stand der runde Tisch, an dem der Rektor und die drei Präfekten speisten, die ihre eigene Herrenkost bekamen. Hinter dem Ofen war ein großes Schubfenster, durch das man die Küche sah, den langen Herd mit den dampfenden Kupferkesseln, eine ältere Frau, ein schönes junges Mädchen, die Mägde und Küchenjungen. Da draußen ging's immer hin und her. Und durch dieses Fenster bekam der alte Tafeldecker Christoph – oder hieß er Anton? – die rauchenden Schüsseln hereingereicht in den Saal. Sechs lange Tische und zwei runde. Zwölf bis sechzehn Jungen an jedem Tische. Ein Oberkläßler teilte vor, die zwei *homines novi*, die an den beiden Enden der Tafel saßen, mußten die Teller tragen. Gleich bei der ersten Mahlzeit merkte ich die Nachteile der „Klassenwirtschaft“ im Leben. Die Älteren suchten sich die besten Bissen aus, die Jungen mußten nehmen, was übrig blieb. Das war oft wenig. Mit Speisen, die der eine liebte und der andere verschmähte, wurde ein schwunghafter Tauschhandel betrieben. Hoch im Preise stand das „gelbe Voressen“ – eine merkwürdige Eierspeise – und alles, was Knödel oder Nudel hieß. Sehr billig waren die Kartoffeln zu haben, die so häufig erschienen, daß man sie schließlich zu hassen begann. (Ein Jahr nach meinem Abgang von der Lateinschule kam es zu einer tumultuarischen „Kartoffelrevolution“; während des Abendgebetes im Gymnasiastensaale wurden die vorbetenden Präfekten plötzlich mit Hunderten von gesottenen Kartoffeln bombardiert; aber ohne Salz und Butter.)

Von den Tischen – wir hatten freien Nachmittag – gab's wieder einen Wettlauf in den Garten. Hier kam für mich eine bittere Enttäuschung. Der Gartenteil mit den schönen Bäumen war Separatgebiet der Gymnasiasten. Wagte sich ein Lateinschüler in diesen „heiligen Hain“, so bekam er abschreckende Prügel – ich, in meiner Waldsehnsucht, bekam sie gleich am ersten Nachmittag, ein Umstand, der mir das Eingewöhnen ein bißchen erschwerte.

Den Lateinschülern gehörte der große baumlose Hof mit dem Turnplatz, dem Holzschuppen und der Kegelbahn hinter dem Backhaus. Auch hier wieder eine scharfe Differenzierung des menschlichen Ranges. Die von der vierten Klasse hatten die Kegelbahn in Besitz; die von der zweiten und dritten Klasse okkupierten die große freie Mitte mit dem Springbock, der Speersäule und dem Klettergerüst. Uns *hominibus novissimis* verblieb die Ecke mit dem Schwebebaum und der Graswinkel beim Holzschuppen. Und da machte ich gleich eine schöne Erfindung. Dieser Holzschuppen war achtzig Schritte lang, hatte keine Wände, nur ein rotes Ziegeldach, unter dem die schweren Holzscheite zum Trocknen aufgebeugt waren bis unter den Giebel. Droben am First war eine kleine Lücke. Ich kletterte hinauf, schob mich durch die enge Röhre, als wär's ein Fuchsbau meines Weldener Waldes – und als ich mich so zwanzig Schritte vorwärts gewuzelt hatte, begann ich Scheit um Scheit herauszuziehen und seitwärts zu verstauen. Ich arbeitete, daß mir der Schweiß herunterlief. Das ließ mich die Prügel halb vergessen, die ich eine Viertelstunde früher bekommen hatte. Nach einer Stunde war mitten in der dicken Scheiterbeuge ein gemütliches Dämmerkämmerchen ausgehöhlt. Nun wählte ich die Kameraden, die meine „Waldhütte" mit mir teilen sollten. Wer im Walde aufgewachsen, riecht den Wald. Unter den Fünfen, die ich auswählte, waren vier Försterssöhne. Später wurde die Waldhütte zu einer „Burg" ausgebaut, und wir nahmen noch vier Bundesgenossen auf. Kein anderer durfte herein. Die Burg war leicht zu verteidigen. Denn durch die Fuchsröhre konnte immer nur ein einziger kriechen. Wollte ein „Fremdling" eindringen, dann bekam er, sobald sein Haardach erschien, so viele Kopfnüsse, daß er flink wieder retirierte. In dieser Burg wurde nur von der Heimat, vom Wald und von der Jagd geredet. Alljährlich – wie das Holz verbraucht und neues Holz wieder zugeführt wurde – mußten wir die Burg umbauen oder ganz verlegen. Aber diese Stätte ungestörter Zuflucht hielten wir vier Jahre eisern fest – bis das Geheimnis unter fürchterlichem Skandal zutage kam.

Die Freude an dieser Erfindung versüßte mir den ersten Nachmittag. Nun waren wir auch schon unser Sechse, die treu zusammenhielten. Am Abend vor dem Einschlafen, liefen wir uns von Bett zu Bett unsere geheimnisvollen Bundesgrüße zu.

Am anderen Morgen, nach der Messe in der Seminarkirche, begann die Schule, vormittags von acht bis zehn Uhr, nachmittags von zwei bis vier Uhr; dazu im Tage noch drei Stunden „Studierzeit“ an den Pulten, unter Aufsicht eines Präfekten. Am Mittwoch und Samstag nach der Mahlzeit wurden die Hundertzwölfe gemeinsam spazierengeführt, in die Stadt hinaus, zur Donau hinunter und über die Felder. Das nannte man den „Heerwurm“. Am Sonntage das Hochamt, zwei Stunden Studierzeit und der Gottesdienst am Nachmittag. Und in der Woche drei Musikstunden; das Seminar hatte eine prachtvolle Kirchenmusik und ein gutes Hausorchester von vierzig „Mann“. Für jeden Seminaristen war ein Instrument obligat. Und als man mich fragte, was ich lernen möchte, fiel mir Mutters Liedchen vom zärtlichen Damon ein, der die Flöte blies. Verzeiht mir also mein unglückseliges Flötenspiel! Der Schuldige ist Goethe.

Nach dem Abendessen war täglich ein halbes Stündchen für musikalische Übungen reserviert. Und nun denkt euch das: ein Saal, und an die fünfzig Jungen; und Geigen, Bratschen, Flöten, Celli, Klarinetten, Waldhörner, C-Trompeten – und jeder Junge geigt und bläst und tutet was anderes! Manchmal war's, um aus der Haut zu fahren. Und der Präfekt steckte sich immer dicke Wattepfropfen in die Ohren.

Dem Geräusche, das da entstand, ist kaum der Lärm zu vergleichen, der vor Beginn der Schulstunde im Klassenzimmer herrschte. Der Weg in die Schule war nicht weit. Das Seminar mit Kirche und Gymnasium – das Ganze ein ehemaliges Jesuitenkloster – bestand aus einem mächtigen Vierecksbau, der einen kühlen, stillen Hof umschloß. So brauchte man, um in die Schule zu kommen, nur durch den Kastenflur zu gehen.

In der ersten Klasse waren wir zweiundvierzig Schüler, zur Hälfte Seminaristen, zur Hälfte „Stadtstudenten“. Eine zügellose Bande! An die dreißig wilde, rassige Dorfjungen drunter. Und dazu dieses feine, schlanke, zierliche Professorchen! Aber da muß ich den kommenden Jahren was vorwegnehmen und gleich voraus eine merkwürdige Sache registrieren. Ich habe in meinen acht Latein- und Gymnasiastenjahren keinen ‘bösen Professor’ kennen gelernt – keinen, dem ich einen Vorwurf hätte machen können, wenn's mir in der Schule nicht gut ging. Sie alle, unter denen ich zu schwitzen hatte, waren tüchtige Lehrer, die sich redlich und freundlich mit uns plagten, und die wir wilden Rangen zum Dank dafür alle paar Tage an den Rand der Verzweiflung brachten.

Unserem Professor in der ersten Lateinklasse machten wir das Leben blutig sauer. Und dennoch schwärmten wir für ihn. Er hatte den wunderlichen Namen *Binhack* und war ein feines, elegantes Männchen mit großen, klugen Augen und mit schwarzen Haarsträhnen um ein blasses Schmalgesicht, das an Heinrich Heine erinnerte. Er sah nicht nur einem Dichter ähnlich, er *war* auch einer! Ein Bündchen Gedichte, das er publiziert hatte, kursierte heimlich in der Klasse und machte uns das Blut und die Seele heiß. Wir liebten ihn. Aber das war jene Art von Liebe, die zu quälen versteht. Unsere Streiche versetzten ihn manchmal in zitternden Zorn. Doch nie wurde er heftig. Immer erledigte er so was mit seinem, überlegenem Spott, der das Gewissen und den Ehrgeiz weckte, aber auch manchmal schärfer ins Gesicht schlug, als eine Rute das fertig gebracht hätte. Und wenn der Dichter Binhack nach den Schulsatzungen der damaligen Zeit als Professor mit dem Haselnußstecken arbeiten mußte, so bekam bei ihm eine solche Exekution stets einen heiteren Zug und ein klassisches Zitat als Beigabe. Er übersah es auch immer, wenn wir uns die Hände vor Empfang der „Tatzen“ mit Kolophonium salbten, oder die Knie mit wattierten Lederstecken, die Sitzgegend mit wollenen Jacken polsterten.

Bei der ersten lateinischen Skription wurde ich unter zweiundvierzig Schülern der Einundvierzigste. Der deutsche Aufsatz brachte mir den sechsten Platz, aber Geographie und Arithmetik warfen mich gleich wieder in die vorletzte Bank zurück. Darüber erschreck ich ein bißchen. Denn ich dachte an den Vater und an den Freiplatz. Und mit dieser Schulsorge paarte sich das von Woche zu Woche wachsende Heimweh, das in unserer „Holzburg“ genährt wurde und mich oft die halben Nächte flennen machte. Von den Eltern, die durch den Rektor über meine zweifelhaften Erfolge im Reiche der Wissenschaften informiert wurden, kamen bei aller Zärtlichkeit sehr ernstlich mahnende Briefe – die kleinen Blättchen der Mutter hatten manchmal große graue Flecken – und der Vater schrieb mir eines Tages: er könne mich, wenn ich keinen Freiplatz bekäme, nicht weiterstudieren lassen. Ich biß die Zähne übereinander, bekam den rechten Willen – und wurde in der lateinischen Freiplatz-Skription der Zweite. Nun hatte ich meinen halben Freiplatz, schrieb einen seligen Brief nach Hause, und von daheim kam eine große Weihnachtsschachtel mit grünen Fichtenzweigen und jenen schlaraffischen Bäckereien, die man in der Sprache des Holzwinkels Leckerle nannte, Pfeffernüßle und Zuckersternle, Huzelbrot und Nonnefürzle. An diesen Köstlichkeiten fraß ich mich so knüppelvoll, daß ich tagelang an verdorbenem Magen laborierte. Aber die Weihnachtswoche brachte auch noch eine andere Katastrophe: meine erste schwere Rauferei im Seminar. Eines Nachmittags, als ich in der Freizeit mein Pult öffnete, war das Bild des schönen Königs verschwunden. Ich suchte, ich fragte – umsonst. Es fiel mir nicht ein, meine Pultkameraden zu verdächtigen. Das Bild konnte herausgefallen, unter das Pult geraten und irgendwie verschwunden sein. Doch am nächsten Tage, wieder in der Freizeit, als ein Zweitkläßler sein Pult öffnete, sah ich bei ihm mein Königsbild. Gleich sprang ich los und griff nach meinem Gut. Der andere drückte erschrocken das Pult zu und zwickte mir den Arm ein.

Und ich in Zorn: „Du Spitzbue! Mein König gibscht her!"

Noch immer tat der andere, als verstünde er nicht, was ich wollte. Doch als ich wieder schrie: „Du Spitzbue!" – gab er mir einen Stoß vor die Brust. Da fing ich wütend zu dreschen an, so grob, daß dem armen Jungen das Blut in zwei dicken Fäden aus der Nase rann.

Das Geschrei, unter dem die anderen abwehren wollten, rief den Präfekten aus seinem Zimmer. Als er den Streitfall untersuchte, erwies sich die Unschuld des geprügelten Jungen. Das Bild war sein Eigentum, war ein Geschenk seines Vaters, der auf die Rückseite des Bildes geschrieben hatte: „Liebe deinen Gott und ehre deinen König!" Ich mußte feierlich Abbitte leisten, wurde mit vielwöchentlicher Karenz aller Mehlspeisen bestraft und bekam dazu noch einen Nachmittag Arrest.

Da mögt ihr nun an jene Sache denken, die – nach eines Dichterwortes verläßlicher Behauptung– fortzeugend Böses muß gebären. Denn als ich eingesperrt wurde, machte ich die nähere Bekanntschaft eines kleinen, dicken Männchens, das eine rote Kartoffelnase und auch sonst noch mancherlei komische Eigenschaften hatte. Das war der Pedell, den wir „Pudel" nannten. Er wirkte befruchtend auf meine Phantasie – und in der Einsamkeit meiner Haft verfaßte ich auf ihn ein vielstrophiges Spottgedicht, in welchem deutsche und lateinische Reime miteinander abwechselten. Und weil nun das Brünnlein meines lyrischen Gemütes einmal erschlossen war, ging das Gesprudel noch am gleiche" Tage weiter, und ich allegorisierte den Raufhandel um das Königsbild in einer Wüstenballade, die den Todeskampf eines Panthers mit einem Leoparden schilderte. Die Einzelheiten dieses blutigen Liedes sind in meiner Erinnerung gänzlich erloschen. Doch ich glaube, es schlug auch meine Wüstenkatze „mit dem Schweif einen furchtbaren Reif".

Am folgenden Tage las ich meinen Burgbrüdern die beiden Gedichte vor. Der Wüstengesang machte nicht den geringsten Eindruck. Aber die Pedelliade wurde mit Jubel aufgenommen. Abschriften des Gedichtes zirkulierten in der Klasse, wurden von den Stadtstudenten aus dem Seminar hinausgetragen – und eines Morgens wurde ich zum Rektor gerufen, der eine Kopie meines satirischen Erzeugnisses auf dem Tische liegen hatte. Ich bekam zwei feste Ohrfeigen, dazu den Rat, meine „poetischen Gaben“ für würdigere Zwecke zu verwenden – und den nächsten freien Nachmittag mußte ich abermals in der beschaulichen Einsamkeit eines Klassenzimmers verbringen und eine lange Strafarbeit über alle grammatikalischen Fehler machen, die der Rektor in den lateinischen Reimen meiner Pedelliade aufgefunden hatte.

Nach dieser abschreckenden Erfahrung ließ ich es für einige Zeit mit dem Dichten gut sein. Aber die Kette der schweren Folgen, die sich aus dem Raufhandel um das Königsbild herausentwickelte, war noch nicht abgehaspelt. Weil ich vier Wochen keine Mehlspeise bekam, hatte ich immer Hunger und beschwor die Mutter in einem Briefe, mir ein bißchen heimliches Geld zu schicken. Aber die Mutter erwähnte die Sache in ihrem Antwortszettelchen mit keiner Silbe, schickte mir auch kein Geld, nur ein Schächtelchen mit vier Garnknäueln zum Strümpfestoppen. Diese symbolische Aufforderung zu häuslichem Wohlverhalten brachte mich in verdrießliche Laune. In dieser gereizten Stimmung schoß ich einem Kameraden mit meinem Flitschpfeil fast ein Auge aus, wurde vom Präfekten über den Stuhl gelegt und bekam gesalzene Hiebe. Nicht nur die Not, auch der Schmerz macht erfinderisch – und für die nächste Gelegenheit ähnlicher Art ersann ich mir einen kunstvollen, im Schutz der Unterhose zu tragenden Lederklobus, zu dem ich zwei Paar Hausschuhe verarbeitete und die Hälfte des von der Mutter gesandten Garnes als Wattierung verbrauchte. Dabei wurden die Garnknäuel sehr klein. Und schließlich, als es schon auf Ostern zuging, merkte ich eines Tages, daß diese kleinen Wollkugeln immer so hart in ihrem Schächtelchen wackelten. Ach, das schlaue Mutterl! Jetzt verstand ich erst den Rat ihres Briefes: „Tu nur recht fleißig nähen, und wenn du Zeitlang hast, so wickle das Garn vom Knäule herunter auf ein anderes Papierböbbele! Wirst sehen, das macht dir Spaß.“ Sie hatte die kontrollierenden Argusaugen des Präfekten gefürchtet und in jeden Garnknäuel einen Gulden hineingewickelt.

Vier Gulden! Krösus hatte sicher nicht viel mehr! Das Bewußtsein meines Reichtums war wie ein Rausch in mir. Ich grübelte Tag und Nacht, was ich mir jetzt vergönnen sollte. Endlich verdichteten sich meine fliegenden Pläne zu einem festen Entschluß. Einen Gulden behielt ich als Reserve, für zwei Gulden ließ ich mir durch einen Stadtstudenten 'verbotene' Bücher kaufen: Schiller und Goethe – und für den vierten Gulden verschaffte ich mir den höchsten aller irdischen Genüsse: Emmentaler Käse!

Für einen Gulden Käse! Damals vor dreiundvierzig Jahren! Denkt euch, wie viel das war! Ein Klumpen, so schwer, daß man einen Menschen mit diesem „Diskus" hätte totwerfen können. Mich selber hätt' ich damit auch fast ums Leben gebracht. Innerhalb zweier Tage „verschnipfelte" ich den ganzen Käslaib, wurde krank davon, bekam einen langwierigen Gastrizismus und konnte, als die Osterferien begannen, nicht heimreisen. Das wurde im „Spitalzimmer" eine nette Heulerei! Zu meinem Troste und zur Beschwichtigung seiner eigenen Sorge kam Papa für zwei Tage – und als er die Käsegeschichte hörte, hatte er alle Ursache, wieder einmal zu sagen: „Du Kamel!"

Diesem Ferienschmerze folgte bald ein anderer, der mir nicht minder tief in die Seele ging. Wir machten – die erste Lateinklasse mit ihrem Professor-Dichter Binhack – den „Maispaziergang" nach Steppberg zu den Parkwundern und Glashäusern des Grafen Arco. Dabei kamen wir durch ein kleines Dorf, und ich sah auf dem Dach eines Bauernhauses einen alten Mann sitzen, der die Schindeldecke ausbesserte und sich in seinem hurtigen Fleiß durch den Lärm des 'Heerwurmes' nicht stören ließ. In der folgenden Woche mußten wir diesen Maispaziergang zu einem deutschen Aufsatz verarbeiten. Ich kam auf die verwegene Idee, dieses Pensum in Hexametern zu erledigen, war riesig stolz auf meine Leistung und hielt vor den Kameraden erwartungsvoll den Schnabel, um der großen Überraschung und meinem Erfolge nichts vorweg zu nehmen. Nach Hangen und Bangen erschien der bedeutungsvolle Tag, an welchem Professor Binhack den korrigierten Aufsatz in die Schule brachte. Mir schlug das Herz und meine Wangen glühten. Note um Note wurde verlesen, gute und schlechte Arbeiten wurden besprochen – und endlich nahm dieser Schreckliche auf dem Katheder das letzte Blatt in die Hand, das meine! „Jetzt kommt das Allerschönste! Ein Dichter ist unter uns! Ein homerischer Sänger! Apollo möge ihm gnädig dieses Fürchterliche verzeihen! Ich kann es nicht!" So was Ähnliches sagte er, unter dem Gelächter der ganzen Klasse. Und während mir die Augen tröpfelten, begann er zu lesen. Immer nach ein paar Versen brach wieder diese niederträchtige Heiterkeit los. Und dann der Knalleffekt! Ich hatte versucht, den hurtigen Fleiß des Schindeldeckers durch mehrfache Wiederholung des

Zeitwortes zu veranschaulichen. Dieser Hexameter – von allen der einzige, der in meinem Gedächtnis haften geblieben – lautete:

„Hoch am Dache ein Greis. Der schindelte, schindelte, schindelte ..."

Aus einundvierzig Kehlen ein fideles Gebrüll. Und ich, von Zorn geschüttelt, kreischte in den vergnügten Lärm hinein: „Ihr Oxe! Dees isch doch ein absüchtlücher Iterativ!" Dann mußte ich zwei Stunden nachsitzen, meine Dichtung in schulgemäße Prosa übertragen – und von diesem Tage an hatte ich zwei neue Spitznamen: der „Schindler" und der „Iterativ".

Der mißhandelte Ehrgeiz brannte in meiner aufgewühlten Seele – um so mehr, da im Seminar das Dichten grassierte. Die Neuburger Jesuitenpatres hatten um das Jahr 1660 in ihrer Schar einen Laureaten, den Jakob *Balde* von Ensisheim, den berühmten Sänger des *"Poema de vanitate mundi"*; sein schwarzgewordenes Ölbild hing in unserem Studiersaal; und bei jeder Jahresschlußfeier bekam das beste, von einem Seminaristen lateinisch oder deutsch verfaßte Gedicht den vielumworbenen Baldepreis. Der Gewinn dieses Preises – so beschloß ich – sollte für meine verwundete Seele das heilende Pflaster werden. Ich wußte wohl, daß der Baldepreis nur an Abiturienten des Gymnasiums verliehen wurde. Aber diese Regel störte meine optimistischen Hoffnungen nicht. Die Ausnahme mußte eben erzwungen werden. Meiner Sache sicher, machte ich mich ans Verseschmieden. Ein „würdiges Thema" war bald gefunden. Und vier Wochen vor Schulschluß reichte ich beim Rektorate – zur Konkurrenz um den Baldepreis – eine große Ballade ein, betitelt: „Die Macht des Gesanges". Den Stoff hatte mir eine von den frommen Geschichten gegeben, die unser Religionslehrer zu erzählen Pflegte: Räuber brechen um die Zeit der Mitternacht in eine Klosterkirche ein; während sie die Schatzkammer der Sakristei zu plündern beginnen, erschallt auf dem dichtvergitterten Chor der Mettengesang der unsichtbaren Mönche; die erschütterten Diebe fallen auf die Knie, bereuen und bekennen ihre Schuld und treten als dienende Brüder dem heiligen Orden bei. In schlaflosen Nächten stellte ich mir immer vor, welches Gesicht die Mutter und der Vater machen würden, wenn ich heimkäme und das Lederetui mit der silbernen Baldemedaille aus dem Hosensack herauszöge. Aber dann kam eine aufgeregte Zeit, die mich meines Baldepreises beinahe vergessen ließ.

Schon vor Wochen hatten es die Stadtstudenten mit in die Klasse gebracht: „Es wird Krieg geben, zwischen Österreich und Preußen! Und Bayern wird zu Österreich helfen!" Ich erinnere mich noch, daß ich ein wundersames

Hochgefühl empfand, als einer von den Jungen in seinem Schlachtendrange schrie: „Die Preußen werden zu Knödel gehackt und auf dem Kraut verschluckt!“ Natürlich brannte auch in mir die Begeisterung wie ein heißes Feuerlein. Aber im Seminargarten kam es zu keinem richtigen Gefechte! Alles war ‘Freund’, niemand wollte ‘Feind’ sein, kein bayrischer Bub den ‘Breißen’ spielen. Dieses Glühende in unseren Köpfen wurde zum Brande, als zwei Studenten der Oberklasse die Schule verließen und Soldaten wurden. Doch auf den patriotischen Taumel, der uns erfüllte, wirkte die Nachricht von Königgrätz wie ein Keulenschlag. Wir Jungen saßen mit unserer Vaterlandstrauer im Seminargarten herum, wie die Jerusalemiten in der Verbannung. Und als von den Seminaristen einer den Vorschlag machte, eine Spende für die Verwundeten zu sammeln, rannten wir hundert Patrioten in die Präfektenstube und leerten unsere Taschengeldkassen. Ein schöne Summe kam zusammen. Jeder von uns behielt nur, was er zur Reise in die Heimat brauchte.

Die Nachrichten, die von den Stadtstudenten in die Klasse gebracht wurden, lauteten immer schrecklicher: Niederlage bei Kissingen! Niederlage bei Aschaffenburg! Die Preußen rücken schon auf das südliche Bayern los! Und einen Tag um den andern hieß es: Sie sind schon in Nürnberg! Sie sind schon in München! Sie stehen schon bei Donauwörth! In diesen Zeiten der Kriegsfurie erhielt ich vom Rektorate meine Preisballade zurück. Das Blatt trug in roter Tinte die Zensur: „Thema sehr löblich; aber wer noch nicht orthographisch schreiben kann, sollte das Versemachen unterlassen! – Romeis.“ Das war der Name unseres Rektors.

Das Vaterland besiegt! Die Schwingen meiner Muse geknickt! Zwei Schmerzen, die mir in einen zusammenflossen. Und catilinarische Gedanken durchwühlten mein verstörtes Gemüt.

Da lief eines Tages durch die Straßen der schönen Stadt Neuburg eine schreiende Panik: “Die Preußen kommen! Die Preußen kommen!“ Viele Seminaristen begannen gleich ihre Koffer zu packen. Aber der blinde Schreck verwandelte sich in Gelächter. Jener Türmer, der den Lärm geschlagen, hatte die auf den fernen Feldern stehenden Getreidemännchen für preußische Vorposten angesehen.

Bei uns in den Klassenzimmern ging es immer zu – ein Sprichwort sagt: wie in der Judenschule. Und drum beschloß der hohe Rat der Lehrerschaft, dem Semester ein vorzeitiges Ende zu bereiten. Diese unerwartete Erlösung wurde von allen Seminaristen mit Jubel aufgenommen. Aber nach den seelischen Kümmernissen, die ich in mir, und nach den mancherlei physischen Leiden, die ich hinter mir hatte, sah ich zum Schulschluß recht miserabel aus. Kein viel besseres Aussehen hatte mein Zeugnis. Mit knapper Not ließen sie mich hinüberschlüpfen in die zweite Klasse. Aber mir schien das ein ausreichender Grund, um mit gutem Gewissen heimzureisen. – Heim! – Man fing zu zittern an bei diesem Gedanken! Der Krieg und die Preußen waren vergessen. Alle persönlichen Gegensätze unter den Schulkameraden, alle Fehden und Feindschaften verschwanden während dieser letzten Tage. In all den hundert Jungen war nur noch ein Einziges: das gleiche brennende Warten auf die Stunde der Freiheit, auf den Tag der Heimfahrt.

Und endlich dieses liebe, süße, herrliche Morgengrau, in dem die Reise beginnt! Sonne, Sonne! Ob sie scheint oder nicht! Immer fühlt man sie. Und bei der langsamen Schneckenfahrt der Omnibusse ist das fliegende Herz immer weit voraus. Um uns den Weg zu kürzen, machen wir aus dem Preußenschreck eine Heiterkeit. So oft die Kolonne der gelben Omnibusse durch ein Dörflein fährt, schreien wir alle aus den Wagenfenstern heraus und von den Bocksitzen herunter: „Die Preußen kommen! Die Preußen kommen!" –

In Augsburg, am Nachmittag, erwartet mich der Stanger mit seinem 'Botescheesle'. Es dauert endlos, bis der Koffer aufgebunden ist. Und dann will der Gaul nicht vorwärts kommen. Da war der Donauwörther Omnibus noch eine Schwalbe! Zum Verzweifeln ist das! Und der Adelsrieder Forst will kein Ende nehmen.

„Ach, geh doch, Stangerle, tue doch dein Rößle ein bissele besser laufe lasse!"

„Mei(n), Narrle, i däet ja geare, awer 's Rößle kaa(n) it besser!"

Schon will der laue Sommerabend kommen, und zwischen Kruichen und Ehgarten fangen schon die feuchten Wiesen grau zu dampfen an. Mich hält's nicht länger im Wagen. Ich möchte bei Tag noch daheim sein! Und auf meinen eigenen Beinen komm' ich flinker vorwärts als des Stangers Rößlein. Und alle kürzeren Fußwege weiß ich, jedes Steiglein in den Stauden. Alles ist grün um mich herum. Ich sehe noch nichts vom Dorfe. Aber jählings weht mir in dem engen Bachtal ein starker, lauer Hauch entgegen. Und süßer Duft!

„Die Blumen! Mutterles Blumen!" Ich renne wie ein Irrsinniger, durch Waldzungen, durch Stauden und Pfützen, über gemähte Wiesen und durch die Weizenfelder. Da ist der Garten! Und unser Haus! Was anderes sehen meine

Augen nicht. Und jetzt, von der Altane her, eine feine, schrillende Stimme: „Kind! Kind! Kind!"

Ich renne, renne, bin atemlos – viele Stimmen, viele Gesichter – drei Hunde bellen, einer springt an mir hinauf und wirft mich beinah zu Boden – aber zwei liebe Arme umklammern schon meinen Hals. Und dann unter Lachen ein Schreck der Mutter: „Jesus, Bub, wie schaust du denn aus! Und wo hascht du denn deine netten Haar?" Aus einer ähnlichen Angst, wie sie der Muckl vor den Kirchgasselbuben empfunden, hatte ich mir im Seminar meine blonden Kreuzerschneckerln kurz abscheren lassen bis auf die Haut.

Daheim! Daheim! Ach, dieser erste Abend! In der kleinen Stube, mit den blühenden Blumen, mit den zwitschernden Vögeln, mit Mutters ruhendem Spinnrad in der Fensternische! Mein Bruder hängt mir am Hals, die lange Berta (das 'Fahrhexle') ist wieder daheim, mein kleines Schwesterlein krabbelt mir auf den Schoß, und die Mutter lacht. Nur Papa ist ein bißchen ernst. Mein Zeugnis hat ihm gar nicht gefallen. Doch er will mir „den ersten Abend nicht verderben!"

Und dann mein Stübchen! Droben unter dem Dach! Ein seliges Strecken, ein süßer Schlaf. Durch meinen Traum aber gaukeln die unregelmäßigen Zeitwörter aus Englmanns lateinischer Grammatik, wie Gespensterspinnen mit langen Beinen – die ersten Gespenster, die ich fürchten lernte.

Am hellen Morgen wieder die liebe Stimme! „Rrrraus ins Gärtle, du Murmeltier! Die Sonn ischt da! Und auf mit Gott, beim Teufel ischt kein Troscht!"

Gleich nach dem Frühstück geht das Tollen und Rasen los. „Hoihulladuuuuuh!" Der Muckl, der Alfons, der Domini! Und mein Garten, mein Haus, mein Welden, mein Bach, mein Berg, meine Wiesen, mein Wald! Und alles ist mein! Alles, alles, alles, was Kinderfreude und schönes Leben heißt!

Kapitel VI

Ferienzeit! – Nicht Worte, nicht Bücher erschöpfen den Zauber, den diese vier Silben bergen. Nur trunkene Kinderherzen können ihn fühlen.

Und Frieden ist wieder! Und alle Bauern freuen sich und scheinen neue Gesichter zu haben. Nur das Eine kann ich nicht recht begreifen, daß es der Vater mit den 'Breißen' hält und immer sagt: „Jetzt kommen große Zeiten für uns

Deutsche!“ Doch dieses Unverständliche geht mir unter im jubelnden Rausche meiner Freiheit.

Warum nur muß alles Schöne im Leben so raschen Flug haben wie die Falken?

Wann bin ich heimgekommen? Gestern? Vorgestern? ... Vor acht Wochen? Nein! ... Und da steht der Stanger schon wieder vor dem Zauntor, mit diesem schrecklichen Rößle, das so fürchterlich schnell nach Augsburg läuft! Damals im Herbste, als ich zum anderenmal in Neuburg einrückte, gab's an einem der ersten Nachmittage ein Ereignis, das für mich wie ein tröstender Nachklang aus dem Leben der Heimat war. Wir bauten da gerade an unserer neuen 'Burg' in der Scheiterbeuge. Mir wurde das Wagnis zugeteilt, in den 'heiligen Hain' zu schleichen und Fichtenzweige zu holen, um mit ihnen die harten Sitze auf den Holzscheiten der Burg zu polstern. Mit dem Spürsinn und Späherblick eines Indianers machte ich mich an diese Aufgabe. Doch sie erwies sich als völlig ungefährlich, denn die Gymnasiasten waren aus irgendwelcher Ursache gar nicht in ihrem heiligen Hain. Die Fichten standen weit droben in der Ecke des Gartens, ganz bei der hohen, an die Felder grenzenden Mauer. Ich schlich auf allen Vieren an den Gemüsebeeten des Seminargärtners vorüber. Und plötzlich fährt mir's wie ein elektrischer Schlag durch Blut und Nerven. Zwischen den Kohlköpfen seh' ich einen Hasen hocken – einen richtigen wilden Feld- und Waldhasen, der, die Löffel zurückgelegt, gemütlich an den Krautblättern knappert. Ich schlich zurück, vom Zittern des Jagdfiebers befallen. Und hinauf in die Burg. „Ein Has! Ein Has! Ein Has ischt im Garte! Den fange mer! Raus! Raus! Ein Has! Den müsse mer fange!“

Unter den zehn Burggenossen waren sechs Förstersbuben. Denkt euch: wie flink die herausfuhren aus der Burg! Wir wühlten uns mit solcher Hast durch die 'Fuchsröhre', daß wir uns lange Holzsplitter in die Schenkel und Arme stießen. Aber jetzt spürte man keinen Schmerz, kein rinnendes Blut. Ich übernahm die Leitung der Jagd und stellte lautlos den Kreis. Wie geduckte Mohikaner lagen und schlichen wir im Grase der Prärie. „Hussa!“ Zehn junge Kerle fuhren mit brennenden Gesichtern in die Höhe – und der Hase machte vor Schreck einen meterhohen Sprung aus dem Kraut heraus. Wir hinter ihm her, wie die Windhunde auf der Fährte ihres sicheren Opfers. Der Hase konnte zwischen Zaun und Mauer nirgends aus. Eine halbe Stunde dauerte dieses atemfressende Rasen, an der Mauer hin, kreuz und quer durch die Stauden, im Kreis um die offene Wiese, zurück in den Krautgarten und wieder die hohe Mauer entlang. In der spitzen Ecke des Gartens machte der Hase ein paar verzweifelte Versuche, an der Mauer hinaufzuspringen. Dabei erwischte ich ihn. Er zappelte und kratzte. Ein Schlag ins Genick und das arme Häslein hatte ausgelitten.

Wir, von unserer Jagdfreude wie betrunken, erhoben ein Geschrei, daß die Mauer des heiligen Haines hallte. Und im Triumphzug wurde die Beute zum Rektor getragen. Dabei kam es zu einer heißen Debatte über die Frage: wie der Hase wohl in den Garten gekommen wäre. Wir Förstersbuben hatten das Wahrscheinlichste bald heraus. Draußen an der Spitze des Gartens lagen die Felder fast so hoch wie die Mauerkante. Und da war wohl der Hase, hinter dem die Jäger und Hunde her waren, über die Mauer in den grünen Garten gesprungen, um sich zu retten. Und war von einer Jagdnot in die andere geraten. In die gefährlichere.

Der Rektor, als wir ihm den Hasen ins Zimmer brachten, machte zuerst verdutzte Augen und wollte streng sein. Doch unser Jubel, unsere glühenden Gesichter und blitzenden Augen beredeten ihn zu heiterer Laune. Er lachte und schickte uns mit dem Hasen in die Küche, wo die Beute für uns zehn Jäger noch am gleichen Tage gebraten wurde. Am Abend, nach der gemeinschaftlichen Mahlzeit, saßen wir Zehne im Refektorium rings um einen runden Tisch, und die hundert anderen guckten lachend zu, wie der Hase aufgetragen wurde, in braunem Sößle und mit großen Knödeln, und wie wir Jäger unsere Beute mit seligem Vergnügen schmausten.

Ein paar Tage später lief unter den Seminaristen das Gerücht um, daß sich der Rektor wegen des Hasen in großer Sorge befände. Wir hatten ja wirklich gegen das Jagdgesetz gehandelt, einen Jagdfrevel begangen – und der Rektor hatte das lachend gutgeheißen. Aber die Sache führte zu keiner bösen Folge.

Dieser Rektor Romeis war ein strenger und gewissenhafter Herr. Aber trotz der scharfen Zucht, die er führte, weiß ich mich keiner Ungerechtigkeit zu entsinnen, die er jemals wider uns begangen hätte. Gab's einen Streit und hatte man recht, so fand man dieses Recht auch immer bei seiner Entscheidung. Und bei aller Strenge konnte er dem Blut, der Torheit und dem Übermut der Jugend auch gesund und vernünftig was nachsehen. Er hatte einen schönen Kopf, ein blasses und feingeschnittenes Gelehrtengesicht, ging immer sehr adrett gekleidet und machte das Ansehen eines vornehmen Weltmannes. Unter den Seminaristen wurde ein bißchen über ihn geklatscht – man tuschelte: er 'hätte was' mit dem 'Annerl', mit dem schönen jungen Töchterlein der Küchenpatronin. In dieses Annerl, obwohl es nur flüchtig durch das

Küchenfenster des Speisesaales zu sehen war, pflegten sich alle Oberkläßler bis über die Ohren zu verlieben. Und da sprach dann wohl die Eifersucht aus ihren hungrigen Herzen, wenn sie dem Rektor was anzukreiden suchten. Dieser Klatsch sickerte von Klasse zu Klasse herunter, bis ihn die *homines novi* hörten. Aber im Ernste war dem Rektor – so weit meine zwölf- bis vierzehnjährigen Augen reichten – nichts anderes nachzusagen, als daß er manchmal während der Studierzeiten freundlich plaudernd mit dem schönen Annerl in der Einsamkeit des heiligen Haines spazieren ging. Viele Augen belauerten das Paar. Doch die Redereien, die man an solche Beobachtungen knüpfte, waren mir zuwider. Und zuweilen gab es Meinungsverschiedenheiten im Frieden der Burg, wenn ich den Verdächtigten mit gutem Glauben verteidigte: „Der tuet nix, was koinz oder keel isch! 's Annele verstand ich in meinem Holzwinkeldialekte alles, was mir ekelhaft war. Bei solchen Debatten über das schöne Annerl konnte ich den Einwurf hören: „So? Gfallt's ebbe dir auch?" Das brachte mich in heißen Zorn, und es rutschten mir bei solchem Thema leicht die Fäuste aus. Ihr wißt doch, wie ich – meine beiden Schwestern ausgenommen – über alles dachte, was Mädel hieß! Nach den schrecklichen Erfahrungen, die ich mit diesen merkwürdigen Geschöpfen hatte machen müssen! Sogar die kleine Schwäche für das 'nette Krawättle' war flink wieder in mir erloschen. Allerdings begann ich schon theoretische Unterschiede zu machen und fand sehr flink heraus, was 'nett' war. Im übrigen aber betrachtete ich die Sache noch immer von dem Standpunkt, den ich in der Dorfschule eingenommen hatte, wollte um keinen Preis der Welt als 'Mädlefußeler' gelten – und wenn die Seminaristen davon tuschelten, daß der Rektor mit dem Annerl 'was hätte', war es mir immer höchst peinlich, mir vorstellen zu müssen: wie der schöne vornehme Herr sich auf den Boden hinsetzen sollte, um das nette Mädel an den Waden, in der Kniekehle oder sonstwo zu zwicken! Soll denn auch so was ein Vergnügen sein? Zwicken! Das ist doch überhaupt nur eine Eigenschaft der Schwächlinge! Und beim Raufen ist das Zwicken direkt unanständig. Und mit Mädeln rauft man nicht. Was Mädel heißt, läßt man in Ruh, und die Buben haut man. – So ungefähr lauteten die Schlüsse, die der Logik meines zwölfjährigen Köpfls entsprangen.

Aber da fällt mir jetzt einer ein, der das Zwicken liebte und doch kein Schwächling war – wenigstens nicht in seinem äußeren Bilde.

Unter den weltgeistlichen Präfekten des Seminars war einer, vor dem ich Respekt hatte, obwohl er uns alle mit eiserner Strenge behandelte – ein zweiter, vor dem ich zitterte, obgleich er mir bei jeder Gelegenheit sein besonderes

Wohlwollen erwies – und einer, den ich zärtlich liebte, obwohl er kaum merkte, daß ich auf der Welt war.

Jener erste hieß Waldvogel und war ein mageres, langes, fast zwei Meter großes Mannsbild, das im Studiersaal immer wie ein drohendes Ausrufungszeichen hinter dem Stehpult des Präfekten stand. Mit dem Glockenschlag trat er in den Saal, ging auf das Pult zu, rührte sich nimmer vom Fleck, schrieb oder las, und beim ersten Schlag der Glocke klappte er sein Buch zu und ging davon, in sein Zimmer. Während der Studierzeit, in der unter Waldvogels Aufsicht stets eine lautlose Stille herrschte, hob er nur selten das Gesicht von seinem Buche. Tat er es, so sah er mit dem ersten Blick gleich alles, was heimlich hinter den Pulten geschah. Und da strafte er unerbittlich. Weil er sich niemals täuschte, hatte er nie eine Untersuchung nötig. Wenn er in dieser Stille rief: „Nummer Elf! Bringe mir sofort dein Buch!“ – dann war das sicher keine lateinische Grammatik, sondern eine Indianergeschichte oder eine Schillersche Tragödie, die konfisziert wurde. Und ich mußte knien – eine Sache, die ich schlecht vertrug. War man fleißig und ordentlich, so hatte man auch mit diesem gestrengen Herrn sein ruhiges Auskommen, obwohl er für die Jungen, mit denen er zufrieden war, als einzige Anerkennung nur ein stummes Kopfnicken fand. Er lebte wie ein Einsiedlerkrebs, blieb während der Freizeiten zumeist in seinem Zimmer, gesellte sich im Garten nie zu uns Buben und nahm in der Abendzeit auch nie an unseren Spielen im Studiersaal teil.

Viel zutunlicher und freundlicher zeigte sich da der zweite Präfekt. Er war nicht viel kleiner als Waldvogel, dazu von so hühnenhaftem Gewichte und von so breitschultriger Klobigkeit, daß wir ihn den ‘Unschlacht’ nannten. Er hatte Arme wie Balken, Finger wie Regensburger Würste. Dazu ein breites, gemütliches Gesicht mit knallroten Bausbacken und kleinen Augen. Wenn er Aufsicht führte, wurde die Studierzeit zu einem ununterbrochenen Gerappel und Gesumm. Die Pultdeckel gingen auf und nieder, alle erdenklichen Allotria wurden getrieben, die Telegraphenleitungen – (Bindfäden zwischen Zigarrenkistchen) – wurden in Gang gesetzt, man warf mit Papierpfeilen und Lettenkügelchen, ließ den gekauten Gummi elasticum knallen, und immer wieder wurde die Maus gejagt, die gar nicht vorhanden war. Da schrie einer plötzlich: „E Mäusle! E Mäusle!“ Und fünfzig Buben rumpelten auf einen Knäuel zusammen, balgten sich und rannten von Pult zu Pult, warfen die Stühle um, klapperten mit den Linealen allen Staub und Dreck unter den Pulten heraus und trieben diesen wirbelnden Radau durch die halbe Studierzeit, bis es dem

Präfekten schließlich doch zu dumm wurde. Dann brüllte er „Silentium!“ – und wenn wir alle wieder an den Pulten saßen, begann er im Studiersaal ein empörtes Auf- und Niederwandern. Solcher Zorn beschwichtigte sich aber bald wieder zu seiner chronischen Gemütlichkeit. Und da blieb er gern bei seinen Lieblingen stehen – zu denen auch ich gehörte – machte sie auf Fehler in den Hausaufgaben aufmerksam, vergönnte ihnen das verbotene Buch, in dem sie lasen, krappelte in ihrem Kaar, schmunzelte, streichelte, tätschelte – oder zwickte.

Das war eine schreckliche Gewohnheit von ihm: dieses Zwicken in die Wangen. Und für mich – wohl um mir seine ganz besondere Gewogenheit zu zeigen – hatte er noch eine gräßliche Nuance erfunden: wenn er mich in die Wange zwickte, geriet er mir jedesmal mit dem Finger zwischen die Zähne. Mir wurde immer ganz übel. So was 'Keeles' war das für mich! Wenn der Unschlacht in die Nähe meines Pultes kam, fing ich zu zittern an. Und ich war doch kein feiger Junge. Je freundlicher und nachsichtiger er gegen mich wurde, um so mehr begann ich ihn zu fürchten, fast zu hassen. Und eines Abends, als er mich wegen irgend einer Sache in sein Zimmer gerufen hatte und wieder so grauslich zwickte, stieß ich mit beiden Fäusten seinen Arm zurück und schrie: „So ebbes mag i nit!“ Er erwiderte keine Silbe, lächelte nur und gab mir aus seiner Bibliothek ein Buch: Des Knaben Wunderhorn. Von dieser Zeit an zwickte er mich nimmer, blieb aber freundlich und nachsichtig – so nachsichtig, daß ich mir alles erlauben durfte. Das hatte keine gute Wirkung auf meinen Fortschritt in der Schule. Ein Glück für mich, daß zum Gegenhalt unser Klassenprofessor Loher sich alle Mühe mit mir gab. Ich werde von diesem prächtigen Manne mit der doppelten Lehrerseele noch zu erzählen haben.

Erst muß ich vom Unschlacht noch eine merkwürdige Sache registrieren. Dieser freundliche, gutmütige, zutunliche Herr konnte zuweilen recht gefährlich werden. Er strafte nicht gerne – aber wenn's eine grobe Sache gegeben hatte, die nach dem Haselnußstecken schrie, und wenn der Unschlacht den Missetäter über den Stuhl zog, konnte er so fürchterlich losdreschen, daß der arme Schächer das bequeme Sitzen ein paar Tage lang nimmer fertig brachte. Ebenso gefährlich war der gutmütige Unschlacht am Abend, wenn wir 'Stockschlagen' spielten. Das war ein Spiel, dessen Erfinder man hätte ohrfeigen sollen. So denke ich jetzt. Aber damals in meiner Seminarzeit trieb ich dieses Spiel sehr gerne – um mit Vergnügen heimzahlen zu können, was ich unter Schmerzen empfangen mußte. Einer saß auf einem Stuhl: der Stockhalter. Wer beim Spiel an die Reihe kam, mußte stehend das Gesicht vornüberbeugen und die Augen in die Hände des Stockhalters legen. Dann schlug man ihm hinten mit der flachen Hand eine Feste hinauf; und wer den Schlag bekam, mußte blind erraten, wer geschlagen hatte; riet er fehl, so ging die Sache weiter; riet er richtig, so kam zur Abwechslung der andere ‘in den Stock’. Bei diesem Spiel guckte der Unschlacht gerne zu; und manchmal, wenn einer von seinen Lieblingen im Stock war, sauste plötzlich seine schwere Hand zu einem Schlag herunter, daß man schreien mußte und in die Knie brach. Da riet man dann immer richtig: „Jesus Maria, der Herr Präfekt!“ Und lachend ging der Anschlacht davon.

Der dritte der Präfekten führte für uns Lateinschüler, die wir noch nicht in die Kirchenmusik und in das Orchester eingereiht waren, ein Leben wie der Maulwurf in der Wiese. Das war der Musikpräfekt, Herr Ludwig Kerler. Man bekam ihn selten zu sehen. Alle paar Monate erschien er einmal in meiner Flötenstunde und hörte ein Weilchen zu. Gefiel ihm mein Gedudel nicht, so schnitt er eine Grimasse, als hätte er eine sehr bittere Sache zu trinken bekommen, und entfernte sich, ohne ein Wort zu sagen. Eines einzigen Besuches erinnere ich mich, bei dem ich seine Zufriedenheit erweckte. Da tippte er mit dem Griff seines Stockes an meine Schulter und sagte mit seiner heiseren Stimme: „Büeble! 's geht vorwärts! Da hast du jetzt grad e Tönle bracht... das ist Musik gewesen!“ Seit dieser Stunde gab ich mir alle Mühe, reine Klänge aus meinem Wimmerholz herauszubringen. Der Präfekt aber lobte mich niemals wieder.

Ich weiß nicht, was diesem wunderlichen Manne, der die Seele eines Künstlers und das Gesicht eines Trunkenboldes hatte, meine Zuneigung gewann. Fast schwärmerisch verehrte ich ihn. Und ich fand auch oft Gelegenheit, dem Präfekten Kerler meine Anhänglichkeit in aller Stille zu beweisen. Er hatte sein Zimmer in einem etwas abgelegenen Trakte des Seminars. Und da wurden mit der Türklinke des Präfekten, mit dem Schlüsselloch oder mit den vor der Tür stehenden Stiefeln manchmal sehr üble Scherze getrieben. Herr Kerler ging Abend für Abend in die Stadt hinaus und kam erst spät in mitternächtiger Stunde zurück, um etwas heiteren Ganges seiner Klause entgegenzustreben. Da fand er dann die Überraschungen, die seiner warteten. Doch nie verklagte er die Missetäter. Er suchte aber auch die verschwiegenen Schutzengel niemals auszuforschen, die häufig vor seiner Tür die Spagatfallen zerschnitten, reinliches Papier um die klebrige Klinke wickelten und das Schusterpech aus dem Schlüsselloch herausstocherten.

Hatte man ihm in der Nacht einen solchen Freundschaftsdienst geleistet, so fühlte man sich am Morgen in der Kirche belohnt, wenn er die Messe dirigierte, die Orgel spielte und von seinem unsichtbaren Chorsitz diese herrlichen Klänge auf uns knieende Jungen niederrauschen ließ. Da überkamen mich traumhafte, seltsam wogende Stimmungen, die ich nicht schildern kann. Und wenn Herr Kerler auf der Orgel mit wechselnden Tonarten phantasierte, bekam oft plötzlich die ganze Kirche vor meinen Augen eine intensive, einheitliche Farbe; alles erschien mir rot oder ährengelb oder in prachtvollem Blau. Das dauerte immer nur wenige Sekunden und verschwamm dann wieder. Meistens sah ich nur eine einzige Farbe, und wenn sie zerflossen war, blieb alles so, wie es in Wirklichkeit war. Doch manchmal – wenn die Tonart, während ich eine Farbe sah, mit raschem Übergang wechselte – verwandelte sich diese Farbe ebenso rasch in eine andere, die noch stärker leuchtete. Das war immer so namenlos schön, daß mir ein süßer Schauer durch Herz und Sinne rieselte. – Dieses Farbenschauen meiner Augen, bei tiefer Wirkung guter Musik, verstärkte sich noch in späteren Jahren. Irgendwelche Gesetzmäßigkeit in dieser Erscheinung hab' ich bisher nicht konstatieren können. Aber es gibt ein paar musikalische Werke, bei denen ich stets die gleiche Farbe sehe. Wenn ich Wagners Rheingold höre, kommt immer ein Augenblick, in dem das ganze Bild der Bühne für mehrere Sekunden von einem brennenden Goldgelb überflossen wird. Und spiele ich mit meinen Kindern das erste Trio von Haydn, so erscheint mir das Notenblatt gegen Ende des ersten Satzes in einem matten Rotviolett, das sich, wenn wir ohne Unterbrechung gleich das Adagio Cantabile beginnen, in ein tiefes Stahlblau verwandelt. Im Allegro non troppo der C-moll-Symphonie von Brahms, die ich bis jetzt drei- oder viermal hörte, sah ich jedesmal das gleiche Scharlachrot – und einmal sah ich in dieser Farbe eine weite Himmelsferne mit langgestreckten, in Scharlach brennenden Wolkenzügen, über die eine hohe, in tieferes Rot gekleidete Frauengestalt wie schwebend dahinglitt. Alle leidenschaftlich empfundene Musik verwandelt sich für mich in Bilder, die ich sehe, während ich die Musik für Sekunden und Minuten nicht mehr zu hören glaube. Am häufigsten und stärksten kommen mir solche Bilder und Farben bei Schumann und Beethoven. Früher war's auch bei Wagner so. Aber die bilderschaffende Wirkung, die sonst die Wagnersche Musik in mir hervorrief, ist seit etwa fünf Jahren fast ganz für mich erloschen. –

Während des zweiten und dritten Jahres meiner Seminarzeit kam mir alle Frömmigkeit, die ich in der Kirche noch fühlte, aus der schönen Musik des

Präfekten Kerler. In der stillen Messe war ich so wenig bei Gott, wie es die anderen waren – mit spärlichen Ausnahmen. Zweihundert Studenten, dicht gedrängt in den Betstühlen, mit Husten, Trampeln, Scharren, Zappeln, Jucken und Flüstern! Wie soll da entstehen oder dauern können, was Andacht heißt? Ich glaube, aller Religionszwang in der Schule ist ein unfehlbarer Weg zum Zweifel oder zur Heuchelei.

Wie die Kirchenstimmung in warmen Sommerszeiten war, das weiß ich nimmer recht. Aber im Winter war's immer schrecklich, wenn uns der Atem bei jedem Seufzer unserer Qual wie ein graues Wölklein vor dem Munde stand. Kluge Priester sollten ihre Kirchen im Winter heizen lassen. Man kann nicht an einen gütigen Gott glauben, wenn man eiskalte Zehen, abgestorbene Ohren, eine vor Kälte pelzige Nasenspitze hat und ruhelos in die Hände hauchen muß. Wir Buben mit unseren geschorenen Köpfen, mit den dünnen Wirkhandschuhen und den kurzen Radmäntelchen froren in der eisigen Kirchengruft, daß uns die Zähne klapperten und die Augen tränten. Gott war uns Hekuba. Wir hatten keinen anderen Kirchengedanken als die Sehnsucht auf den Augenblick, in dem wir mit Getrampel aus dem Betstuhl hinausdrängen und hinaufrasen konnten in das warme Klassenzimmer. Die erste Lehrstunde war immer verloren. Denn eine ganze Stunde brauchte man, bis man ordentlich auftaute.

Und da bin ich nun bei diesem Professor Loher mit der zwiefachen Lehrerseele. Ein mittelgroßer Mann, immer ein bißchen unordentlich gekleidet, mit dunklem zerwirrtem Haar, mit kurzem, mißmutig durcheinander gesträubtem Vollbart und mit schwermütigen Augen, die selten in froher Kelle glänzten. Wenn er verheiratet war, so hatte er sicher kein freundliches Familienleben. Kam er in die Klasse, so gab er sich mit rührender Inbrunst seinem Berufe hin. Die schöne Leistung eines Schülers machte ihn für wenige Minuten glücklich. Ein grober grammatikalischer Fehler wirkte auf ihn wie eine schwere persönliche Kränkung. Aber den Haselnußstecken liebte er nicht. Wenn Strafe nötig wurde, nahm er das Haupt des Übeltäters zwischen Brust und Arm und gab ihm eine feste 'Kopfnuß'. Das tat sehr weh. Aber das kurzgeschorene Köpfl konnten wir nicht polstern, und das Einreiben mit Kolophonium half nichts; man bekam davon nur ein Gefühl, als hätte man Läuse.

Dieser Professor Loher, der in der Schule neben dem Lateinischen noch ein paar andere Fächer lehrte, war außerhalb der Klasse auch unser Turnlehrer. Von diesem doppelten Berufe kam die Zwiespältigkeit seiner Lehrerseele. Ich war ein jammervoller Lateiner, aber ein guter Turner. Und drum liebte mich Professor

Loher in der Turnhalle so zärtlich wie einen Sohn, während er mir in der lateinischen Stunde sehr häufig seine tiefste Verachtung bezeugen mußte. Das eine färbte ein bißchen aufs andere ab. Die Freude über meine Turnkünste wurde ihm getrübt durch den Gedanken an mein Latein – und der Kummer über meine mangelhafte Kenntnis des ciceronischen Idioms wurde ihm ein bißchen getröstet, wenn er sich erinnerte, was ich in der letzten Turnstunde an Reck und Barren geleistet hatte. Führte ich in der Turnhalle zwanzigmal hinter einander die Doppel-Kniewelle mit tadellosem Abschwung aus, dann konnte er, bei hellem Glanz in den Augen, wehmütig sagen: „Ludwig! So möchte ich dich einmal den *Accusativ cum Infinitiv*gebrauchen sehen!“ Und in der Klasse konnte er, bei kummervollem Blick, mit gemildertem Zorne seufzen: „Ganghofer! Da hast du wieder einmal ein sträfliches Latein geliefert! Aber ich will nicht vergessen, daß du ein verläßlicher Turner bist. Nun ja! Es gibt eben nichts Vollkommenes im Leben!“ Daß ich bei Professor Loher ein so schwächlicher Lateiner blieb, das hat mir weiterhin auf Erden nicht viel geschadet. Aber die Turnkünste, die ich dem braven Manne mit der zwiefachen Seele verdanke, haben mir oft das Leben gerettet – zum erstenmal schon damals im Seminar. Das hohe Klettergerüst im Seminarhof war seit einiger Zeit in seinen faulen Balkenfüßen ein bißchen wackelig geworden. War einer in der Spielzeit droben auf dem Querbalken, so kamen natürlich die anderen gleich gelaufen und fingen zu rütteln an. Schließlich trauten sich nur noch die wenigen hinauf, die sich da droben in zehn Meter Höhe schwindelfrei und sicher fühlten, Und so war ich eines Tages wieder einmal droben und spielte Seiltänzer. Die Kerle kamen gleich und fingen zu wackeln und zu rütteln an. Plötzlich tat das Klettergerüst einen dumpfen Krach und begann zu fallen. Ich gaukelte auf dem seitwärts gleitenden Balken, konnte mich aufrecht erhalten – und als der Balken nur noch ein Paar Meter von der Erde entfernt war, machte ich einen festen Hupf in die Höhe und landete glücklich auf dem Lohboden. Die Sache ging so schnell, daß ich das festmachende Sprüchlein des Alfons gar nimmer sagen konnte. Diesmal kam ich zur Abwechslung gut davon, weil ich die Augen *offen* hielt. So hab' ich es dann späterhin immer gemacht, wenn's mir an den Kragen ging – und dabei vergaß ich allmählich den Zauberspruch meiner Kinderzeit und verließ mich in allen kitzlichen Sekunden auf mich selbst. – Mancher Leser mag bei dieser Stelle sagen: Das klingt wie Übermut. Doch es kommt mir so vor, als wär's nur ein Gleichnis. In jenen Jahren begann ich doch auch meinen blinden Kinderglauben zu verlieren. Aber der sehende Glaube, den mir das reife Leben als Ersatz gegeben – das war der schönere. Ein Glaube mit dem Dogma: ‘Wie Gott unfaßbar in allen Sternen brennt, so pocht er in deinem Herzen und glüht in deinem Blute. Hilf dir selbst, und Gott hat dir geholfen. Sei furchtlos und bleibe froh! Dann wirst du machen aus dir, was aus dir werden konnte. Und ermüden deine Kräfte, so warst du Mensch, und wirst die Stunde nicht schelten, in der die natürlichen Leiden deines irdischen Staubes dir das letzte Lachen zernagen. Und alle Dämmerung des Lebens wird dir nichts anderes sein, als notwendige Ruhe und geduldiges Harren auf neues Werden!'

Wo bin ich?

Richtig, ja, noch immer bei Professor Loher. Aus seiner Klasse fallen mir zwei kleine Geschichten ein. Im Sommer einmal, da hatte ich neue Stiefel, die mich drückten. Unter der Schulbank zog ich den rechten Stiefel herunter, um dem schmerzenden Fuß ein bißchen Luft zu vergönnen. Der verwünschte Kerl, der hinter mir saß, merkte die Sache und gab dem Stiefel einen so kräftigen Fußpuff, daß die lederne Lokomotive durch alle Bankreihen hinausfuhr und pumpernd gegen den Katheder schlug. Professor Loher guckte mißbilligend aus seiner Höhe herunter, ließ den Stiefel unter sein Pult stellen und sprach: „Wenn die Unterrichtsstunde zu Ende ist, werden wir das Weitere sehen!" Mir wurde schwül. Und weil mein Banknachbar ein Stadtstudent war, der nicht weit vom Gymnasium wohnte, tuschelte ich: „Du! Verlang hinaus und hol mer en Stiefel." Nach fünf Minuten war der Stiefel richtig da – aber es war nicht der rechte, den ich brauchte, sondern ein linker. Ich kam aber doch hinein. Mit festem Willen vermag der Mensch auch naturwidrige Hindernisse zu überwinden. Unter wachsenden Schmerzen erwartete ich den Schluß der Schulstunde. „Sssso!" sagte Professor Loher und stellte sich vor die erste Bank. „Heraus jetzt, einer nach dem anderen!" Wer zwei Stiefel an den Füßen hatte, durfte fortgehen. So leerte sich Bank um Bank. Als ich heraustrat, machte Professor Loher auch bei mir den entlassenden Handwink. Ich wollte rennen. Aber da fiel ihm plötzlich etwas auf. „Ganghofer! Halt! ... Du hast ja zwei linke Stiefel an!"

„Ja, Herr Professor, weil ... weil ich zwei linke Füß hab."

„Gut! Weiter!"

Ich machte flinke Beine. Und ein Viertelstündchen später erfuhr ich, daß Professor Loher, als der letzte mit zwei Stiefeln aus der hintersten Bank heraustrat, unter Kopfschütteln sagte: „Das ist aber doch ganz unerklärlich ..."

Am anderen Morgen, vor Beginn des Unterrichtes, gab Professor Loher diese Erklärung ab: „Um auf die Sache von gestern zurückzukommen... wenn einer von euch zufällig zwei *rechte* Füße haben sollte, kann er den überzähligen Stiefel beim Pedell in Empfang nehmen." Dabei sah er mich an – und schmunzelte ein bißchen. In der nächsten Turnstunde, als ich einen tüchtigen Sprung über die Hochschnur gemacht hatte, sagte er: „Schade! Um wie viel höher würdest du noch springen, wenn du keine Mißgeburt wärst! Aber zwei linke Füße ..." Er zog mein Haardach an seine Brust und versetzte mir eine Kopfnuß, die ich am anderen Tag noch spürte.

Auch die zweite Geschichte spielte im Sommer. Ich hatte zeichnerische Talente, die sich, wie an der Sakristeitür in Welden noch heute zu sehen ist, schon früh entwickelten. Diese zeichnerischen Künste wurden für mich unter Professor Loher zu einer Plage. Wenn er Geographie lehrte, mußte ich immer an die Tafel heraus und Landkarten oder Bauwerke nach kleinen Vorlagen zur Erleichterung des Anschaulichkeitsunterrichtes in vergrößertem Maßstabe nachzeichnen. Das war eine sehr unbequeme Sache. Und drum schmiedeten wir eines schwülen Sommernachmittages ein erlösendes Komplott. Die große Tafel wurde so steil gestellt, daß die geringste Bewegung genügte, um das schwarze Ungeheuer aus dem Gleichgewicht zu bringen. Und richtig wurde ich wieder herausgerufen: um die kyklopischen Mauern von Mykenä zu zeichnen. Ich zog ein paar Linien mit der Kreide, dann fing ich zu taumeln an, wurde 'ohnmächtig', fiel auf den Boden hin, und – dullerabums! – rasselte die Tafel samt ihrem spreizbeinigen Gestell auf mich herunter. Ein fürchterlicher Aufruhr in der Klasse. Und weil ich durch kein Mittel aus meiner 'Ohnmacht' zu erwecken war, trugen acht Buben mich hinunter in den kühlen Seminarhof, wo der alte Brunnen stand – d. h. sie trugen mich nur bis zur Türe hinaus, über die Treppe lief ich selber hinunter, und im Hofe ließ ich mich wieder tragen. Ein paar Minuten später sprang in der Klasse einer auf: „Herr Professor! Sollen wir nicht nachsehen? Ich fürchte, dem Ganghofer geht es sehr schlecht!" Zehn Buben rannten davon, um zu fragen, wie es mir ginge. Und weil sie nicht mehr kamen, schnellte wieder einer von der Bank auf: „Herr Professor? Soll ich mich nicht erkundigen? Ich fürchte, der Ganghofer ist schon tot!" Da sauste auch gleich ein ganzer Schwarm zur Türe hinaus. Und keiner kehrte zurück. Doch als Professor Loher mit den paar Letzten, die bei ihm geblieben waren, nach dem Läuten der Stundenglocke heruntergelaufen kam in den Brunnenhof, da war ich wieder, was man 'frisch und munter' nennt.

„Gott sei Lob und Dank! Und spürst du auch wirklich gar nichts mehr?"

„Nein, Herr Professor! Ganz guet isch mer wieder!"

Und dieser liebe prächtige Mensch, mit dem wir übermütigen Fratzen Schindluder trieben, sagte in zärtlicher Freude: „Siehst du! Dein gesundes Turnerblut! Ein anderer wäre da nicht so glücklich davongekommen!“

Während der folgenden Woche fragte er in der Schule häufig nach meinem Befinden, und war in puncto Latein so nachsichtig gegen mich, daß meine Noten sich wesentlich besserten. Bei diesem ‘Schub nach aufwärts’ hat außer dem guten Professor Loher noch ein anderer energisch mitgeholfen. Weil ich im ersten Semester nicht sonderlich gut ‘abgeschnitten’ hatte, bekam ich nach Ostern einen Instruktor zur Nachhilfe. Und diesem Manne – ich sage: Mann, obwohl er nur erst ein Student der dritten Gymnasialklasse war – diesem Manne hab' ich für mein Leben mehr zu verdanken, als ich damals erkennen oder auch nur ahnen konnte. Erst in späteren Jahren begriff ich, daß er mich ruhig, bewußt und sicher an Gefahren vorübergeführt hatte, die ich sah, ohne sie zu verstehen, und die nach mir tappten, ohne daß sie mich fassen konnten.

Dieser seltsame, häßliche, strengäugige Schutzengel meiner Knabenzeit hieß Rauner. Er war der Sohn einer Schullehrerswitwe. Und es ist mir in Erinnerung, daß er mich, als ich Schüler der dritten Lateinklasse war, während der Weihnachtswoche für einige Tage mitnahm in das Haus seiner Mutter. Wo stand dieses Haus? Wie war es? Unter trüben Schleiern seh' ich etwas Kleines und Ärmliches – graues Holz und weiße Mauern – eine steile geländerlose Stiege, winzige Stübchen, ein Dachkämmerchen, in dem ich friere, daß mir die Zähne klappern – und ein etwas größeres Zimmer, in dem unter sparsam brennender Lampe vier oder fünf Menschen mit ruhigem Geplauder um einen kleinen Tisch herumsitzen. Und dieser Tisch ist mit blauem Leinen gedeckt. – Mehr seh' ich nimmer. Doch während ich mich zu erinnern suche, ist ein warmes und frohes Gefühl in mir, als hätt' ich mich vor vierzig Jahren glücklich und wohl befunden im kühlen, reinlichen Frieden dieses Hauses von irgendwo. – Ich glaube, daß Rauner spät auf die Lateinschule kam und älter war als die Kameraden seiner Klasse. Oder vermute ich das nur? Weil dieser Student der dritten Gymnasialklasse meinen dreizehnjährigen Augen immer wie ein Greis erschien? Wie sah er aus? In Wirklichkeit? Seh' ich ihn mit der Erinnerung an die Abschiedsstunde, in der ich ihn liebte? Oder blieb in meinem Gedächtnis sein Bild aus jenen ersten Drillwochen, in denen ich ihn haßte, weil ich leiden und mich krümmen mußte unter seiner steinernen Strenge?

Ich sehe eine magere, lang aufgeschossene Gestalt mit den eckigen Bewegungen einer Holzpuppe – eine Gestalt, die immer den gleichen Rock und die gleiche Hose trägt. In einem faltigen, mit vielen Sommersprossen getüpfelten Gesichte blitzen die blauen, ernsten Augen; ein schmaler und harter Mund; wenn er spricht, bewegen sich die Lippen nur ein wenig, und man sieht nur ein ganz klein bißchen die weißen Zähne.

War Rauner bei den Gymnasiasten nicht beliebt? Oder liebte er die Gesellschaft der anderen nicht? Während der Freizeit blieb er gern mit einem Buch an seinem Pulte sitzen; oder ich sah ihn im heiligen Hain an den Schweberingen turnen, während die anderen heimlich rauchten oder Tarock spielten; oder ich sah ihn einsam über die große Wiese wandern und stehen bleiben und eine Blume pflücken, deren Kelch er mit einem feinen Messerchen zerlegte.

In der ersten Unterrichtsstunde schwärmte ich für ihn, während der zweiten begann ich ihn zu fürchten, nach der dritten haßte ich diesen trockenen Quälgeist. Er machte mich 'büffeln', daß ich schwitzen mußte, und vergönnte mir keinen Atem freier Zeit, bevor ich nicht meine Arbeiten zu seiner Zufriedenheit erledigt hatte. War ich nachlässig, so bestrafte er mich unbarmherzig mit 'Pultarrest' und scharfer 'Karenz'. Auch ohne mich strafen zu wollen, hatte er auf meine Mahlzeiten ein scharfes Auge; er sorgte dafür, daß ich mich nicht 'überfraß' – wozu ich immer gerne geneigt war, wenn ich mir ein paar Portionen des 'gelben Voressens' oder ein Dutzend Semmelknödel erschachern konnte. Es war das eine von seinen trocken dozierten Lebensregeln: „Eine Sau frißt, ein Mensch nährt sich mit Maß und Ziel." Damals dachte ich: sich nähren, darunter versteht er hungerleiden. Und als er dahinter kam, daß ich bei einer Geburtstagsfeier sieben Biermarken eingehandelt und beim Nachtessen sieben Krügl Bier getrunken hatte, gab er mir eine grobe Watsche, entzog mir auf vier Wochen das Taschengeld und ließ mich Abend für Abend 'gesundes Brunnenwasser' plempern. Da könnt ihr euch denken, wie wütend ich auf diesen 'Fadian' und 'Pedanten' war! Das Maß meines Ingrimms kam zum Überlaufen, als er mich am Pfingstsonntage – heute weiß ich nimmer, warum – zu 'großer Karenz' verdonnerte, d. h. zu völligem Entzug des festlichen Mittagsschmauses. Am Nachmittag schrieb ich diesem 'Tyrannen' einen empörten Brief – und schrieb, daß er sich nicht mehr zu bemühen brauchte, da ich die Absicht hätte, mir einen anderen Instruktor zu nehmen. Ich weiß noch, daß in diesem Briefe refrainartig die Weisheit wiederkehrte: 'Hunger tut weh!'

Vor dem Abendessen, während die anderen schon alle hinunterrannten ins Refektorium, befestigte ich diesen versiegelten Brief mit einem Reißnägelchen an Rauners Pult. Als ich zu spät in den Speisesaal kam, sah er mir mit bohrendem Blick in die Augen. Oder redete mir das nur mein schlechtes Gewissen ein? Ich wurde von einer Verstörtheit befallen, die ich nicht schildern kann. Obwohl mir die Gedärme vor Hunger kullerten, brachte ich kaum einen Bissen hinunter. Ums Leben gerne wär' ich hinaufgerannt in den Studiersaal und hätte den verfluchten Brief wieder weggerissen von Rauners Pult. Doch als die Mahlzeit vorüber war, rannte ich wie ein Narr hinaus in den dämmerdunklen Garten.

Durchbrennen!

Seit anderthalb Jahren hatte ich diesen Erlösungsgedanken schon hundertmal geträumt. Und ganz genau wußte ich die Wege, die ich zu machen hatte. Jetzt ging ich sie ohne Besinnen. Durch den Gemüsegarten, wo ich den Hasen gefunden hatte! Nicht weit vom Gärtnerhause war ein großer Spalierbaum an der Mauer. Hinauf über die Latten! Von der letzten Leiste ein Affensprung – und ich hatte mit beiden Händen die Mauerkante erwischt. Draußen ein Sprung in die graue Tiefe. Und dann ein irrsinniges Rennen.

Als ich den Atem verlor und mich in einem Straßengraben hinhocken mußte, kam mir die Vernunft zurück. Rings um mich her die schwarzen Felder und hoch über mir die blitzenden Sterne – die gleichen wie in Welden! Und Hunger hatte ich, daß mir fast übel wurde. Wo einen Bissen bekommen? Ich begann den unreifen Weizen zu kauen. Wo schlafen? Wie am Morgen den Kaffe bezahlen? Und den Omnibus? Und die 'Eusebahn'? – Mich durchbetteln? Das ginge wohl! Und den ganzen Weg bis Welden zu Fuß laufen? Aber daheim? Der Zorn des Vaters! Und die Augen der Mutter! Ihre Tränen! – Und da war ich schon umgekehrt und fing zu rennen an, bis ich die Seminarmauer erreichte. – Wie komm' ich aber jetzt hinein? – Herrgott, wo ist denn nur der Hase in den Garten gesprungen? – Ich fand die Stelle. Ein Sprung in den heiligen Hain hinunter! Und gerade konnte ich noch ins Haus schlüpfen, bevor der Tafeldecker das Gartentor zusperrte. Droben läutete schon die Schlummerglocke.

In dieser Pfingstnacht, als ich schwitzend in meinem Bette lag, hab' ich wieder einmal mit gläubiger Andacht gebetet. Und am Morgen schmeckte mir die verhaßte Brennsuppe wie eine süße Köstlichkeit des Lebens.

Während des zweiten Feiertages erwähnte Rauner mit keiner Silbe den Brief und tat, wie wenn nichts geschehen wäre. Am ersten Schultag, abends um fünf Uhr, kam er wie gewöhnlich durch den Studiersaal I gegangen und winkte mir, zur Stunde zu kommen. Schwül schnaufend packte ich meine Bücher zusammen und folgte ihm. Ruhig erledigte er die Repetition; nur der Bleistift fehlte, mit dem er sonst während des Unterrichtes fortwährend zu spielen pflegte; statt des Bleistiftes drehte er zwischen den Fingern ein dünngerolltes Papier; und als die Stunde vorüber war, legte er das gedröselte Blatt als Merkzeichen in mein lateinisches Lesebuch. Dieses Blatt – das war mein Brief.

Durch viele Tage konnte ich meinem Instruktor gegenüber ein drückendes Gefühl der Beschämung nicht loswerden. Und dieses Gefühl verwandelte sich unmerklich in eine scheue, verehrungsvolle Zuneigung, obwohl Rauner seine Strenge von nun an eher verschärfte als milderte. Dieser Strenge war es zu verdanken, daß ich nach Schluß des Schuljahres glatt 'aufrücken' durfte und den Eltern ein recht passables Zeugnis mit heimbringen konnte in die glückselige Freiheit der Ferienzeit. Ich war unter sechsunddreißig Schülern der Achte geworden. Und unter meinen Noten prunkte sogar ein hochmütiger Einser.

Doch neben den paar guten Zeugnisziffern hatte ich der strengen Aufsicht meines Instruktors noch etwas anderes zu verdanken, das für mein Leben viel wichtiger und nützlicher war, als es eine römische Zahl auf dürrem Papier zu sein pflegt. Bevor ich ein weiteres davon rede, muß ich von einigen Dingen erzählen, die wie dunkle Lebensgespenster an meinen erschrockenen Knabenaugen vorüberhuschten.

Das Seminar hatte eine Folterkammer. Aber da braucht ihr nicht gleich an den gespickten Hasen und an die eiserne Jungfrau zu denken, wie sie auf der Nürnberger Burg zu sehen sind. Die Folterkammer des Seminars war jener große leere Korridor zwischen dem Schlafsaal I der Lateinschüler und jenem Raume, für den die deutsche Sprache, obwohl sie schon ein paar Jahrtausende sucht, noch immer keine salonfähige Bezeichnung zu finden wußte. Dieser Raum hatte wieder eine zimmergroße Vorhalle, in der zu allen dunklen Stunden eine Hängelampe brannte – und unter diesem milden Ampelscheine führten drei schmale Türen zu den Zellen der Einsamkeit.

Doch ich höre meine Leser ungeduldig fragen: „Folterkammer? Wieso?"

Unter den vierzig Kameraden des Schlafsaales passierte es zuweilen einem verträumten Jungen, daß er in der Nacht um eine wichtige Minute zu spät erwachte. Freilich sprang er dann flink aus dem Bett, wickelte sich etwas verstört in das rot oder blau passepoilierte Schlafröckerl mit den langen Quastenschnüren und wanderte dem milden Scheine der Ampel zu – obwohl es eigentlich gar nimmer nötig gewesen wäre. Begab er sich wieder zur Ruhe, so lag er für den Rest der Nacht höchst unbequem auf der Bettkante – war den Tag über sehr bedrückt und schwermütig – und merkte am Abend im Schlafsaal, daß seine geduldige Seegrasmatratze gegen einen fürchterlichen Strohsack vertauscht war. – Erster Grad der Folter. – Denn wenn der arme Junge, der doch wirklich nur das Opfer eines 'Traumes' geworden, sich nur ein bißchen rührte, fing der Strohsack zu rascheln an. Das hörte man im ganzen Schlafsaal, die heimliche Schande wurde offenbar, und bald von linksher, bald von rechtsher ließen sich deutlich und grausam allerlei *termini technici* vernehmen, die der gefolterte Schächer als schmerzende Kränkung empfinden mußte. Wie viel bittere Tränen mögen wohl in solchen Strohsacknächten auf die harten Kissen getröpfelt sein! Und die armen Zungen sahen acht Tage immer elend aus, weil sie in der Sonne dem Spott nicht entrinnen konnten und in der Nacht nicht einzuschlafen wagten, um ja nur den gottverfluchten Strohsack nach der obligaten Strafwoche wieder loszuwerden.

Mißlang ihnen das, so kam der zweite Grad der Folter; sie durften, wenn sie 'rückfällig' wurden, nimmer im Schlafsaal bleiben; ihre Bettlade mitsamt dem unglücklichen Strohsack wurde in den großen öden Korridor hinausgestellt. Nun denkt euch, was für Nächte die kummervollen Einsiedler da nach allem Spott der Tage durchzumachen hatten! Denn bei manchen kam als dritter Grad der Folter noch die Gespensterfurcht hinzu – in diesem großen öden Raume, in dem die Mäuse knapperten und das Mondlicht durch die hohen Gitterfenster seine geheimnisvollen Milchfluten hereinschüttete.

Ich erinnere mich noch eines zwölfjährigen, mageren und kränklichen Jungen, der immer zitterte, keinem andern Buben mehr in die Augen schauen konnte, immer für sich allein blieb, immer ein mauerblasses Gesicht und den Blick eines verzweifelten Tierchens hatte. Der mußte viele Nächte da draußen schlafen in der Folterkammer.

Zuerst verhöhnte ich ihn geradeso, wie es die anderen gesunden und trocken schlafenden Bengel taten. Aber dann bekam die Sache plötzlich ein neues, erschreckendes Gesicht für mich. Es war in einer Mondscheinnacht. Da mußte ich, nach rechtzeitigem Erwachen, mein grünverschnürtes Schlafröckle spazieren tragen. Und als ich in den Korridor kam, auf dessen Dielen die Mondflecken lagen, hörte ich ein merkwürdiges Geräusch, das mich an die Weiher auf dem Theklaberge und an einen fleißig singenden Frosch erinnerte. In einer Ecke des Korridors, vom Zwielicht der Mondnacht umdämmert, stand das Bett jenes blassen Jungen, der wieder für einen seiner chronischen Rückfälle büßen mußte – und jenes Geräusch, das ich hörte, war das Lallen seiner Stimme und das Klappern seiner Zähne. Er konnte doch nicht frieren? In dieser warmen Sommernacht? Mir hauchte etwas Kaltes an das Herz. Rasch ging ich an ihm vorüber. Doch als ich aus dem milden Scheine jener Ampel wieder heraustrat, mußte ich fragen: „Männdle, was tuescht du denn da?“

Er gab keine Antwort, murmelte nur und klapperte. Starr aufgerichtet saß er im Bette und hielt vor dem Gesicht die Hände auf eine merkwürdige Art gefaltet – nur die zitternden Fingerspitzen berührten sich.

Es ließ mich nicht von der Stelle. Und ich mußte fragen: „Männdle, tuescht bete?“

Da sagte er in jagender Hast und mit einer Stimme, die ich im Leben nie vergessen werde: „Gott liebt mich nicht! Gott liebt mich nicht! Gott liebt mich nicht! Alle liebt er! Nur mich nicht ... mich *nicht* ... mich *nicht* ...“

Stammelte ich ein barmherziges Wort? Ich weiß es nimmer. Doch als ich an sein Bett kam, umklammerte er mich, daß ich vor seiner Angst erschrak. – Dreißig Jahre später, als auf dem Starnbergersee bei grobem Sturmwetter mein Segelboot unterging, klammerte sich mein Matrose, der nicht schwimmen konnte, genau so an meinen Körper. Dem mußte ich einen Faustschlag aufs Hirndach geben, um ihn dann so lang über Wasser zu halten, bis ein Boot uns beide rettete. – Aber die Arme jenes verzweifelten Jungen auf dem Strohsack brachte ich nicht von meinem Körper los. Doch als die Schlafzimmertüre ging, stieß er selbst mich von sich fort, warf sich gegen die Mauer und zog die Wolldecke über den Kopf. Ich kehrte in den Schlafsaal zurück. Und der Schlafrockwanderer, der mir im Korridor begegnete, sah mich eigentümlich an – und lachte. Ich wußte nicht recht, warum?

Am anderen Morgen suchte ich auf dem Weg zum Klassenzimmer mit dem scheuen, blassen Jungen zusammenzutreffen und riet ihm, er sollte alles aufrichtig an seine Mutter schreiben. Das tat er wohl. Denn wenige Wochen später wurde er aus dem Seminar genommen.

Aber so oft ich dann den Korridor betrat, erwachte immer wieder in mir die Erinnerung an den singenden Frosch und an diese lallende Verzweiflung eines Kindes: „Gott liebt mich nicht! Gott liebt mich nicht!“

In einer Nacht, als mir beim ersten Schritt in den Korridor diese Erinnerung wieder kam, hörte ich leises Flüstern und Gekicher, dazu einen sachten, dumpfen unerklärlichen Lärm. Er kam aus jener Vorhalle, in der die milde Lampe brannte. Und als ich auf die Schwelle trat, erschrak ich, wie ich noch nie in meinem Leben erschrocken war – auch damals nicht, als dem Muckel und mir beim entzwei gefeilten Blitzableiter das grelle 'Himmelsfeuer' vor den Augen prasselte.

Dann lag ich wieder in meinem Bett. Und wußte nicht, wie ich in den Schlafsaal zurückgekommen war. Ich zitterte und hielt die Augen zugedrückt. Und obwohl dieses Fürchterliche in mir nicht ruhig werden wollte, begriff ich plötzlich nimmer, warum ich eigentlich erschrocken war? So was hatte ich doch schon oft gesehen – nicht im Seminar – aber draußen im Dorfe. Und wenn wir Buben da, zu zwanzig und dreißig, unter der lachenden Sommersonne in der Laugna badeten – wenn wir Athleten spielten, miteinander rangen, uns haschten und balgten, uns splitternackt im Grase wälzten und mit den Füßen gegen die Sonne strampelten – da erschrak ich doch nie? Warum denn auch? Da war doch nie was 'Koinzes' und 'Keeles' dabei? Das war doch lustig und schön! Und draußen in der Militärschwimmschule an der Neuburger Donau, diese hundert nackten Jungen im Wasser und auf den Stegen – das war doch auch immer was Schreivergnügtes – so fidel, daß ich gleich in der ersten Schwimmstunde von der hohen Brücke heruntersprang und ertrunken wäre, wenn mich der Bademeister nicht mit der langen Stange herausgefischt hätte.

Warum nun ein solcher Schreck?

Durch viele Tage wurde ich diese scheue Verstörtheit nicht los. Rauner fragte immer: „Was ist denn mit dir?“ Ich schüttelte den Kopf und schwieg. Er ließ das Fragen sein. Doch von dieser Zeit an hatte er nicht nur auf meine Schulhefte, sondern auch auf meinen Umgang ein wachsames Auge. So oft ich eine neue Freundschaft schloß, die ihm nicht behagte, erledigte er die Sache mit einem kategorischen Wort; oder er nahm mich während der Freizeit mit in den heiligen Hain und erzählte mir so viel merkwürdige Dinge von Himmel und Erde, von Sternen und Blumen, daß ich aller Kameradschaften gern vergaß.

Hartnäckig wußte Rauner es immer zu verhindern, daß ältere Gymnasiasten jene vertrauliche Duzbrüderschaft mit mir schlossen, die man „Bussasche“ zu nennen pflegte. Dieser Name war mir lächerlich, und was er bezeichnete, das sah ich als *homo novus* mit verständnisloser Verwunderung an. Französisch verstand ich noch nicht; aber ich glaubte nicht falsch zu raten, wenn ich annahm, daß dieser wunderliche Terminus von dem deutschen Worte 'Bussi' herkäme. Denn häufig sah ich solch ein ungleiches Paar – einen langen Gymnasiasten und ein scheues Lateinerchen aus der ersten oder zweiten Klasse – sich in den Fensternischen der Korridore oder in einem Winkel des Gartens mit Liebkosungen regalieren, deren zärtliche Art meinem ländlich derben Knabensinne widerwärtig erschien. Was ein richtiger Bub ist, küßt doch nur seine Mutter! Freilich erkannte ich auch, daß solche 'Brüderschaft' im Seminar ihre großen Vorteile haben konnte. Denn die kleinen Freundchen wurden von ihren langen Duzbrüdern auf den Spaziergängen, bei den Spielen und besonders im Speisesaal bei Verteilung der Portionen ersichtlich beschützt und bevorzugt. Wenn ich Karenz hatte oder auch ohne Karenz Hunger litt, erschien mir ein solches Protektorat, wenigstens für die Dauer der Mahlzeiten, als eine sehr nützliche Sache. Warum auch nicht? Für drei Portionen Rahmnudeln kann man sich schon – nicht gern, aber doch – ein paar 'Bussi' gefallen lassen. Aber wenn sich da, von meinem Hunger geknüpft, was anspinnen wollte, stand immer mein Instruktor als unverschiebbare Säule im Weg und spottete so bissig und so lange über meinen 'Verehrer', bis mir der präsumtive Protektor als eine komische Figur erschien, die man nur noch auslachen konnte – eine Heiterkeit, für die man zuweilen eine grobe Maulschelle bekam. Und dann war's natürlich aus mit aller Protektion beim 'gelben Voressen' und bei den 'Pavesen'.

Das Gesicht dieser Dinge wurde für mich noch schleierhafter, als ich zu Beginn des dritten Schuljahres aus glückseligen Ferien in das Seminar zurückkehrte und mich in den Schlafsaal II versetzt fand. Zuerst machte mir diese Umquartierung Freude. Mir war das so etwas Ähnliches wie ein Gefühl des Vorwärtskommens im Leben. Und meine Schlafstelle hatte überdies noch eine feine Lage – gleich das erste Bett bekam ich, bei der Tür zum Treppenflur, und neben einem großen Fenster, das ich in schwülen, beklemmenden Nächten heimlich öffnen konnte, um frische Luft hereinzulassen. Ich bekam darin eine katzenartige Geschicklichkeit: in schlaflosen Nachtstunden, die mich nach erquickenden Atemzügen dürsten machten, unmerklich aus dem Bett herauszuschlüpfen, die um einen fingerbreiten Spalt geöffnete Tür mit einer Drahtklammer festzuhaken und am Fenster die Läden und Scheiben ein bißchen aufzumachen und mit Korkstöpseln gegen den Zugwind zu verklemmen, so lautlos, daß von den dreißig Schlummerbrüdern dieses kleineren Schlafsaales keiner wach wurde. Die meisten schnarchten auch immer wie die Dachse. Manchmal das Ächzen einer Bettlade, ein beklommener Seufzer, schlaftrunkenes Lallen, ein Stöhnen wie aus quälendem Traum heraus – und wieder die stille Ruhe in dem matt erleuchteten Raum. Nur auf meinen Bettnachbar – es war ein kleiner, doch breitschultriger Bub, zwei Jahre älter als ich, wunderlich in seinem Wesen, so wortkarg und verschlossen, daß ich ihn 'Philosoph' zu nennen pflegte – auf diesen Nachbar mußte ich bei meinen Luftmanövern an Tür und Fenster vorsichtig aufpassen, weil er einen leichten Schlaf hatte und immer gleich die Augen aufmachte, wenn etwas zu hören war. Und dieser Nachbar wollte es im Schlafsaal immer schön warm haben. Aber jedes Zuglüftchen schalt er.

Ich war da sein Widerspiel. Wenn ich nicht schlafen konnte, und es strich die herbstlich kühle Nachtluft gegen mich her und streichelte mir lind die heißen Wangen, da wurde ich immer gleich ein bißchen ruhiger, und schließlich fielen mir die Augen zu, so daß ich bis zum Morgen einen festen Schlaf hatte. Ein paar Tage war's dann wieder gut. Doch immer häufiger kamen Nächte, in denen ich das lautlose Luftmanöver bei Tür und Fenster machen mußte.

Am Tage war mir dann immer zumute, als hätte ich Blei in den Gliedern. Die Arbeit wurde mir schwer. Und obwohl Rauner sich alle Mühe gab, mich ins Geleise zu bringen, ging's mir in der Schule nicht sonderlich gut. Namentlich das Griechische bereitete mir ernstliche Schwierigkeiten. Wir hatten wieder den Professor Binhack, der als Lehrer in die dritte Klasse aufgerückt war. Ich gab ihm Ursache zu allerlei spöttischen Predigten. Und wenn er meine 'unleugbare Begabung' mit meinen 'niederträchtigen Leistungen' verglich, dann pflegte er, mit einer Anleihe bei Müllner, gerne dieses Sprüchlein an mich zu richten:

„Erkläret mir, Graf Ganghofur,
Diesen Zwiespalt der Natur?"

Obwohl ich keinen Laut der Klage heimschrieb, färbte doch die Stimmung dieser Tage auf meine Briefe an die Eltern ab. Es kamen lange, besorgte Episteln der Mutter. Und ihre hundert guten Worte sagten immer wieder dies eine: „Sei nicht verstockt, lieb Kind! Und wenn dich etwas bedrückt oder quält, so schreib's deinem Mutterle offenherzig!"

Nein! *Das* konnte ich der Mutter nicht schreiben! – Und schließlich glaubte ich allen Ernstes, daß ich krank wäre; fand aber doch nicht den Mut, mich meinem Instruktor anzuvertrauen oder zum Seminardoktor zu gehen. Manchmal wollt' ich es tun. Doch es ging mir mit meinem Leiden, wie es mit dem Zahnweh geht. Bevor du beim Zahnarzt die Glocke ziehen konntest, ist aller Schmerz verschwunden. Freilich, dann kommt er wieder.

In einer Nacht, die mich wieder einmal nicht schlafen ließ, hörte ich plötzlich den 'Philosophen' tuscheln: „Du! Was hast du denn?"

Ein flüsterndes Gespräch begann, während wir uns aus den Betten hinausbeugten, fast Gesicht an Gesicht. Und da fand ich den Mut, ihm ehrlich meine wunderlichen Schmerzen zu sagen. Er kicherte. Und gebrauchte merkwürdigerweise ein Lieblingswort meines Vaters: „Du Kamel!" Dann sagte er mir mit allerlei philosophischen Ausdrücken, daß ich gar nicht krank wäre, sondern *sehr* gesund; und das wäre eine ganz natürliche Sache, die bei jedem gesunden Jungen einmal ihren Anfang nehmen müßte.

„Bei *jedem*? ... Hascht denn *du* das *auch*?"

„Aber selbstverständlich! Oft!"

Diese Aufklärung beruhigte mich. Und ganz gut begriff ich das: wenn ein Mensch in gesundem Wachstum ist, so muß doch *alles* an ihm wachsen. Und nun konnte ich prächtig schlafen. Konnte am Tage wieder arbeiten, konnte lachen und froh sein.

In einer Nacht erwachte ich plötzlich, wie von brennendem Feuer geweckt. Ich empfand einen grauenvollen Schmerz und glaubte eine Hand an meinem Körper zu fühlen. Schreiend stieß ich mit den Füßen zu – und während ich dann in halber Bewußtlosigkeit dalag, war mir, als würden viele Schlafsaalkameraden wach und als hörte ich sie fragen: „Was ist denn? Wer hat denn so geschrien?" Eine Stimme: „Wird halt einer geträumt haben!" Und eine andere Stimme: *"Silentium in cubiculo"* Und das alles ferne, wie unter schweren Schleiern. Jetzt wieder die Ruhe. Schlaf ich? Oder bin ich wach? An meinem Hals ein wildes Hämmern in den Schlagadern. Ein Sausen in meinen Ohren. Doch im Schlafsaal ist alles ruhig. Die Lampe brennt, ich sehe die weißen Betten, sehe das Kupfer des Waschtisches blinken wie rotes Gold. Und der 'Philosoph' in seinem Bette schnarcht.

Ich muß wohl geträumt haben – einen schweren, fürchterlichen, 'keelen' Traum?

Schweißtropfen standen auf meiner Stirne. Dann kam ein dumpfer Schlaf.

Was war das nur?

Ich hatte seltsam schwermütige Tage und ruhelose, verstörte Nächte. Und noch in der gleichen Woche begann dieses Unheimliche in mir.

In einer Nacht erwachte ich. Finsternis war um mich her. Und es fror mich. Und ich sah keine Lampe, kein Bett, kein blinkendes Kupfer. War das wieder ein Traum? Aber deutlich fühlten meine Hände das harte Holz vor mir. Und langsam erkannte ich viele dämmerige Vierecke – die großen Fenster. Nur mit dem Hemd bekleidet, saß ich im Studiersaal vor meinem Pulte. Ein Schreck befiel mich, den ich nicht schildern kann. Ich rannte verstört die Treppe hinauf, warf mich in mein Bett und zitterte. –

In einer Nacht erwachte ich. Finsternis war um mich her. Wieder fror mich. Und ich glaubte wieder vor meinem Pult zu sitzen. Nein, ich stand. Aber meine Hände fanden kein Holz, meine Augen fanden die grauen Fenster nicht. Und als ich mich bewegte, stieß mein Kopf gegen etwas Hartes. Ich gewahrte einen matten Lichtschimmer. Als ich auf ihn zuging, kam ich aus irgend einem finsteren Raume in den matt erleuchteten Treppenflur. –

In einer Nacht erwachte ich. Mich fror. Aber graue Dämmerung war um mich her, und viele Sterne funkelten über mir. Ich saß auf dem Schindeldach der Kegelbahn. Auf den Boden hinunter war's kein hoher Sprung. Aber die Kieselsteine des Seminargartens zerstachen mir die nackten Sohlen. Und als ich ins Haus wollte, fand ich das Tor verschlossen. Gott Jesus, wo bin ich denn nur herausgekommen? Irgendwo fand ich ein offenes Fenster – und kletterte hinein ins Haus. Und lautlos hinauf in den Schlafsaal! Neben meinem Bette stand das Fenster geöffnet – und da draußen, glaub' ich, war ein Blitzableiter. –

Den ganzen Tag zermarterte ich mein Gehirn, um einen Weg zu finden, auf dem ich der Angst vor diesem Fürchterlichen entrinnen könnte. Ich wagte mich keinem Menschen anzuvertrauen – aus Furcht vor dem Spott der anderen, aus Furcht – ich weiß nimmer, was ich alles fürchtete! Und am Abend nahm ich von Mutters Garnknäueln einen mit hinauf ins Bett, knüpfte mir zwei doppelte Zwirne um die Handgelenke und band die Enden um die Knäufe der Bettlade. In der Nacht, als ich wieder wandern wollte, spürte ich den Zug von Mutters Fäden und erwachte.

Dann kam es nimmer. Ich war geheilt. Und durfte dazu noch zwei gemütliche Wochen verleben – allerdings im Krankenzimmer. Um mir festen Schlaf zu verschaffen, turnte ich immer wie ein Narr. Eines Tages bekam ich von der

Reckstange große Blasen an beiden Händen. Ich zwickte sie mit den Fingernägeln auf, riß die lose Haut ab, rieb die Hände mit Loh ein und turnte weiter. Am anderen Tage sah meine rechte Hand wie ein blau gebratener Apfel aus. „Blutvergiftung!" sagte der Doktor. Und so kam ich ins Krankenzimmer. Ein paar Tage stand die Sache sehr bös. An meiner Hand wurde geschnitten und gebrannt – noch heute hab' ich die Narben. Aber mein „gesundes Turnerblut" riß mich wieder durch. Und dann war's gemütlich in der warmen Stube und bei guter Kost. Täglich kam Rauner für einige Stunden, um das Schulpensum mit mir durchzunehmen. War die Arbeit erledigt, so schwatzten wir heiter, während draußen die Flocken um das Fenster wirbelten. Ich kann euch nicht sagen, wie wohl mir in diesen Stunden war! Und der Schmerz an meiner kranken Hand wurde immer gleich ein bißchen leichter, wenn mir Rauner mit der Herzlichkeit eines älteren Bruders den Verband streichelte.

Auch meine Klassenkameraden besuchten mich und trieben lustigen Unsinn vor meinem Bett. Nur der 'Philosoph' ließ sich niemals blicken. Deswegen wurden wir beide 'faschee'. Oder aus einem anderen Grunde? Ich mag's nimmer wissen. Wir beide blieben einander fremd durch anderthalb Jahre, bis zu meinem Abzug von der Lateinschule.

Nun brauchte Rauner meinen Umgang nimmer zu überwachen. Von jetzt an wußte ich selber, mit wem ich Freund sein mochte und von wem ich mich fern halten mußte. Und es gilt nicht nur von meinen Händen, wenn ich rekapituliere: es war mir ein Tröpflein Gift ins Blut geraten, aber meine glücklich geartete Natur überwand es – und ich blieb gesund.

Und doch begann gerade in dieser Woche des Genesens ein heißer und wunderbarer Fiebertraum meine dreizehnjährige Seele zu befallen.

Kapitel VII

Während der Tage, die ich im Krankenzimmer verbringen mußte, besuchte mich auch der hochwürdige Unschlacht häufiger, als mir lieb war. Er zwickte nimmer. Doch mit dem Anschein freundlicher Sorge fühlte er gerne, ob ich auch 'warme Füße'hätte. Mir wurde immer unbehaglich zumute, wenn ich draußen im Korridor seinen schweren Schritt heranpumpern hörte. Aber ich hatte da, ähnlich wie Professor Loher, eine zweifache Seele. Bei allem Unbehagen wartete ich doch auch mit Ungeduld auf den Besuch des Unschlacht, weil er mir Bücher aus seiner Bibliothek zum Lesen brachte. Dabei richtete er sich ganz nach meinem Geschmack. Und weil ich eine wachsende Vorliebe für Theaterstücke bekam, brachte mir schließlich der Unschlacht nur noch Dramenbücher. Brennende Seligkeiten begannen da in meinem Herzen und in meinem Blut zu zittern und zu träumen. Doch mein Instruktor Rauner nahm mir die geliebten Bücher immer wieder weg und legte mir die Schulhefte auf die Bettdecke. Ich erinnere mich, daß er sagte: „Geh, das verstehst du ja noch net!“ Es war aber schon Feuer in mir, und ein Same begann zu keimen. Allerlei Gestalten gaukelten durch meine schwül geheizte Phantasie: Brutus, Catilina, Alba, Gottfried von ‘Bullion’ – (ich wußte nicht genau, wie der Name meines Helden geschrieben wurde) – Anakreon und Polykrates. In einer schlaflosen Nacht, während mir in der eiternden Hand der Blutschlag tobte, befiel mich der Gedanke, eine nationale Trilogie zu dichten! ‘Heinrich der Deutsche!’ Sie sollte aus den drei Dramen bestehen: ‘Heinrich das Kind’ – ‘Canossa’ – und ‘Heinrichs Tod’. Aber dann wurden mir alle klassischen Träume und alle Gestalten der Vergangenheit plötzlich beiseite geschoben durch einen ‘modernen Stoff’. Ich weiß nimmer, wie mir diese verdrehte Sache in das verdrehte Köpfl fiel? Vielleicht war's die Nachwirkung eines Spielhagenschen Romanes, den ich während der vergangenen Sommerferien in einer Zeitschrift gelesen hatte, die meine Eltern hielten. Oder wuchs mir dieser Stoff aus den knabenhaft feurigen, aber auch kindlich verschrobenen Debatten heraus, die wir in unserer ‘Holzburg’ zu führen pflegten, um uns für die ‘Befreiung der Menschheit’ vorzubereiten?

Ich war mit keinem bewußten Gedanken bei dieser Arbeit, hatte nie das Gefühl, daß ich etwas ersinnen müßte, sondern lag nur immer mit geschlossenen Augen da, schwer atmend – und dann kamen diese leuchtenden Bilder und diese verklärten Menschen zu mir. Als ich aus der Spitalstube entlassen wurde, fing ich zu schreiben an – mit der Hand, die noch nicht ganz geheilt war. Ich schrieb während der Studierstunden, schrieb in den Freizeiten und schrieb während des Unterrichtes in der Schule. Die Reinschrift malte ich in ein schwarzgebundenes Heft mit rotliniertem Papier. Nach drei Wochen war das ‘Erlösungsdrama’ vollendet. Es hieß: ‘Mathilde – oder die Insel der Seligen’. Woher ich den Namen der Heldin nahm? Mathilde? Ich vermute, daß ich diesen Namen von Nagelschmieds Mathild entlehnte, die ja solch ein stilles, schlankes, blasses, traumäugiges Menschenkind war, wie ich mir meine Heldin vorstellte. Der Name des ‘Schurken’, der diese ‘edle, reine Seele’ in unglücklicher Ehe gefangen hielt, und der Name des Helden, der die Geknechtete erlösen mußte, ist in meinem Gedächtnis erloschen. Ein Ehebruchsdrama! Und ich dreizehnjähriger Junge wußte noch gar nicht, was Ehebruch war! Ich schrieb das Drama einer Ehe, die zerbrach, ohne daß sie gebrochen wurde. Es kam auch in dem ganzen Stücke kein Wort von Liebe vor! Für so etwas Minderwertiges war in meiner Dichtung kein Raum. Es handelte sich hier um viel höhere Dinge! Um die Erlösung einer geknechteten Seele, um Freiheit und Menschenwürde, um die Gründung eines geläuterten Lebensreiches! Der Held erkennt die gräßliche Sklaverei des edlen Weibes, er leidet mit seiner 'Schwester im Geiste', will sie befreien, entführt sie mit kühnem Mute, tötet den schurkischen Gatten im Duell, 'obsiegt' allen philiströsen Widerständen und zieht mit der erlösten Dame zur grünen Insel der Seligen, um in Freiheit ein neues, edleres Menschengeschlecht zu begründen!

Über die Art und Weise, wie der Held dieses vorgesteckte Ziel erreichen würde, war ich einigermaßen im unklaren. Das Drama endete also mit einem Fragezeichen und hatte einen 'problematischen Schluß' – wie man das heutzutage nennen würde. Auch in der Technik war es der Zeit seiner Entstehung *weit* voraus. Das lange Stück hatte nur drei Personen; und jeder Akt bestand fast nur aus einer einzigen Szene. Ungefähr vierzig Jahre später hat mir Gabriele d'Annunzio das nachgemacht – womit ich aber nicht behaupten will, als hätte dieser feurige Italiener an mir ein Plagiat begangen. Denn das Manuskript meiner 'Mathilde' war schon aus der Welt verschwunden, als Gabriele d'Annunzio noch die geschlitzten Höschen trug. Was aus dem schwarzgebundenen Heft mit dem rotlinierten Papier geworden ist? Sicher weiß ich es nicht. Aber ich habe meine gute Mutter im Verdachte, daß sie die 'Mathilde', die sie während der Sommerferien 1868 in meinem Koffer fand, den 'läuternden Flammen' des Kochherdes übergab. Eingestanden hat sie mir das freilich nie. Aber gelesen hat sie mein Werk. Denn viele Jahre später sagte sie einmal zu mir: „Ach, Bub, weißt du... sooo, wie über dein Trauerschpiel 'Mathilde', so haben der Papa und ich im Leben noch *nie* gelacht! Ordentlich gescheppert hawe mer vor Lachen!"

Als die Mutter das sagte, konnte ich mitlachen. Aber dabei dachte ich doch auch mit ein bißchen Wehmut an die fiebernde Begeisterung zurück, in der ich die Mathilde 'geschaffen' hatte. Durch drei Wochen war ich damals wie ein Betrunkener, der keine Ernüchterung kennt. Und ich kann euch die Freude nicht schildern, mit der ich unter die letzte Zeile der Reinschrift das Wörtchen „ *Finis*" setzte, das ich mit roter Tinte prachtvoll umschnörkelte. Wie ein kostbares Kleinod hütete ich das schwarzgebundene Heft, hielt es unter meiner Wäsche versteckt und nahm es nur heraus, wenn ich vor jeder Störung sicher war. Keinen meiner Kameraden ließ ich hineingucken, keinem las ich eine Zeile vor. Es hätte mich ja keiner 'verstanden'! Seit dem Hexameter vom fleißigen Schindeldecker war ich mißtrauisch gegen das 'Urteil der Menge' geworden.

Während dieser 'literarischen Epoche', in der die 'Insel der Seligen' entstand, bekam mein Fortgang in der Schule höchst bedenkliche Krebsfüße. Freilich hielt mich Rauner zur Not über Wasser – will sagen: oberhalb der Note IV. Aber weil sich mein Instruktor auf sein Absolutorium vorbereiten mußte, blieb ich mehr als sonst mir selbst überlassen. Nach der Geburt der Mathilde fühlte mein Geist das Bedürfnis, sich auszuruhen. Ich machte mir's in der Schule so bequem wie möglich und war in den Freizeiten der Übermütigste unter den tollenden Jungen. Streich um Streich wäre da zu erzählen. Und endlich brachte mich eine abenteuerliche Geschichte nach vielen Pult- und Klassenarresten auch in den richtigen Karzer, der unter gewöhnlichen Umständen für die Lateinschüler ein 'fernes Land' war, doch 'ein Ziel, aufs innigste zu wünschen'. Denn wer im Karzer gesessen hatte, trug für unsere seminaristische Weltanschauung so etwas wie ein Adelszeichen auf der Stirne.

Ein großer Dichter behauptet, daß alle menschlichen Taten, ob sonnig oder dunkel, emporgestiegen kämen aus den beiden Lebensbrunnen Hunger und Liebe. Die Liebe war mir noch eine fremde Sache – doch eine sehr vertraute war mir der Hunger. Wir wurden im Seminar durchaus nicht knauserig gehalten. Aber ich hatte immer mehr Hunger, als der ordnungsgemäße Durchschnitt das erlaubte. Und diese knurrende Sehnsucht brachte mich auf einen herrlichen Einfall.

Im Seminargarten, nicht weit von der Kegelbahn, erhob sich das Backhaus, in dem jede Woche zweimal dieses viele Brot für hundertfünfzig Mäuler gebacken wurde – für Präfekten, Seminaristen und Dienstleute. Aus den vergitterten Fenstern strömte da immer an den Backtagen ein feiner, lockender Duft heraus, der nicht nur mich, wohl auch noch manch ein anderes kleines, hungriges Kerlchen von einer schlaraffischen Stunde träumen ließ, in der man sich einmal gründlich satt essen könnte. Wenn auch nur an frischgebackenem Brot! Es muß ja nicht immer Emmentaler Käse sein! Oder Schokolade! Denn in einem Briefe, den einer der Präfekten 1867 an meinen Vater schrieb, steht zu lesen:

„Damit Sie auch wissen, auf welche Weise Ludwig das Geld hinauswirft, so muß ich noch folgendes beifügen. Herr Rektor erfuhren gestern durch jemand, daß ein Seminarist an *einem* Tage für einen *Gulden* Chocolat eingekauft habe. Und es stellte sich leicht heraus, daß Ludwig es war, welcher an jenem Tage so viel davon geschleckt hat, daß es ihm unwohl wurde, und daß er bei Tische nichts mehr essen konnte. Er weiß eben das Geld gar nicht zu schätzen und meint, die Leute hätten es nur, um es auszugeben.“

Nun lacht ihr wohl? Aber dieser Briefstelle muß ich einen Nachsatz geben. Ich besitze noch die vom Seminar-Administrator ausgestellte ‘Privat-Abrechnung für den Zögling Ludwig Ganghofer auf das Jahr 1868/69’. Laut dieser Abrechnung betrug mein Taschengeldverbrauch während des ganzen Jahres die Riesensumme von 7 Gulden 30 Kreuzern.

Diese Abrechnung ist noch aus anderen Gründen merkwürdig, charakteristisch für eine vergangene Zeit. Sie lautet:

Klassengeld	8	fl.	24	Kr.
Taschengeld	7	"	30	"
Dem Apotheker	–	"	–	"
Dem Haarschneider	3	"	24	"
Für Bücher	16	"	57	"
Für Schreibmaterial	9	"	24	"
Für Zeichnungsmaterial	3	"	20	"
Für Musikalien	1	"	33	"
Dem Schuhmacher	6	"	34	"
Dem Schlosser	4	"	16	"
Dem Schneider	8	"	27	"
Dem Zinngießer	1	"	3	"
Für Wäscherlöhne	3	"	41	"

Für Porto-Auslagen	3	"	9	"
Pedellgebühren	1	"	–	"
Für Tinte und Stiefelwichse	–	"	29 ¼	"
Bibliothekbeitrag	–	"	30	"
Für den Schwimm-Unterricht	1	"	15	"
Dem Buchbinder hierunter zwei Album!!)	8	"	10	"
	89	fl:	6 ¼	Kr.

Der Administrator verrechnete sich bei dieser Addition um einen Kreuzer, denn er brachte nur 89 Gulden 5 ¼ Kreuzer heraus. Wie muß er sich den Kopf zerbrochen haben, als ihm die Seminar-Bilanz auf das Jahr 1868/69 um diesen unglückseligen Kreuzer nicht stimmte! Ich glaube, daß er schlaflose Nächte hatte. Und nun hab' ich, nach vierzig Jahren, seinen Rechnungsfehler klargelegt. Wenn ich's dem Administrator zu seiner Beruhigung nur noch hinübermelden könnte ins bessere Jenseits! – Oder habe vielleicht ich mich verrechnet? Es wäre nicht das erstemal. Zu obiger Summe kam noch:

Einstandsgeld	2	fl.	42	Kr.
Kostgeld (bei halbem Freiplatz)	90	"	–	"
Meubel-Vertrag.	90	"	–	"
	94	fl.	12	Kr.

Rechnet man für Reisegeld und für Anschaffungen, die daheim gemacht wurden, noch 31 Gulden hinzu, dann betrug mein Jahresverbrauch als Lateinschüler im Durchschnitt etwa 210 bis 220 Gulden. Später gings freilich höher hinauf!

Ein jährliches Taschengeld von 7 Gulden 30 Kreuzer! Da gab's wohl viele Wochen mit leerem Geldbörsle – Wochen, in denen man sehnsüchtig von einem heimlichen Bissen träumte! Und kam dann der silberne Regen – wie er mit den vier Garnknäueln der Mutter gekommen war – so wurde solch ein ewig hungerndes Kerlchen über Nacht zum Lebemann und kaufte und fraß für einen Gulden Emmentaler Käse, für einen Gulden 'Chocolat'. Begannen die Hungerzeiten wieder, so kam man schließlich auch auf den karzerwürdigen Einfall, neugebackenes Brot zu stehlen. An der Backstube befand sich, halb in den Boden versenkt, eine Ausgußröhre. Die war nicht viel weiter als ein enger Fuchsbau. Aber in der aufregungsvollen Zeit, in der ich die 'Mathilde' dichtete, war ich – ohnehin schon ein schlanker Bub – noch schrecklich mager geworden. Und so war's keine völlig aussichtslose Sache, wenn ich mir dachte: ob man nicht durch diese Ausgußröhre in die versperrte Backstube hineinkriechen und einen Brotlaib herausholen könnte? Das Unternehmen gelang. Doch während ich dann in der Holzburg saß und zusammen mit den Bundesbrüdern den herrlichen, noch ein bißchen warmen Brotlaib verschnipfelte, war mir in allen Knochen ein Gefühl, als hätte mich eine *Boa constrictor* im Halse gehabt. Durch einige Wochen wurde dieses Schlupfmanöver an jedem Backtag glücklich ausgeführt, sobald der Bäcker die Backstube versperrt hatte und davongegangen war. Schließlich begnügten wir uns nicht mehr mit *einem* Brotlaib. Drei oder vier Laibe schob ich immer aus der Stube heraus, bevor ich ins Freie schlüpfte. Aber diese Fuchsbewegung wurde von Woche zu Woche immer schwieriger – weil ich besser genährt war. Wir Brüder hatten droben im Studiersaal die Pulte immer angepackt mit Brot und kauten bei Tag und Nacht.

Merkte man den Abgang in der Backstube? Und paßte man auf? Oder war's ein Zufall, daß in der abendlichen Freizeit, als ich wieder einmal mühsam durch die Ausgußrohre ins Schlaraffenhaus hineingekrochen war, der Herr Präfekt bei gemütlichem Auf- und Niederwandern sein Brevier gerade in der Nähe des Backhauses beten mußte? Immer wieder hörte ich den Warnungspfiff, der bedeutete: *"Hannibal ante portas"* Auf die Dauer wurde mir dieses Warten in der Backstube langweilig. Ich zog, um mir die Zeit zu vertreiben, meinen Taschenfeitl heraus, begann an einem Laib zu schnipseln – und speiste und kaute und schluckte mit Behagen. Als ich endlich das erlösende Pfiffzeichen hörte, läutete auch schon die Glocke zur Studierzeit. Hurtig schob ich drei Laibe durch die Röhre hinaus – aber da draußen war schon alles mäuschenstill – und als ich hinausschlüpfen wollte, kam ich nur mit dem Kopf ins Finstere und blieb mit der Nabelgegend im Rachen der Steinröhre stecken. Der halbe Brotlaib, den ich aus Hunger und Langweile verschlungen hatte, spreizte sich gegen meine Befreiung. Ich arbeitete wie ein Irrsinniger; doch weil ich auf dem glatten Pflaster der Backstube keinen Widerhalt für die Füße fand, kam ich keinen Ruck mehr vorwärts – und durfte froh sein, als ich endlich die Erlösung nach rückwärts erkämpfte. Abgezappelt, dampfend von Schweiß und der übelsten Dinge gewärtig, saß ich in der dämmerigen Backstube – und hatte keine Lust mehr, Brot zu schnipseln.

Droben im Studiersaal machte natürlich mein leerer Platz von sich reden. Aber die Brotbrüder schwiegen. Und so mußte sich der Präfekt mit dem Tafeldecker auf den Weg machen, um mich zu suchen. Abends um neun Uhr fanden sie zuerst die drei Brotlaibe, die draußen vor der Röhre lagen, dann mich in der Backstube und zwar schon ein bißchen schlanker.

Am folgenden Tage hielt man peinliches Gericht und verdonnerte mich zu zwölfstündigem Karzer. Und da wurde meine Vorliebe für mechanische Betätigungen die Ursache einer höchst merkwürdigen Diagnose.

Für den Karzertag armierte ich mich wie für eine Reise nach unerforschten Ländern. Was ein Bub nur an heimlichen Instrumenten besitzen kann, versteckte ich unter meinen Kleidern. Und von den Kameraden pumpte ich einen Gulden und etliche Kreuzer zusammen, weil die Sage ging, daß der Pedell – vulgo 'Pudel' – für einen vorsichtigen Bestechungsversuch nicht unzugänglich und nach sanfter Einreibung wohl geneigt wäre, dem schmachtenden Häftling einen verschluckbaren Trost zu reichen. Aber mein freundliches Angebot wurde vom Pudel, der mich um acht Uhr morgens in den Karzer führte, mit Entrüstung zurückgewiesen – es zeigte sich, daß er mir die Pedelliade noch immer nicht verziehen hatte. Talent bringt Leiden!

Da saß ich nun – draußen drehte der Pudel den Schlüssel im Schloß herum – und ich sollte durch zwölf Stunden hungern.

Es ist unerläßlich, den Situationsplan des Karzers genau zu zeichnen. Den Fenstern des Speisesaales gegenüber und neben dem Tor des Ökonomiehofes lag die Badestube. Sie war auch zugleich die Vorhalle des Karzers. Und dieses Gefängnis war ein dämmeriger Raum, vier Schritte breit, acht Schritte lang, mit einem kleinen und hochliegenden Fenster, das von einem dicken Drahtgeflecht verschlossen war.

Wer will nun raten, wie ich aus diesem Karzer hinauskam und meinen Hunger stillte?

Aber wollt ihr zuerst noch wissen, wie dieser Salon möbliert war? Es stand da ein hölzerner Tisch, ein hölzerner Sessel, der eiserne Ofen und in einer dunklen Ecke der unentbehrliche Verzweiflungsthron.

Ich packte meine Instrumente aus den heimlichen Taschen heraus. Zuerst studierte ich die geistvollen Inschriften, die zahlreich das Mauerwerk bedeckten. Und vermutlich hab' ich diese Urkundensammlung um einige Weisheitssprüche bereichert. Dann schnitt ich meinen Namen in den Tisch und verzierte den Sessel so ähnlich wie seinerzeit die Kirchenväter des Benefiziaten. Hierauf unternahm ich das schwierige Werk, den eisernen Ofen zu zerlegen und wieder zusammenzusetzen. Nicht nur schwierig, auch schmierig war dieses Unternehmen. Ich sah fürchterlich aus. Und während ich meine schwarzen Hände an der Mauer abklatschte, begann im Refektorium drüben das Klapperlied der Zinnteller und das Stimmengesumm der hundert Jungen, die nun essen durften.

Ich rüttelte wütend an der Karzertür und versuchte meinen ganzen Werkzeugkram an diesem festen Schlosse. Nichts half. Doch plötzlich machte ich eine Entdeckung: draußen steckte der Schlüssel im Schloß – der Pudel hatte nicht nötig gehabt ihn abzuziehen, weil das schwere Vorhängschloß vor der Badezimmertüre für alle Sicherheit des Häftlings garantierte. Von dem Schlüssel aber, der im Schloß der Karzertüre träumte, guckte noch ein winziges Zipfelchen zu mir in den Karzer herein. Und da faßte ich dieses Zipfelchen mit meiner Zwickzange – drehte den Schlüssel herum – und die Türe war offen. Draußen in der Badestube brauchte ich nur das Fenster aufzumachen – und ich erinnere mich noch, daß dieses Fenster Milchgläser mit blauen Blümchen hatte. Zwischen den Gitterstäben war leicht hinauszuschlüpfen. Hundert Panthersprünge durch den großen Ökonomiehof – niemand hatte mich gesehen – und nun war ich draußen in der Stadt. Da kam ich aber nun wirklich in ein 'unerforschtes Land'. Denn das kleine Wirtshaus, das dem Seminar gegenüberlag, hatte den Namen: 'Die neue Welt'.

Vor vierzig Jahren konnte ein Studentlein sich mit einem Gulden und etlichen Kreuzern nicht nur satt essen, sondern auch noch ein Räuschlein kriegen. Ein festes! So hell blieb ich aber immer noch, daß ich unerwischt den Rückweg fand, das Badstubenfenster schön verschloß und mit der Zwickzange den Schlüssel in der Karzertüre wieder umdrehte, um mich einzusperren. Auch mit meinen Werkzeugen muß ich irgend etwas gemacht haben – irgend etwas Unerklärliches – denn diese feinen Instrumente sind niemals wieder zum Vorschein gekommen.

Die Erinnerung an die Abendstunden meiner Karzerhaft ist eine dunkle Sache. Und schließlich kam so was ähnliches, wie vor dem Typhus auf dem Theklaberge. Ich sah die blauen und gelben Kreise tanzen, sah den eisernen Ofen laufen und dann wurde alles schwarz vor mir.

Als ich die Augen wieder aufschlug, lag ich im wohlbekannten Krankenzimmer unter der Lampe – Präfekt und Tafeldecker waren da – und der Seminardoktor sagte stolz: „Er atmet! Ich hab' ihn wieder zum Leben gebracht! Alle Gefahr ist vorüber."

Weil sich niemand denken konnte, daß ich aus dem Karzer herausgekommen wäre – und weil in den Kamin der Badestube und des Karzers noch die Röhre von einem Herdfeuer des Ökonomietraktes mündete, drum hatte der Doktor die einzig wahrscheinliche Diagnose gestellt: Kohlenoxydgasvergiftung! Und hatte solange Wiederbelebungsversuche und künstliche Atmung mit mir vorgenommen, bis meine umschleierte Seele wieder zum Leben erwachte.

Ich durfte mich drei Tage im Krankenzimmer bei Präfektenkost erholen.

Für meine nächsten Streiche bekam ich Klassenarrest – und wurde erst wieder in den Karzer gesperrt, als die Sache mit dem Kamin in ungefährlicher Ordnung war. Aber jetzt hatte ich keine Zwickzange mehr. Und mit den Zähnen war das Schlüsselzipfelchen nicht zu fassen.

In dieser Epoche hatte der 'Pudel' so viel mit mir zu schaffen, daß ich ihn nochmals verewigen mußte. Einem meiner Klassenkameraden, dem Gottfried Mayrhofer, schrieb ich diesen Vers in das Stammbuch:

„Hasen, Füchse und Studenten
Haben gleiches Ungemach:
Jenen laufen stets die Jäger,
Diesen stets der Pudel nach!"

Doch ich glaube, daß dieser Vierzeiler nicht auf dem Acker meiner eigenen Muse wuchs, sondern ein gebräuchliches Studentenstammbuchverslein jener Zeiten war.

Am Ende des Schuljahres kam ich mit leidlich heiler Haut davon, wurde mit der Note III unter dreiunddreißig Schülern der Sechsundzwanzigste und durfte noch aufrücken. Aber das war ein Durchschlüpfen, so knapp, wie der Schlupf durch die Ausgußröhre der Backstube. Und mein Semesterausweis trug die

Bemerkung: „Unerklärlicher Leichtsinn! Könnte unter den besten sein und steckt unter den schlechteren; keiner verdiente wegen seiner guten Anlagen eher eine ganze Freistelle, und keiner macht dies durch Gleichgültigkeit gegen sein Studium und durch lose Streiche weniger möglich. Es ist außerordentlich zu bedauern!“

Und nun ging's wieder heim! Ach, dieses zärtlichste aller Worte! Heim! Und diesmal in Gesellschaft! Denn mein Instruktor Rauner, der ein feines Absolutorium gemacht hatte, wurde von den Eltern für ein paar Wochen in unser Forsthaus eingeladen. Vater und Mutter empfingen ihn wie einen Gast, dem sie sich dankbar erweisen mußten. Mich schob man ein bißchen in die zweite Reihe; aber es wurde mir doch der erste Abend auch diesmal nicht ‘verdorben’. Freilich mußte Rauner gleich während des Abendessens die Leporelloliste meiner ‘unqualifizierbaren’ Streiche hersagen. Er tat es mit strenger Ehrlichkeit. Dabei saß ich an seiner linken Seite – merkte aber doch, wie er dem Vater und der Mutter mit dem rechten Auge immer zublinzelte. Papa war etwas kurz angebunden, als ich ihm gute Nacht wünschte Die Mutter aber – kaum lag ich droben in meinem Dachstübchen – brachte mir in der Finsternis noch was Gutes hinauf. Und sagte:

„Geh, schau, Bub, mußt halt doch einmal ein bissele zu Verstand komme!“

„Ja, Mutterle! Ganz gwies! Auf Ehr und Seligkeit!“

Der Schulkonflikt war sanft erledigt. Und am frühen Morgen tönte wieder die liebe Herzensglocke: „Raus ins Gärtle! Die Sonn ischt da!“ – Solange die Mutter lebte, verschwand diese Sonne nie.

Mit Freude erinnere ich mich der freundlichen Tage, an denen Rauner mit mir durch Wald und Felder bummelte und mir immer etwas zu zeigen, immer etwas zu sagen hatte, was mich fesselte. Als er sich am Tage seiner Abreise von meinen Eltern verabschiedet hatte, sah er mich an und strich mir das Haar aus der Stirne: „Sei fleißig! Hörst! Und sei schön brav!“ Seine Stimme zitterte. Und mir klunkerten gleich die Tränen herunter. Rauner beugte sich zu mir herab, als hätte er mich küssen wollen. Aber das tat er nicht. Sondern sprang sehr schnell in die Kutsche. Ich hab' ihn im Leben niemals wieder gesehen.

Atmet er noch? Vierzig Jahre sind vergangen – und ich weiß nur, daß ich diesem strengen, reinlichen Menschen noch immer dankbar bin!

Als er uns verlassen hatte, war mir halb zumute wie einer Waise. Auch konnte ich das 'Hoihulladuuub!' nimmer hinausschreien über die Wiesen, meine drei Getreuen nimmer zusammenrufen. Denn der Muckl war, ich weiß nicht wo. Der Domini hämmerte als Lehrling in seines Vaters Nagelschmiede. Und der Alphons war beim Schreiner in der Lehre. Und wenn wir drei Verbliebenen uns an einem Feiertage zusammenfanden, war es nimmer wie einst; unsere Freude war mehr ein Schwelgen in Erinnerungen als ein neues lachendes Erleben.

Da blieb ich nun sehr viel daheim, half der Mutter im Garten das Ankraut jäten und die Blumen gießen – oder vertiefte mich bis zur Taubheit in irgend ein Buch, das ich erwischte – oder bettelte dem Vater das ab, daß er mich auf einen Pirschgang mitnahm. Bei diesen Waldwegen gab es ernste Gespräche, doch manchmal auch ein lustiges Stücklein. Wir hatten damals einen deutschen Vorstehhund von ungewöhnlicher Körperstärke. Ein Hund wie ein Stier! Diesen Tyras mußte ich immer am Riemen führen. Wenn Papa sich von mir entfernte, sagte er: „Du! Laß den Hund nicht aus!" Kaum aber war das 'Herrle' verschwunden, da fing Tyras zu ziehen an, daß mir die Arme lahm wurden; immer schneller machte der Hund mich springen, schleifte mich über die Ackerfurchen, ließ mich Purzelbäume schlagen – und Papa lachte dazu, daß ihm die Tränen in den Bart kugelten.

Es schien, als hätte der Vater das Bedürfnis, seinen nachdenklichen Ernst zuweilen in solch ein schallendes Lachen aufzulösen, Um diese Zeit bekam er eine tiefe Furche zwischen den Brauen. Und durch viele Nächte brannte die Lampe seiner Kanzlei bis in den Morgen hinein. Eine immernahe Sorge umschlich dieses grüne Haus des Lachens, ohne doch einzutreten. Die Eltern hatten ihr kleines Vermögen im Laufe der Jahre langsam zugesetzt, der bescheidene Gehalt für sich allein wollte nimmer ausreichen – und die 'Beamtenaufbesserung', von der an den Konsumvereinsabenden unermüdlich geredet wurde, wollte halt gar nie kommen. Und wenn ich einen Wunsch hatte, der über das Notwendige hinausging, bekam die Mutter feuchte Augen und sagte: „Kindle, das geht nicht! Der Papa muß das teure Geld so viel hart verdienen!" Damals fing die Mutter auch an, was sie ihr 'grünes Geschäftle' nannte – allen Erfolg ihrer Gartenmühe, die Blumen, das Obst und Gemüse, verkaufte sie an einen Handelsgärtner in Augsburg. Und Papa begann für Fachzeitschriften und für die Augsburger Abendzeitung zu schreiben, machte Wirtschaftspläne für Gemeindewaldungen und übernahm die Forstkontrolle über herrschaftliche Güter. Der Tag gehörte seinem Amte, die Nacht seinem Nebenverdienst. So kämpften Vater und Mutter sich über die Sorgen hinüber.

Es sind mir aus dieser Zeit, in der die Mutter seltener lachte und der Vater immer so ernste Augen hatte, ein paar Reflexlichter dieses harten Beamtenkampfes im Gedächtnis geblieben.

Eines Tages, als ich mit der Mutter im Garten schanzte, kam von irgendwo aus der Umgebung eine Beamtenfrau angefahren, um ihre Visite zu machen. Mama wusch die Hände, nahm die Schürze herunter und führte den Gast zu einer von Blumen umdufteten Gartenbank. Die blau aufgedonnerte Dame, die einen großen schillernden Vogel auf dem Hut hatte, sah neben meiner Mutter aus wie ein hohes Kirchenfest neben einem Werkeltage. Diese fremde Frau redete furchtbar schnell und stellte viele Fragen, um herauszubringen, wieviel die Revierförsterei Welden eintrüge. Die Mutter gab Antwort. Und da sagte diese blaue Dame mit eigentümlichem Lächeln: „No ja, und 's Nefasle wird wohl au no e bissele was bringe?“

Mama machte verwunderte Augen: „'s Nefasle? ... Ich weiß nicht, was Sie meinen?“

Die fremde Frau wurde verlegen, fing aber dann lustig zu lachen an, drohte mit dem Finger, als hätte meine Mutter etwas witzig Schelmisches geredet, plapperte immer hurtiger, ließ den schillernden Vogel auf ihrem Hut sehr flinke Bewegungen machen – und empfahl sich mit etwas auffälliger Hast.

Als Papa gegen Mittag heimkam, fragte die Mutter gleich: „Du, Gustl, was ist denn das: das Nefasle?“

Der Vater hob den Kopf: „Warum?“

Mama erzählte. Und stellte wieder die gleiche Frage: „Das Nefasle? Was ist denn das?“

Papa sah die Mutter mit ernsten Augen an und sagte: „Sei froh, Lotte, daß du das nicht weißt! Und in unser Haus soll das auch nie hereinkommen. Dafür sorg ich schon!“ Dann ging er in seine Kanzlei.

Es gibt ein lateinisches Wort: nefas. Und dieses Wort bedeutet: Anrecht. Unter dem schwäbischen Diminutiv ‘Nefasle’ verstand man ein kleines, ein halbes Unrecht, bei dem die Gerechtigkeit ein Auge zudrücken konnte – und mit diesem Terminus der Gutmütigkeit bezeichnete man Beamteneinkünfte, die gerade nicht unehrenhaft, aber doch auch nicht anständig waren. –

Eines Abends hörten wir Papa in seiner Kanzlei so laut und heftig sprechen, wie es sonst nicht seine Art war. Und dann kam ein fremder Mann heraus, der flink davonging. Dem rief der Vater durch die Türe nach: „Sie Kerl! Was glauben Sie denn?“ – Der Fremde war ein Holzhändler. Papa hatte ihm eine große Partie Sägblöcke zugeschlagen, weil der Händler unter mehreren Konkurrenten den besten Preis geboten hatte. Der Fremde glaubte sich bedanken zu müssen und hatte den Versuch gemacht, eine Banknote auf Papas Schreibtisch zu legen.

Einmal um die Mittagszeit, als wir bei Tisch saßen, gab es für uns Kinder einen vergnügten Jubel, weil die Mutter eine große Zinnplatte mit einem Berg von dampfenden Leberwürsten hereingetragen brachte. Der Vater machte erstaunte Augen. „Lotte?“

Mama lachte: „Geh, Gustl, das sind billige Würst! Der neue Metzger hat sie geschickt mit einem schönen Gruß.“

„Sooo? Und gestern war er bei mir und hat Waldstreu haben wollen. Und ich habe sie ihm abschlagen müssen. Und jetzt meint er wohl, durch die Küche wär's leichter zu machen, als auf dem ehrlichen Weg in die Kanzlei! Marsch, fort mit den Würsten!“

„Aber Gustl! Man kann sie ja bezahlen! Und jetzt sind sie doch schon gesotten.“

„Aber noch nicht gegessen! Gott sei Dank!“ Der Vater packte die zinnerne Platte, riß das Fenster auf, die schönen rauchenden Leberwürste flogen in hoher Kurve über den Staketenzaun auf die Straße hinaus – und Papa sagte mit einer Härte, wie sie sonst nicht in seinem Wesen lag: „Würste? Würste? Wozu braucht ein Staatsbeamter Würste? Der soll Kartoffel schlucken, bis ihm der Dampf zum Hals herausfährt!“

Wir Kinder wurden nicht satt bei dieser Mahlzeit. Und in den Nächten, die dann kamen, verbrannte Papa sehr viel Petroleum. Weil bei der schwülen Sommerszeit auch in der Nacht alle Fenster offen standen, konnte ich's droben in meinem backofenheißen Mansardenstübchen häufig hören, wie die Mutter nach Mitternacht aus ihrem Schlafzimmer gegen das Kanzleifenster hinunterlief:“ Ach, Gustl, schau, so geh doch endlich schlafe!“

Immer seltener ging Papa auf die Pirsche; er mußte die schönen Tage, wie Mama sich auszudrücken pflegte, am Schreibtisch ‘verhocke’. Aber diese bösen Zeiten bauten eine Brücke zu besseren Jahren; bei den vielen Artikeln, die der Vater für Fachjournale und Zeitungen verfaßte, weitete sich ihm der Blick des

Forstmannes; drei Jahre später publizierte er unter dem Pseudonym 'Silvius' eine Broschüre mit Vorschlägen zur Reorganisation des Forstwesens; die Wirkung dieser Broschüre, die viel Aufsehen machte, verwandelte sich für Papa in eine Leiter, über die er zur höchsten Stelle seines Faches emporstieg. Da bekam er schließlich einen schönen Gehalt. Und lachend pflegte er zu sagen: „Jetzt hätt' ich mehr als genug zu essen. Aber inzwischen sind die Zähn' ein bisserl schlecht geworden. Jetzt kann ich nimmer beißen." –

Die Kampfzeiten der letzten Jahre in Welden gingen auch an der Mutter nicht spurlos vorüber. Ein Blut, das leicht aufbrauste, sich aber gleich wieder beruhigte – solch ein Blut hatte sie ja schon immer, Und nun war ihr vom Typhus her eine nervöse Reizbarkeit verblieben, die sich in diesen Sorgenzeiten und bei der vielen, an ihren körperlichen Kräften zehrenden Arbeit im Garten noch verschärfte. Eine Gemütserregung konnte das Gleichgewicht ihrer frohen Natur auf das schwerste erschüttern, ein jäher Schreck machte sie für Minuten sprachlos, und irgend eine Kleinigkeit des Haushaltes konnte in ihr einen aufbrausenden Jähzorn entfesseln. Solch ein Sturm – bei dem der Vater und wir Kinder still die Köpfe duckten – war in Mama immer schnell wieder besänftigt. Doch unter den Nachwehen solcher Nervenmarter wurden ihre Beine sehr oft von einem so andauernden Zittern befallen, daß die Mutter bei ruhigem Sitzen viertelstundenlang mit den Schuhstöckelchen in jagender Schnelligkeit auf dem Fußboden trommelte. Dabei fand sie auch ihren Humor wieder und machte allerlei drastische Spässe. Einmal, als sie dieses Nachtrommeln einer Gemütserregung wieder hatte, mußten sich Pfarrer Hartmann und das Fräule Luis, die zusammen über fünf Zentner wogen, auf Mutters tanzende Knie setzen, um 'die verflixte Nacklerei auszuprobiere'. Aber auch dieses achtunggebietende Gewicht konnte die trommelnden Beine der Mutter nicht beschwichtigen – und je erschrockener die beiden dreinguckten, um so lustiger lachte Mama, während sie weitertrommelte und schelmisch sagte: „Sehe Se, Herr Pfarr, *alles* im Mensche kann die Religion halt doch nit beruhige!"

Damals in jenen Sorgenzeiten suchte die Mutter auch immer was Lustiges auszudenken, um die Konsumvereinsabende recht fidel zu machen und den Vater zwischen schweren Arbeitstagen ein bißchen aufzuheitern. Sie hatte ein angeborenes schauspielerisches Talent. Wenn sie was erzählte, bekam sie immer das Gesicht des Menschen, den sie gerade reden ließ. Und nahm sie noch ein bißchen Maskerade zu Hilfe, so konnte sie sich völlig unkenntlich machen, nicht nur für uns Kinder, auch für den Vater. Da kam sie eines Tages als Fuhrmann maskiert, im blauen Kittel, mit Pfeife, Peitsche und Zipfelhaube, zu Papa in die Kanzlei, brachte eine Beschwerde vor und wurde so grob, daß der Vater dem Forstgehilfen die Weisung gab, den unverschämten Lümmel aus der Kanzlei hinauszuwerfen. Aber ein Helles, wohlbekanntes Kichern öffnete dem Vater die Augen, bevor es zu Tätlichkeiten kam. Ein andermal erschien sie an einem Tage nacheinander in vier verschiedenen Trachten, ohne auch nur ein einzigesmal erkannt zu werden. Die alten Bauern in Welden wissen noch heute von Mutters lustigen Maskeraden zu erzählen. Und in uns Kindern blieb die treue Erinnerung an all das frohe Lachen. –

Während jener Ferienzeit, in welcher Papa immer fleißiger am Schreibtisch sitzen mußte und die Mutter lieber den Vater zu einem Schmunzeln zwang, als daß sie selber lachte – in jener Ferienzeit begann ich mich, um zu Wald und Jagd zu kommen, an die Forstgehilfen zu hängen. Schließlich war ich jeden Morgen und Abend draußen, wo die Bäume rauschten. Um Papa zu beruhigen, steckte ich vor jedem Waldgang ein lateinisches oder griechisches Buch in die Joppentasche. Aber draußen hab' ich in diese Bücher nie hineingeguckt. Die staken mir gut in der Tasche. Und wenn sie klunkerten und unbequem wurden, schob ich sie dem Forstgehilfen in den Rucksack.

Ich kann euch den frohen, wundersamen Rausch nicht schildern, der mich immer überkam, wenn ich im Walde war! Jetzt hatt' ich doch schon andere Augen als früher in den ersten Kinderzeiten. Ohne noch ein rechtes, klares Verständnis für die Natur zu haben, sah ich immer Dinge, die kein anderer gewahrte. Am liebsten hatte ich den Wald bei Gewitter und Sturm. Die Blitze zu zählen, das war mir eine viel schönere Sache, als dem Kuckuck nachzurechnen. Und wenn der Sturm den Wald durchbrauste, hörte ich immer eine Musik, die der Forstgehilfe, der bei mir war, nie hören konnte. Da blieb ich einmal stehen, klammerte die Hand um den Arm des Gehilfen und stammelte: „Dort! Der alte dicke Baum dort! Hörscht du nit, wie er singt? Ganz tief! Viel tiefer und schöner als die größte von den Orgelpfeifen!“ Der Gehilfe schüttelte den Kopf. „Ich hör nix! Als wie den Wind halt!“ Und ich in Zorn: „Aber nein!“ Das isch der Wind it! Das isch der Baum! Der singt! ... Das mußt du doch hören!“ Aber der Forstgehilfe hörte nichts.

Diese staunende, schauende, lauschende, unersättliche Waldfreude entzog mich allen anderen Dingen. Meine Lesewut war erloschen. Kein Gedanke mehr brachte mich in Versuchung, Verse zu machen oder etwas Selbstersonnenes aufs Papier zu kritzeln. Und meine 'Mathilde' war so völlig vergessen, daß es mir gar nicht auffiel, als das schwarzgebundene Heft aus meinem Koffer verschwand. Ich erinnere mich nur, daß Vater und Mutter während der letzten Ferientage immer so merkwürdig schmunzelten, wenn sie mich ansahen. Damals hatten sie wohl die 'Insel der Seligen' gelesen. Aber wenn sie mich so anguckten, glaubte ich immer, ich hätte Kletten oder Baumbast an den Kleidern hängen.

Als ich zu Ende September den Wald verlassen mußte, wurde meine Sehnsucht nach ihm schon während der Reise zu einem schmerzhaft brennenden Durste. Der machte mich im Seminar zu einem verdrehten, widerhaarigen und jähzornigen Gesellen. Nicht nur die Präfekten und Lehrer, auch meine Kameraden hatten ungemütliche Zeiten mit mir. In den Freistunden war ich so empfindlich, daß ich fast Tag um Tag in eine Keilerei hineingehetzt wurde. Alles, was Studium hieß, war mir eine gleichgültige und ferne Sache – Rauner fehlte mir, wie die Krücke einem Hinkenden – in den Studierstunden konnte ich nicht arbeiten, in der Klasse konnte ich nicht aufpassen, immer war ich mit allen Gedanken weit da draußen, wo die hundertjährigen Bäume jenes Lied sangen, das kein anderer hören konnte, nur ich allein!

Diese ewige Zerstreutheit mag es wohl verschuldet haben, daß mir vom Professor der vierten Lateinklasse nur der Name im Kopf geblieben: Pusl! Wie war der Mensch, der diesen komischen Namen trug? Ich weiß es nimmer. Kein Zug seines Gesichtes, keine Farbe seines Wesens, kein Klang seines Lebens, nichts Gutes und nichts Böses blieb von ihm in meiner Erinnerung. Aber ich glaube, daß ich ihm viele verdrießliche Stunden bereitet habe. Und drum kann ich ihm das erbitterte Urteil nicht verdenken, mit dem er mich im Zensurenfaszikel der Studienanstalt Neuburg solcherweise verewigte: „Ludwig Ganghofer ist ein wohlbefähigter, aber ganz nichtsnutziger, überaus träger und leichtsinniger Schüler, der schon vom Beginn des Schuljahres an zeigte, daß er eine völlige Abneigung gegen die Studien hege. Für alle Mahnungen war er taub; Strafen hatten bei ihm keine Wirkung! Bei vielen Gelegenheiten zeigte er überdies einen boshaften und rohen Charakter. Dem entsprechend sind sein Fortgang und seine Noten." Das alles mochte – bis auf ein einziges Wort – gewiß der Wahrheit entsprechen. Aber: boshaft? Mir scheint, da hat der sonst sehr gewissenhafte Herr Professor Pusl doch wohl ein bißchen falsch gesehen.

Man darf in der Kunst der Schilderung mit Gegensätzen wirken – auch in der Schilderung seiner selbst. Drum füge ich hier das Urteil an, das Professor Loher, der prächtige Mensch mit der zwiefachen Seele, über mich fällte: „Ganghofer Ludwig, der talentvollste Schüler der Klasse, lernt und begreift alle

Klassengegenstände mit Leichtigkeit. Er ist in der Klasse zerstreut und unaufmerksam, mutwillig, bisweilen sogar etwas ungezogen und unfolgsam". – Etwas ungezogen! Was für ein liebes, wohlwollendes, nachsichtiges Lehrerwort ist dieses 'etwas'! Ich glaube, Professor Loher schrieb das aus seiner Turnerseele heraus und dachte dabei an meine Doppel-Kniewelle mit tadellosem Absprung!

Aus dem Jahre bei Professor Pusl, dessen Bild in meiner Erinnerung völlig erloschen ist, vermag ich mich auch keiner heiteren Sache, keines lustigen Streiches zu erinnern. Nur auf das Eine besinne ich mich, daß mehrmals verbotene und 'unsittliche' Bücher während des Schulunterrichtes bei mir konfisziert wurden. Welche? Das weiß ich nimmer. Doch was vor vierzig Jahren für die Erzieher der Jugend als 'unsittliche Lektüre' galt, erhellt aus einem Präfektenbriefe, der im Juni 1867 an meinen Vater geschrieben wurde:

„Zur Anzeige: daß Ludwig am 23. Mai bei Buchhändler Prechter Goethe's Reinecke Fuchs kaufte, nachdem er schon auf der Herreise aus den Osterferien in Donauwürth die 'Bardenklänge' gekauft hatte. Hiewegen wurde er mit einem siebenstündigen Arreste unter Entziehung des gewöhnlichen Tisches bestraft, nach vorhergegangener ebenso wohlwollender als ernster Belehrung und Warnung."

Und diesen Brief hatte der zwickfreundliche Unschlacht geschrieben, der mir bald darauf 'des Knaben Wunderhorn' zu lesen gab und mir dann wohlwollend seine ganze Privatbibliothek ohne Zensur und Beschränkung zu beliebigem Gebrauche überließ. Nur schade, daß sie nicht alles enthielt, was ich gerne lesen wollte! Mein Taschengeld war knapp. Und so verklopfte ich manches Stücklein meiner Wäsche, verschacherte Kleider und Schuhe, verkaufte das überflüssige Schreibmaterial und verhandelte mein Essen und die Biermarken, um mir Bücher kaufen zu können – und was ich gelesen hatte, verkitschte ich wieder um den halben Preis, um neue Bücher zu bekommen.

Wie eine heiße, gefährliche Krankheit brach dieses wachsende Lesefieber in mir aus. Und immer griff ich nach dem Besten, griff gierig nach den Werken jener Großen, deren Namen mir lockend in die Ohren klangen. Was mag ich da in buntem Wechsel alles verschlungen haben? Ich erinnere mich nur noch an einzelnes, das in dieser flutenden Masse war: Schillers Räuber und Fiesko, Goethes Iphigenie und Tasso, die Wahlverwandtschaften und Wilhelm Meisters Lehrjahre, Heines Harzreise und der Rabbi von Bacharach, die Sappho von

Grillparzer und Shakespeares König Lear, Cleopatra, Richard III. und der Kaufmann von Venedig. Und ich war noch nicht vierzehn Jahre alt!

Was ich da verschlang, fiebernd und die Zeilen fressend, versetzte mich in einen Begeisterungstaumel, der mich um so trunkener machte, da ich nur mit halbem Kopfe, doch mit gedoppeltem Herzen las – und immer, immer, immer las! Ich betrat in den Freistunden den Garten nicht mehr; oder wenn ich es tat, geschah es nur, um mit meinem Buche mich einzuwühlen in einen ungestörten Winkel. Ich las in allen Studierstunden – den Unschlacht, der mir alles erlaubte, brauchte ich nicht zu fürchten, und zum Schutze wider die Argusaugen des anderen Präfekten hatte ich mir einen feinen Mechanismus konstruiert, der das Buch im Notfalle mit Gummibändern flink unter den Pultdeckel zog. Ich saß in der Schule, mit dem verbotenen 'Gifte' unter der Bank, oder in gereizter Ungeduld den Glockenschlag erwartend, der mich meinen vergötterten Büchern wiedergab. Ich nahm sie am Abend mit in den Schlafsaal und schlich mich in der Nacht, wenn die andern alle schliefen, hinaus in den Korridor. Und stieg auf ein Fenstergesims hinauf, um der trübe brennenden Nachtlampe näher zu sein. Mit der einen Hand an den Fensterriegel angeklammert, mit der andern Hand das Buch hinausstreckend in das bessere Licht der Lampe – mit der Zunge umblätternd – vor Kälte zitternd und dennoch brennend vor Erregung, so las ich und las, eine Nacht um die andere, bis mir schließlich die Anstrengung des Lesens in dieser trüben Helle die Augen verdarb, so daß ich kurzsichtig wurde und eine Brille bekommen mußte.

Wie um diese Zeit meine Noten in der Schule aussahen, könnt ihr euch denken! Professor Pusl brauchte viel Tinte, um diese dicken Römerzahlen zu schreiben. Und Strafe um Strafe bekam ich in der Klasse. Aber was kümmerte mich das! Auch die ernsten langen Briefe des Vaters, auch die kleinen, kummervollen, graufleckigen Zettelchen der Mutter konnten mich nicht aufrütteln aus diesem Zustand trunkener Betäubung. Nur manchmal ein kurzes, erschrockenes Erwachen, ein krampfhafter Versuch, am Strang der Schule zu ziehen. Und nach wenigen Tagen wieder dieses gleiche brennende, dürstende Fieber! Alles, alles vergaß ich über meinen heimlichen Büchern, die mir viel zu denken und noch mehr zu fühlen gaben. Was ich auf diesen tausend Blättern fand, verstand ich eben, wie ich es in meinem grünen Alter verstehen konnte. Was äußerliche Handlung hieß, versetzte mich in zitternde Spannung. Ich haßte die Schurken und Tyrannen, liebte und vergötterte die stolzen Helden, berauschte mich an dem schwebenden Pathos ihrer Worte. Nur die weiblichen

Gestalten vermochten kein sonderliches Interesse in mir zu wecken, wenn sie nicht durch schwere, traurige Schicksale mein Erbarmen erregten und meine heißen Tränen über das grünverschnürte Schlafröckle tröpfeln machten.

Was vor jenen bösen Nachtwandlerzeiten ein 'keeler Traum' in mir hatte wecken wollen, das war vergessen, war in meinen gesunden Knabensinnen und in der Waldluft meiner Heimat wieder stumm und ruhig geworden. Und keines dieser Bücher, die ich da verschlang in Gier und Zittern, wirkte störend oder schädlich auf diesen reinlichen Schlummer meines Leibes. Ein Buch, das künstlerischen Wert hat – mag es enthalten, was es will – wird niemals eine Gefahr für die Reinheit der Jugend sein. Und echte Kunst, auch wenn sie nackt ist, wird stets erzieherisch auf die Seele eines Kindes wirken, nie verderblich. Da will ich euch ein lehrreiches Exempel erzählen. Auf meinem Schreibtische steht ein patinierter Nachguß des pompejanischen Narziß. Und eines Tages guckte mein vierjähriges Enkeltöchterchen diese von Reiz umwobene Statuette mit ernsten Augen an und fragte: „Großpapa? Wer ist denn das?" Was soll man antworten? Ich sagte: „Das ist ein braver junger Mann!" Und das Kind, mit großen Augen, sah im Zimmer umher. Da standen auf den Bücherschränken die liebe Frau von Milo, der Antinous, die mediceische Venus, der berberinische Faun. Und das Mädelchen – in seinem kindlichen Sprachklang, den ich nicht nachzubilden versuche – sagte langsam: „Das sind auch brave junge Männer! Die sind nackt. Die müssen sich aber nicht schämen. Weil sie so schön sind!" Ist das nicht ein Kinderwort, von dem die Pädagogen lernen sollten? Und die Kunstbeschimpfer? Und die Sittlichkeitsschnüffler in ihrer Häßlichkeit, die sich bedecken muß? Und die Törichten, die vielleicht auch heute noch einen zwölfjährigen Jungen sieben Stunden einsperren und einen Tag lang hungern lassen möchten, weil ihm ein Meisterlied von Goethe besser gefällt als die zweifelhafte Sache, die der 'Verfasser der Ostereier' in die Welt setzte?

Damit will ich durchaus nicht predigen, daß man schon den Zwölf- oder Dreizehnjährigen alle Werke der klassischen Literatur in die Hände geben soll. Ich will nur sagen, daß man einen Jungen, der verfrüht zur Lektüre eines wertvollen Buches kommt, deswegen nicht zu strafen braucht. Es genügt, ihm zu sagen: Das verstehst du noch nicht! Und einem jungen Kopfe, der sich früh entwickelt und vorzeitig nach wertvoller geistiger Nahrung verlangt, sollte man mit kluger Wahl der Lektüre entgegenkommen, statt ihn als verdorbenes Geschöpf zu betrachten. Und vor allem sollte man sich hüten, einem Jungen beibringen zu wollen, daß er – weil er bei einem Buche über den geistigen

Horizont seines Alters hinausgriff – etwas 'Unsittliches' gelesen hätte. Das ist gefährlich, nicht das Buch, das der Junge las. Von allen Erziehungsmethoden ist jene die bedenklichste, die dem Kinde den Begriff des Sittlichen dadurch beizubringen versucht, daß sie ihm definiert, was unsittlich ist. Das Feigenblatt erzieht nicht zum Schamgefühl, sondern nur zum Wunsche, daß man druntergucken möchte. Und den Gott, dem eine kindliche Seele sich am liebsten und ehrlichsten hingibt, predigt nur immer jener Priester, der nie vom Teufel redet.

Die vielen, dem Verständnis meines Alters noch entrückten Bücher, die ich damals in jenem brennenden Lesefieber unersättlich verschluckte, haben mir – außer einer schlechten Schulnote und außer dem Anreiz zu grüblerischem Denken – nur den einen Nachteil gebracht, daß ich später als Universitätsstudent der Meinung war: Das alles kenne ich schon! – um dann in reiferen Jahren merken zu müssen, daß ich das alles noch nicht kannte. Aber sinnlich hat die heimliche Lektüre dieser guten Bücher nie auf mich gewirkt. Ich mußte Wohl, unter traumhaftem Schauen, manchmal ein bißchen darüber nachdenken, 'was Mars mit Venus tat'. Aber mehr als ein huschender Gedanke war das nie. Und dann fand ich mich in diesen Dingen immer gleich wieder auf dem Standpunkte, den ich in der Dorfschule eingenommen hatte. Und von der Meinung aus, daß alles 'Mädeleszuig' eine minderwertige Sache wäre, die ein richtiger Bub von sich fortzuschieben hätte – von der kühlen Höhe dieses Bubenstolzes betrachtete ich nun auch die Beziehungen und Konflikte zwischen Mann und Weib, die mir in diesen Büchern entgegentraten. Ungeduldig, manchmal sogar gelangweilt, überflog ich alle Szenen und Kapitel, in denen von der 'dummen Liebe' die Rede war.

Brennen und zittern machte mich nur das hohe, schöne Geschehen, die starke Tat, das Bild der männlichen Helden, ihre Kraft, ihr Mut und Geist, ihre klingende Rede. Ach, wie konnte ich da lieben! Und die Feinde meiner Lieblinge hassen! Diesen Franz Moor, diesen Dorea, diese grauenvollen Schwestern der Cordelia hätte ich auf einem Kohlenfeuer rösten können, wie wir draußen in Welden die Äpfel und Kartoffel braten ließen! Und während ich las, war immer wie ein heißer Kummer der Gedanke in mir: daß all dieses Traurige schon längst geschehen war, und daß man nimmer hinspringen und nimmer helfen konnte. Darüber mußte ich weinen vor Zorn. Und dann kam auch immer gleich der Gedanke dazu: Es war doch *Einer* dabei – einer, der immer und überall ist – einer, der helfen hätte können und helfen hätte müssen! Gott! Wenn das Gute unterlag und das Unrecht siegte? Wenn diese Treuen, Schönen und Herrlichen untergingen? Warum half er da nicht? Wollte er nicht helfen? War er nicht so gut, wie das die Mutter von ihm glaubte? Konnte er grausam sein, wie es der Gott der Juden war? Und die besten der Menschen bluten lassen? Auch den eigenen Sohn? Wie durfte er so Schaudervolles ansehen, ohne aus den Wolken herauszugreifen und den Donner seiner Stimme hinrollen zu lassen über die Köpfe der Schlechten, über alle Missetat auf Erden? Oder konnte er nicht helfen? Weil er nicht ist, wie wir ihn glauben? Oder weil er gar nicht ist? – Bei solchem Gegrübel zerflatterte jener schöne blaue Gottesmantel; und jenes goldene Dreieck mit dem starren Kyklopenauge rann mir auseinander zu grauen, wesenlosen Nebeln.

Aber solches Denken begann in mir nicht erst diesen heimlichen Büchern gegenüber. Das hatte schon anderthalb Jahre früher, während der Sommerferien nach der zweiten Lateinklasse, in meinem aufgeschreckten Knabengehirn angefangen. Da war eines Nachmittags ein schweres Hagelwetter über Melden niedergegangen und hatte groben Schaden angerichtet. Und am Abend, in der Konsumvereinsgesellschaft, wurde das erzählt: Ein Bauer, einer der bravsten Menschen des Dorfes, wäre beim Geprassel des Hagels verstört zu seinem Krautfeld gelaufen. Das ganze Feld war schon vernichtet, das Kraut zu Brei geschlagen. Und da riß der Bauer zwei von diesen traurigen Kohlstrünken aus der Erde, streckte sie unter dem Getrommel des Hagels zum Himmel hinauf und schrie: „Nur älleweil raa! Nur älleweil raa! Schlag älles zäme, du! Und sag mer: sein dees au no Krautsköpf? Sein dees au no Krautsköpf? Du!“ Man lachte über diese Geschichte. Mir aber sprang das Wasser in die Augen und etwas Kaltes rieselte über meinen Rücken.

Vor dem Einschlafen, und gleich am anderen Morgen wieder, immer mußte ich an diesen Bauern und an seine zerschlagenen Kohlköpfe denken. Wie hatte nur der liebe Gott das tun können? Zerstören, was er doch selbst hat wachsen lassen? Und einen braven Menschen um den Lohn seines Fleißes bringen? – Ich mußte die Mutter fragen. Sie sagte mir eins von ihren guten, versöhnlichen Worten. Aber das gab mir keine Ruhe, ich mußte fragen und fragen – und schließlich strich mir die Mutter das Haar aus der Stirn und sagte: „Ach, Kindle, es gibt halt viel im Lebe, was wir Mensche net verstehe könne!“

Aber man will doch verstehen! Immer wieder und wieder mußte ich an den braven Bauern und seine Kohlköpfe denken. Und da bekam ich plötzlich Augen für vieles, was im Leben unbegreiflich und grausam ist. Und alles andere gesellte sich dazu: der Nachtschreck im Seminar, diese geschäftsmäßigen Massengebete, der durch Übermaß abstumpfende Kirchenzwang, dieses Frieren und Zähneklappern in der Wintermesse, und die ermüdende Religionsstunde, in der wir Gottes unbegreifliche Eigenschaften am Schnürchen hersagen mußten wie die unregelmäßigen lateinischen Zeitwörter. Und wenn man in dieser Religionsstunde wagte, aus Zweifel zu schmunzeln, oder den Kopf zu schütteln, oder eine ehrlich neugierige Frage zu stellen, so bekam man eins mit dem Lineal über den Kopf oder wurde eingesperrt und zu Karrenz verurteilt und galt als 'impertinenter Frechling', als 'Geselle von heimtückischer Bosheit', als 'gefährliches Subjekt, dessen Entfernung von der Schule im Interesse der übrigen Schüler läge'. So lernt man Gott nicht lieben.

Der Zweifel, der aus dem Leben an mich herangetreten war, saß mir schon bohrend im Gehirne, als ich unter der Nachtlampe des Korridors diese heimlichen Bücher zu verschlingen begann. Sie zeigten mir nur neue Bilder, die mich zu neuen erschrockenen Fragen zwangen. Und was Dichtung war, empfand ich immer als wirkliches Leben, als ein greifbares Geschehen vor meinen Augen. So kam es, daß ich, ein Knabe noch, über Fragen grübelte, auf die nur ein reifer Mann Antwort suchen sollte. Ein Mann kann wieder bauen, wo er Schutt und Moder beiseite räumt. Mich vierzehnjährigen Jungen dürstete nach Wahrheit; aber ich fand die Quelle nicht, die mich trinken ließ. In meinem Hirn und Herzen sah es schließlich aus, wie nach dem Hagelwetter auf dem Krautfeld des fleißigen Bauern.

Und dann der Schulschreck! Das Jahr ging schon zu Ende; und jetzt war das nimmer zu ändern: daß ich unter sechsundzwanzig Schülern der Sechsundzwanzigste wurde. Man schrieb das meinem Vater. Die lange, erregte Epistel, die ich bekam, verstörte mich noch mehr; das lag auf mir wie eine dumpfe Lähmung; und ich sah einen Beruf versinken, auf den ich mich gefreut hatte; denn ich sollte Techniker werden, Maschinenbauer – weil ich geschickte Hände hatte und alles liebte, was Maschine hieß. Und jetzt war das verscherzt. Und der Vater schrieb: „Das Reifezeugnis fürs Realgymnasium kannst du nicht mehr erringen. Und repetieren lasse ich dich nicht. Meine Kollegen sollen von meinem Buben nicht sagen: dieses studierende Kamel! Nun also, jetzt geht ja dein Lebenstraum in Erfüllung, jetzt kannst du Jagdgehilf oder Schlosser werden!“ Ich ging herum wie einer, der auf den Kopf geschlagen wurde und das Bewußtsein nimmer findet, nur noch den Gebrauch seiner Glieder hat. In dieser Verstörtheit dachte ich an Amerika, an das dunkle Afrika – sogar an ein Land, das noch dunkler ist. Aber da kam ein kleiner, lustiger Brief meiner Mutter: sie hätte sich schon arg gefreut, daß ich jetzt immer bei ihr bleiben dürfte, und hätte schon in Welden mit dem Schlosser geredet, daß er mir ein guter Meister sein müßte; und hätte mir schon im Schlosserhaus ein sauberes Winkelchen ausgesucht; aber da würde halt jetzt leider nichts mehr draus, weil der gute Papa mich doch dieses einzige Mal noch repetieren ließe. „Und drum mach dir halt jetzt das junge dumme Herzle nicht gar zu schwer! Und im nächsten Jahr, da wirst du dich schon wieder richten! Und ein bissele Verstand kriegen! Gelt, mein Herzensbub! Ich kenn dich doch, weißt!"

Dieses lustige Brieferl hatte viele graue Flecken, die so strahlig waren, wie die Blumensternchen.

Und da sah ich plötzlich wieder einen Weg vor mir. Und gab mir einen Ruck. Drei Wochen hatte ich noch Zeit. Ich büffelte wie ein Berserker. Und glücklich, wenn auch nicht mit allzu schlanker Note, bestand ich das Absolutorium der Lateinschule. Ich glaube, meine Professoren waren wohl auch ein bißchen barmherzig.

Freiheit! Freiheit!

Ich war vor Freude wie besoffen, als ich an jenem Augustmorgen durch das Seminartor hinausraste und affenschnell in den Omnibus kletterte. Es klunkerte in meinem Koffer, so oft man ihn drehte und hob; denn die Hälfte meiner Kleider und Wäsche war draufgegangen für die heimlichen Bücher; drei von ihnen nahm ich jetzt in dem halb leeren Koffer mit fort auf die Reise; sie waren vom Ruß der Korridorlampe so beschmiert, daß kein Antiquar sie mehr genommen hatte: diese drei Bändchen von Wilhelm Meisters Lehrjahren.

Die Pferde zogen an, die Postillone bliesen – und seit jenem Sommermorgen des Jahres 1869 hab' ich Neuburg an der Donau nicht mehr gesehen.

In Augsburg sollte ich bei Verwandten übernachten, weil der Vater am anderen Tage kommen wollte, um mit mir zum Rektor des Realgynmasiums zu gehen. Aber der Herr Rektor mußte noch etwas länger auf mich warten. Denn an jenem Abend in Augsburg ereignete sich eine denkwürdige Sache. Hinter dem Hause meiner Verwandten lag ein hübscher Garten mit einem Springbrünnelchen in einem steinernen Wasserbassin. In diesem Garten kam der Jubel über meine Freiheit zur Kulmination. Um meine Freude zu manifestieren, mußte ich in diesem Garten irgend etwas loslassen. Etwas Prachtvolles! Und da kam mir der Einfall: wie meine Lateinschulzeit mit einem

‘Speituifele’ begonnen hatte, so sollte sie auch jetzt mit einem ‘Speituifele’ beschlossen werden. Vom Reste meines Reisegeldes kaufte ich drei Pfund Pulver. Aber da sieht man wieder, was eine Stadt ist! Nirgends waren Eisenfeilspäne aufzutreiben. Ich mußte mit großem Kummer auf den Speiteufel verzichten. Also zehn Kanonenschläge! Oder noch was Schöneres! Eine unterirdische Mine, die vergnügt in die Lüfte springt!

Mein guter Vetter Hillenbrand war gleich begeistert von dieser herrlichen Idee. Doch in dem Maulwurfsloche, das wir im Rasen fanden, hatte nur die Hälfte des Pulvers Platz; die andere Hälfte blieb in der Zigarrenkiste. In das Minenpulver steckten wir die lange Zündschnur hinein und stopften dann die Sache fest mit Gras und Erde zu. „Brennt schon! Obacht!“ Wir rannten nach den Ecken des Gartens. Und sahen auch, wie der knisternde Funke der Zündschnur lief. Jetzt mußte die Mine steigen. Aber sie stieg nicht. Wir warteten. Nichts rührte sich. Natürlich! Zwischen Gras und Erde war die Zündschnur vermutlich feucht geworden und erloschen. In der linken Hand das Zigarrenkistl mit dem Rest des Pulvers, sprang ich auf die Mine zu und wollte mit dem Zeigefinger der rechten Hand den Graspfropfen aus dem Minengang herausbohren. Da stieg die Mine. Dullerabumm! Wie damals beim Himmelsfeuerfang vor dem Drahtloch des Blitzableiters, so flog mir wieder etwas Schreckliches und Blendendes vor den Augen vorbei, über die Hände herauf und um das Gesicht herum. Der Luftdruck ließ mich einen halben Purzelbaum machen. Lachend sprang ich wieder auf. Aber da waren alle Dinge des Gartens trüb verschwommen, weil meine Brille in die Luft geflogen war. Und das Zigarrenkistl in meiner linken Hand war leer, war nicht mehr braun, sondern schwarz. Und ebenso rußschwarz waren meine beiden Hände. Und Vetter Hillenbrand sagte erschrocken: „Jesus, du bist ja im Gesicht wie ein Mohr. Und auf dem Kopf hast du schier gar kein Haar nimmer.“ Ich lief zum Springbrunnen und guckte ins Wasser. Ein richtiges Negerköpfl grinste als Spiegelbild von da drunten herauf. Lachend begann ich mir das Gesicht zu waschen. Und da blieben mir zwischen den Händen ein paar große Lappen liegen, die auf der einen Seite schwarz, auf der anderen Seite rot waren – die verbrannte Gesichtshaut, die ich mir beim Waschen heruntergerissen hatte. Vetter Hillenbrand erzählte mir später, daß ich da erschrocken gesagt hätte: „Herrgott Saxe! Was isch denn jetz *dös*?“

Ein quälender Schmerz begann, und das Blut tröpfelte mir über die Nase, während der Vetter mich ins Haus führte. Als ich auf dem Sofa lag, den Hals umrieselt von den warmen Blutfäden, kam der alte Doktor. Er hielt mir eine lange, sehr entrüstete Strafpredigt. Meine Schmerzen wurden so heftig, daß ich die Zähne übereinanderbeißen mußte, um nicht laut zu schreien. Und immer zankte der Doktor noch. Da wurde ich ungeduldig und sagte: „Schimpfen Sie nicht. Sie dummer Kerl, sondern helfen Sie mir!“ Der Doktor war so perplex, daß es ihm die Sprache verschlug. Aber dann mußte er lachen. Und sagte: „Ein solcher Frechiöh ist mir doch im Leben noch nicht untergekommen!“ Und schweigend begann er seine Kur. Mein ‘gesundes Turnerblut’! Aber ich hatte dazu auch wieder einmal Glück. Denn gerade in jenen Tagen war eine ‘neue amerikanische Brandsalbe’ erfunden worden, bei der irgend ein heilsames und schmerzstillendes Öl mit Eidottern zusammengerührt wurde. Diese Salbe linderte schon nach wenigen Stunden meine Schmerzen.

Am andern Morgen kam Papa. Er wurde kreidebleich, als er mich sah. Und sagte: „Du Kamel! Jetzt hast du's einmal!“ Der Doktor erklärte dem Vater, daß mein Gesicht nach der Heilung sehr entstellt sein würde und schwere Narben behalten müßte. Papa erwiderte: „Das macht nichts! Wenn es ihm nur den Verstand ein bisserl aufgepulvert hat!“

Um die Mutter nicht zu erschrecken, wurde die Notlüge gebraucht, daß ich in Augsburg einen dreiwöchigen Vorbereitungskurs für das Realgymnasium zu erledigen hätte.

Bei meinem ‘Turnerblute’ machte die Heilung flinke Fortschritte. Aber weil ich ein so gutes ‘Heilfleisch’ hatte, wuchsen mir eine Woche lang in jeder Nacht der Mund oder die Nasenlöcher zu. An jedem Morgen mußten sie wieder aufgeschnitten werden. Schließlich bekam ich ein gequetschtes Silberröhrchen zwischen die Lippen und in jedes Nasenloch einen Federkiel. Das war sehr unangenehm. Aber ich konnte wieder prächtig atmen. Gegen Ende der dritten Woche versprach mir der Doktor, daß ich in acht Tagen aufstehen und heimreisen dürfte. Meine Hände waren schon ziemlich wieder in Ordnung und auch im Gesichte begann sich der Schorf bereits von den heilenden Wunden zu lösen. Und da wurde eines Nachmittags auf den Domtürmen die Feuerglocke geschlagen. Wenn es brennt in der Stadt, so kann man doch unmöglich im Bette liegen bleiben. Das muß doch jeder Mensch einsehen! Also heraus aus den Federn! Und flink in die Kleider! In der Maximilianstraße rannte ich wie verrückt hinter den rasselnden Feuerspritzen her. Aber es brannte gar nicht, war nur ein blinder Lärm gewesen. Und auf dem Heimweg guckten mich alle Leute an und lachten. In der Glasscheibe eines Schaufensters konnte ich mein Spiegelbild betrachten. Und da mußte ich selber lachen. Wie ein protzig tätowierter

Indianer sah ich aus. Und furchtbar komisch wirkte dieser sonderbare Kopfschmuck: die starr und tintenschwarz zusammengepickten Haarbüschel zwischen den kahlgebrannten Stellen, auf denen halbfingerlang das Haar schon wieder silberblond gewachsen war. Ich suchte einen Friseurladen und ließ mir alles kurz herunterscheren, was ich auf dem Kopfe hatte. Und das wurde eine lustige Sache. Was ich dabei erzählte, weiß ich nimmer. Ich erinnere mich nur noch, daß während des Haarschneidens ein Dutzend Leute mit endlosem Gelächter um mich herumstand. Dem Friseur mußte ich die zwanzig Kreuzer für seine vergnügte Mühe schuldig bleiben, weil ich kein Geld in der Tasche hatte. Er vertraute mir – auf mein 'gutes Gesicht', wie er lachend sagte. Aber ich bin ihm diese zwanzig Kreuzer noch heute schuldig. Denn am andern Morgen wollte mich der Doktor wieder im Bette festhalten; da half mir kein Reden und kein Betteln; drum brannte ich am Nachmittage heimlich durch und rannte, ohne einen Kreuzer in der Tasche, die fünf Stunden nach Welden hinaus.

Während des Rennens auf der Landstraße mußte ich immer Gesichter schneiden, weil der trockene Harsch über den Wunden so schrecklich spannte. Und schließlich riß ich eben herunter, was mir lästig war. Und wenn das Blut tröpfelte, pflückte ich Sauerampfer- oder Salbeiblätter und legte sie als Pflaster auf die brennenden Stellen.

In der roten Glut des schönen Sommerabends kam das Gleiche wieder, wie damals bei der ersten Heimkehr von der Neuburger Schule. Im grünen Tal der Laugna ein sanfter Windhauch, der mir lau entgegenstrich. Ein süßer Duft, ein lieber Gruß von meiner Mutter Blumen! Und wieder dieses irrsinnige Rennen, dieses schmerzende Lachen, dieses selige Weinen und Schreien, als zwischen Baumkronen das Dach des Forsthauses emporstieg in den leuchtenden Abendhimmel.

Der Weg von den Wiesen bis zur Straße war mir zu weit. Ich kletterte über den Staketenzaun in den Wiesgarten. Die zahmen Rehe, die mich nimmer kannten, nahmen Reißaus. Und plötzlich mußte ich stehen bleiben und lauschen. Von der Gartenhöhe klangen viele lustige Stimmen herunter, ich hörte das Dudelschächtele des Lehrers klimpern, und dann begann das wohlbekannte Chorlied:

„Zimmermänndle, Zimmermänndle,
Du versoffes Lueder,

Wann dr nomel en Rausch ansaufst,
So sag i's deiner Mueder!"

Ich war gerade zu dem Abend gekommen, an dem der Abschied des hochwürdigen Herrn Pfarrers gefeiert wurde. Und Pfarrer Hartmann war auch der erste, der mich sah und lachend rief: „Herr jöh, da kommt ja gar unser kleiner Feuerwerker!" Das gab einen fidelen Jubel! Der ganze Konsumverein war im Garten versammelt, alle waren sie da: das Fräule Luis, der Benefiziat, das gute Pfarrle von Hegnenbach, Aufschläger Heutle, der Herr Lehrer mit dem 'Unnerhösche', das seine Gefährlichkeit noch immer nicht verloren hatte, ein neuer Doktor, die Förster, Forstgehilfen und Eleven, Nagelschmieds Leopold, der ein stattliches junges Mannsbild geworden war, und der C-trompetende Gerber als neuer Bürgermeister. Papa war in guter Laune und machte Spässe über mich. Und die Mutter lachte; aber so oft sie mir in das übel massakrierte Gesicht sah, kamen ihr die Tränen – und als ich nur erst die Runde bei all den vielen Händen gemacht hatte, faßte Mama mich wieder einmal wie in früheren Kinderzeiten beim Handgelenk, zog mich zur Haustür hinein, wollte schelten und mußte lachen. Sie wusch mir das blutfleckige Gesicht mit lauem Wasser, in das sie Milch gegossen hatte, legte mir frische Pflasterläppchen auf und wickelte mir leinene Binden nach allen Seiten um das Köpfl herum.

So durfte ich wieder hinaus in den Garten, wo ich mit lautem Gelächter begrüßt wurde. Aber dieser Konsumvereinsabend im Freien blieb nicht immer so heiter, wie ich ihn bei meiner Ankunft gefunden hatte. Meines Vaters Abschiedsrede auf den Pfarrer, den die Freunde und alle Leute des Dorfes mit Kummer aus Welden fortziehen sahen, ließ in der Gesellschaft eine ernste, fast schwermütige Stimmung zurück. Droben am stahlblauen Himmel begannen die Sterne zu glänzen, auf den Tischen flackerten die Kerzen in den Glaskugeln, der schwüle Abendwind trieb den Pfeifenrauch davon und machte die Zigarrenfunken fliegen, mit dröhnendem Halle schlug die Turmuhr der nahen Kirche, und drunten im stillen, von Schornsteinrauch umschleierten Tal der Laugna glimmerten die fünfzig Fensterlichter an den Häusern der Bachgasse.

Dem Pfarrer Hartmann, als er auf die Rede meines Vaters erwidern wollte, versagte die Stimme. Er sprach auch nimmer weiter, sondern hob das Krügelchen. „Trinke mer halt! Ihr wißt doch alle, wie ich's mein'!" Und eine Weile später, als er beim Zaungitter stand und hinuntersah auf das im

Abendfrieden ruhende Welden, sagte er sorgenvoll und mit feuchten Augen: „Ach, du mei arms Dörfle du!"

Bei der heiß erregten Debatte, die dann rings um den großen Gartentisch herum entstand, bekam ich zum erstenmal diesen schönklingenden Namen zu hören – Andra – den Namen des neuen Pfarrers, mit dem in Welden der Unfrieden einziehen sollte, wie ein Unwetter herzieht über ein wohlgeratenes Weizenfeld. Und noch einen anderen Namen hörte ich an diesem Abend zum erstenmal. Den Namen: *Döllinger*. Auch von einer päpstlichen Bulle wurde gesprochen. Von einem Konzil, das sich in Rom versammeln sollte. Und von der merkwürdigen Sache, daß sich der Papst als 'unfehlbar' erklären lassen wollte.

Ich erinnere mich noch einer Lachsalve, die ein Forstgehilfe mitten in diesem ernsten Gespräch mit dem Wort erweckte: „Wann i nacher Papst und unfehlbar wär, gang i auf e jedes Scheibeschieße. Da däet i viel Geld verdeane! Wann 's Kügele nie dernebe gang!"

Und als ich droben in meinem Mansardenstübchen lag und bei der Nachtschwüle und vor seligsüßer Heimfreude nicht einschlafen konnte, hörte ich noch lange vom Garten herauf die heiß debattierenden Stimmen. Und ich meine, das war die Stimme des Pfarrers, die aufgeregt erklärte: „Und i glaub's nit, daß sie's durchsetze. Die deutschen Bischöf stehen älle wie e Mauer da! Und in Rom da gibt's do au no Köpf, die Verstand hawe!"

Mitten in der Nacht erwachte ich und hörte fernen Donner rollen. Ich sprang aus dem Bett und guckte zum Fenster hinaus. Der Garten war still und leer, der Himmel und die Ferne waren schwarz, es leuchtete kein Blitz, doch immer näher und näher tönte dieses dumpfe Rollen.

Am Morgen, als ich munter wurde, schien die Sonne wieder, und die Regentropfen blitzten an allem Laub.

Die Mutter hielt mich eine ganze Woche im Hause fest – auch an dem Tage, an dem die Glocken läuteten und die Böller krachten, um den neuen Pfarrer zum Einzug zu begrüßen. Unsere Köchin Ottil berichtete mir ausführlich über diese Feierlichkeit. Der neue Pfarrer wäre ein sehr schöner Herr, auch noch jung – nur hätte er am ganzen Leibe ein so komisches Zittern, wie 'en alts Männdle'. Und diese drei Nichten! Die jüngste wäre wie eine 'scheue Holzkatz', und die andere wäre ein 'liebs netts Mädele', aber die älteste hätte ihr gar nicht gefallen. Die könnte mit den Augen stechen und hätte ein Näsle wie 'e spitzigs Gäbele'. Und einen 'arg bösen Hund' müßte der neue Pfarrer mitgebracht haben.

Denn zwischen seinem Hausrat wäre eine merkwürdige, mit Luftlöchern versehene Kiste gewesen. Aber man hätte den bösen Hund nie bellen hören.

Eines Mittags, als ich aus meinem Mansardenstübchen zum Essen herunterkam, hatten Herr Pfarrer Andra und das Fräule Kreszenz, die älteste der drei Nichten, gerade ihre Antrittsvisite bei uns im Forsthaus gemacht. Ich konnte das seidene Kleid dieser Nichte noch durch die Haustür rauschen hören. Und die Mutter fragte den Vater: „No, Gustl, was sagst du denn da?“ Papa hatte ernste Augen und schwieg. Worauf die Mutter ungefähr sagte: „Er hat eigentlich kein ungute Eindruck auf mich gemacht. Aber sie! Die hat 's Näsle e bissele gar arg in der Höh! ... Mir scheint, da wird sich kein netter Verkehr nit anspinne.“ Und am gleichen Tage brachte die Köchin Ottil das noch heim, daß für das Fräule Kreszenz bereits ein Spitzname im Dorf herumliefe: „Der Hofgockel!“

In der Pflege meiner Mutter begann der Denkzettel, den mir das Feuerwerk ins Gesicht gebrannt hatte, von Tag zu Tag immer mehr zu verschwinden. Es blieb, der Prophezeihung des Augsburger Doktors entgegen, nicht die geringste Narbe zurück. Mein ‘gesundes Turnerblut’ hatte mich wieder einmal glücklich durchgerissen. Und eines Morgens sagte die Mutter mit zärtlichem Lachen: „Bueb, ich glaub, du bischt im Pulverdampf noch e bissele netter worde! Und guck nur, wie du dich strecke tuescht! Jetzt gehst mir schon über d' Ohre naus!“ Sie faßte mich am blonden Schopf, der schon wieder zu greifbarer Länge gewachsen war. „Du! Ich sag dir's! Übern Kopf naus darfst mir aber nie nit wachse! Gell?“

Ich hatte meine leidenschaftliche Waldrennerei wieder angefangen. Und in diesem Sommer durfte ich meinen ersten Rehbock schießen. Doch als er dalag, war's eine Geiß – im Jagdfieber hatte ich Maskulinum und Femininum verwechselt, wie mir das mit den lateinischen und griechischen Substantiven schon des öfteren passiert war. Der Vater zog mit der Hand schon aus, aber sagte dann: „Ein Glück für dich, daß man deine verpulverten Ohrwascheln noch allweil ein bissel schonen muß!“ Doch ich durfte von diesem Tag an kein Gewehr mehr in die Hand nehmen. Freilich ließen mich die Forstgehilfen ohne Wissen des Vaters immer wieder heimlich von der Jagdschüssel naschen. Auch mein achtjähriger Bruder Emil streckte schon die Hände nach den Flinten, die im Hausflur hingen; und eines Tages hätte er bei einem unbeabsichtigten Dullerabumm unsere Hausmagd beinah erschossen. Meine Schwester Berta war in den Ferien daheim, und wenn wir drei durch Hof und Garten tollten, zappelte auch das feine, kleine ‘Idele’ schon hinter uns her. Mit den jüngeren

Geschwistern wurde ich selber wieder ganz zum Kinde, vergaß die überstandenen Schulschmerzen, vergaß auch Schiller, Shakespeare und Goethe, vergaß meine religiösen Zweifel und Seelenkämpfe, ließ den lieben Herrgott wieder einen guten Mann sein und half meinen Geschwistern in Haus und Hof und Garten einen Spektakel aufschlagen, daß Papa in seiner Kanzlei nervös wurde und daß die gute Mutter sich manchmal verzweifelt mit beiden Händen die Ohren zuhielt.

Aber plötzlich kamen dann stille, bange, wunderlich träumerische Tage über mich.

Ich bummelte da eines schönen Vormittages vom Schwarzbrunner Walde heim, wo ich wieder einmal nach dem versunkenen Schatze gesucht hatte. Und da begegnete mir bei der Laugna hinter Nagelschmieds Garten ein junges Mädchen in weißem Leinenkleid, Sie war wohl ein bißchen älter als ich. Aber von uns beiden war ich der größere. Als wir auf dem schmalen Fußweg zwischen Bach und Hecke einander im Vorübergehen mit den Armen streiften, reichte meine Schulter über die ihre hinaus. Und dann mußte ich mich umgucken. Aber sie drehte das Köpfchen nimmer.

Wie lieb und sanft und hübsch war dieses Gesichtl! Unter dem gelben Strohhut legten sich die braunen Haare glatt gescheitelt über die Schläfen. Ein bißchen blaß war dieses feine Gesicht. Und drum erschien das Mäulchen auch gar so kirschenrot! Und die großen Augen hatten einen stillen, schwermütigen Blick. – So oft ich an diese traurigen Augen dachte, tat mir etwas unter meinen Rippen weh. Und so oft ich die Augen schloß und dieses liebe, weiße Figürchen wieder sah, das so schlank war und doch so zart gerundet, rann mir ein schwüles, ein wehes und süßes Ichweißnichtwas durch alles, was Leben in mir hieß.

Wie alle Wege nach Rom führen, so gingen von diesem Tag an alle meine Spaziergänge am Pfarrhaus vorüber. Noch dreimal sah ich das feine schlanke Mädel mit diesen Augen, deren Trauer mich zittern machte, ohne daß ich sie verstand – einmal begegnete ich ihr in der Kirchgasse, einmal sah ich sie zwischen den Dirlitzenstauden des Pfarrgartens stehen bleiben und sich verbergen, und einmal blickten diese traurigen, lieben Augen durch eine Fensterscheibe des Pfarrhofes und verschwanden gleich, als ich grüßen wollte.

Ums Leben gerne hätt' ich im Pfarrhofe Besuch gemacht. Aber die Eltern erlaubten mir's nicht. Und so rannte ich wieder in den Wald hinaus, trug meine

Pein und Süßigkeit in das ewige Grün, dichtete lange Oden, wie ich sie in den 'Bardenklängen' gelesen hatte, und wühlte das heiße Gesicht ins kühle Gras.

Dann kam ich fort. Nach Augsburg aufs Gymnasium. Und war meiner Kinderzeit entwachsen und ging meiner Jugend entgegen, etwas Verlangendes, Ahnendes und Dürstendes in meinem Herzen – und auch in meinem Blut!

Was die nächsten Zeiten an frohen und wunderlichen Dingen, an großen und ernsten Ereignissen brachten, und wie mein Leben sich weiter entwickelte, das will ich im 'Buch der Jugend' schildern.

Das Buch meiner Kindheit ist hier zu Ende.

Unter meinen alten vergilbten Papieren fand ich ein kleines Lied, das in jenem letzten Kindheitssommer entstand. Aber die älteste Form besitze ich nimmer, nur den korrigierten Klang, zu dem ich das Liedchen in meinen Universitätsjahren umarbeitete:

Der Wald ist schön, der Wald ist grün,
Hat hunderttausend Bäume,
Da lieg' ich, wenn die Wolken ziehn,
Im Schatten gern und träume.
Wer war das blasse Mädelein?
Kann's nit zusammenreimen!
Und mangsmal möcht' ich Huisa schrein
Und mangsmal möcht' ich weinen.
Ich möchte, möchte, weiß nit was,
Und glaub', ich muß verderben,
Und drücke mein Gesicht ins Gras
Und mein', jetzt muß ich sterben!
Doch neulig war's, da schrie im Wald
Ein Guggezer ein feiner,
Der schrie: „Du wirst so froh und alt
Wie unter Tausend Einer!